U0958114

智慧应急管理知识体系指南
（IEMBOK 指南）

王长峰　张星明　池　宏　等 编著

電子工業出版社
Publishing House of Electronics Industry
北京 • BEIJING

图书在版编目（CIP）数据

智慧应急管理知识体系指南：IEMBOK 指南 / 王长峰等编著. —北京：电子工业出版社，2023.8
ISBN 978-7-121-45873-6

Ⅰ. ①智…　Ⅱ. ①王…　Ⅲ. ①突发事件－公共管理－指南　Ⅳ. ①D035.34-62

中国国家版本馆 CIP 数据核字（2023）第 119532 号

责任编辑：缪晓红
印　　刷：三河市龙林印务有限公司
装　　订：三河市龙林印务有限公司
出版发行：电子工业出版社
　　　　　北京市海淀区万寿路 173 信箱　　邮编：100036
开　　本：787×1 092　1/16　印张：15.25　字数：390 千字
版　　次：2023 年 8 月第 1 版
印　　次：2023 年 8 月第 1 次印刷
定　　价：98.00 元

凡所购买电子工业出版社图书有缺损问题，请向购买书店调换。若书店售缺，请与本社发行部联系，联系及邮购电话：（010）88254888，88258888。

质量投诉请发邮件至 zlts@phei.com.cn，盗版侵权举报请发邮件至 dbqq@phei.com.cn。

本书咨询联系方式：（010）88254760，mxh@phei.com.cn。

指导委员会

主　任：陈德泉

委　员：计　雷　陈德泉　蔡　晨　闪淳昌　薛　澜　王文博　张　伟
杨春立　孔　亮　相桂生　高建村　胡锡润　强茂山　陈永涛
陈正才　王永兴　谢汝策　卢冬泉　朱言蹊　曹兆年　金晓剑
吴志刚　张义忠　孙美燕

编写委员会

主　编：王长峰　张星明　池　宏

副主编：张晓航　乔剑锋

编　委：吴　斌　高　展　陈　辉　支俊辉　刘永波
沙梦一　刘　柳　赵浩然　欧阳艳敏　郑秋爽
胡秋玲　袁玉洁　王　堃　左浩伯　戴雨龙
乔雨欣　张倩维　任艳玲

审　核：林则夫　侯志强

序　一

统筹中华民族伟大复兴战略全局和世界百年未有之大变局，深刻认识错综复杂的国际环境带来的新矛盾、新挑战，深刻认识我国社会主要矛盾变化带来的新特征、新要求，深刻认识我国灾害种类多、分布地域广、发生频率高、造成损失严重的基本国情和各类安全风险交织叠加、突发事件复杂性加剧的新挑战，加强应急管理体系和能力建设，是一项紧迫且又长期的任务。

应急管理是国家治理体系和治理能力的重要组成部分，是应对自然灾害、事故灾难、公共卫生和社会安全等各类突发事件从预防与应急准备、监测与预警、处置与救援到事后恢复与重建的全灾种、全过程的管理，是一项关系全社会、全人类的开放、复杂的系统工程，是一门由社会科学与自然科学交叉融合的、新兴的、应用性和实践性很强的学科和一门非常有用的学问。近年来，互联网、大数据、云计算、人工智能、区块链等技术加速创新，日益融入经济社会各领域的全过程，顺应国内外信息化、数字化、网络化、智能化发展趋势，实现依法应急、科学应急、智慧应急，是推进应急管理体系和能力现代化的迫切需要。

党中央、国务院高度重视信息化工作。习近平总书记指出，数字技术正以新理念、新业态、新模式全面融入人类经济、政治、文化、社会、生态文明建设各领域和全过程，给人类生产生活带来广泛而深刻的影响。从信息化到智能化再到智慧化，是建设智慧城市的必由之路，前景广阔。要全面贯彻网络强国战略，把数字技术广泛应用于政府管理服务，推动政府数字化、智能化运行，为推进国家治理体系现代化和治理能力现代化提供有力支撑。国务院印发的《“十四五”国家应急体系规划》明确提出，到2035年，建立与基本实现现代化相适应的中国特色大国应急体系，全面实现依法应急、科学应急、智慧应急，形成共建共治共享的应急管理新格局。系统推进“智慧应急”建设，建立符合大数据发展规律的应急数据治理体系，完善监督管理、监测预警、指挥救援、灾情管理、统计分析、信息发布、灾后评估和社会动员等功能。

王长峰、张星明、池宏、张晓航、乔剑锋、吴斌、高展、陈辉、支俊辉、刘永波等正是在这样的大背景下，以极大的热情和对应急管理事业的责任感编写了《智慧应急管理知识体系指南（IEMBOK 指南）》（以下简称《指南》）。《指南》以智慧应急为牵引和主线，将智慧应急贯穿在应急管理的预防与准备、监测与预警、处置与救援、事后恢复与重建的全过程，推动各领域智能化升级；《指南》坚持问题导向和实战导向，重在提升风险早期识别能力、监测预警能力、监管执法能力、辅助指挥决策能力、救援实战能力和社会动员能力；《指南》突出系统思维和知识体系，包括以“一案三制”（智慧应急预案体系和智慧应急管理体制、智慧应急管理机制、智慧应急管理法制）为核心的应急管理体系的主要内容，为读者详细了解智慧应急管理及其实际应用提供了重要的学习工具，具有针对性、实用性和可操作性。

实践证明，智慧应急管理是在我国开启社会主义现代化国家建设新征程、进入新发展阶段的历史背景下，依靠科技创新推进应急管理能力现代化的重大战略举措，是顺应应急管理新时期、新态势、新格局、新要求的应急管理信息化升级版，是实现应急管理能力现代化的关键举措，是破解当前应急管理工作难点、堵点的有效手段，是应急管理体系和能力现代化的发展方向。恩格斯说过，只有当我们用数字描述一个世界时，才会由“必然王国”走向“自由王国”。人类在认识和改造客观世界的过程中，突发事件是难以完全避免的，人类对客观世界的认识是永无止境的，人类在同自然的和谐相处中发展自己，是人类生存和进步的永恒主题，也是应急管理的永恒主题。衷心希望有更多的应急管理实践者和专家学者共同努力，不断地总结经验、把握规律、探索创新，使智慧应急管理有所发现、有所发明、有所创造、有所前进。

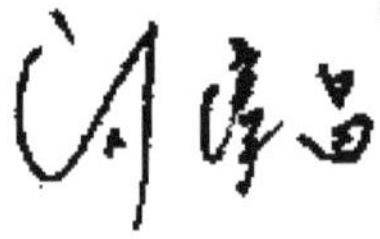①

2022 年 5 月

① 闪淳昌：国家减灾委员会专家委员会原副主任，国务院原参事、国务院应急管理专家组原组长，中共中央党校（国家行政学院）、中国人民解放军国防大学等院校兼职教授。

序　二

中国科学学与科技政策研究会科技项目管理专业委员会组织了二十多位长期从事智慧应急管理教学、科研、实践的专家学者共同编写了《智慧应急管理知识体系指南（IEMBOK 指南）》（以下简称《指南》）。该书的出版有助于丰富我国智慧应急管理领域的理论知识和教育资源，促进传统应急管理向数字化转型、向智能化升级、向智慧化提升，以提升我国应急管理体系和能力现代化水平。

进入 21 世纪，随着新一代信息技术的飞速发展，我国智慧应急管理的普及和应用日新月异，给智慧应急管理学科建设和发展带来了千载难逢的机遇和挑战。2021 年，国务院印发了《“十四五”国家应急体系规划》，强调：“到 2025 年，应急管理体系和能力现代化建设取得重大进展，形成统一指挥、专常兼备、反应灵敏、上下联动的中国特色应急管理体制，建成统一领导、权责一致、权威高效的国家应急能力体系，防范化解重大安全风险体制机制不断健全，应急救援力量建设全面加强，应急管理法治水平、科技信息化水平和综合保障能力大幅提升，安全生产、综合防灾减灾形势趋稳向好，自然灾害防御水平明显提升，全社会防范和应对处置灾害事故能力显著增强。到 2035 年，建立与基本实现现代化相适应的中国特色大国应急体系，全面实现依法应急、科学应急、智慧应急，形成共建共治共享的应急管理新格局。”

在规划和编写《指南》的过程中，编写团队始终强调改变传统应急管理经验式、粗放化的应急管理范式，向科学化、精准化和智能化转变，体现智慧应急的理念，并注重理论与实际相结合，强调以应急管理实际问题为导向，提升实际操作和解决实际问题的能力。

衷心祝贺《指南》的出版，希望能有更多出色的智慧应急管理书籍面世。

①

2022 年 10 月

---

① 王长峰：国家社科基金重大项目首席专家，北京邮电大学经济管理学院教授、博士生导师；中国科学学与科技政策研究会科技项目管理专业委员会主任委员；国务院学位委员会全国工程管理专业学位研究生教育指导委员会委员。

前　言

当前，数据智能服务已成为应急管理的共识，应急管理实现数字化转型、智能化升级、智慧化提升迫在眉睫。近年来，以大数据、互联网、物联网、云计算、人工智能为代表的现代数字技术正在颠覆传统应急管理发展模式。在新一轮科技革命和产业大变革时代，数字化转型、智能化升级、智慧化提升正成为开启智慧应急管理发展瓶颈的钥匙，成为加快智慧应急管理发展的重要手段和有效途径；与中国式现代化相适应，充分利用智能化技术，提升科学化和精细化管理水平，全面实现依法应急、科学应急、智慧应急，形成共建共治共享的应急管理新格局势在必行。

智慧应急管理是以应急管理过程数据为主要资源，以 5G、6G 大数据快速输送互联网为载体，以云计算快速处理大数据为算力，以智能技术为支撑，赋能应急管理具有人类“智慧”，实现基于新一代信息技术（N-IT）、应急运营技术（E-OT）与管理技术（MT）彼此融合（简称“E-IOM-3T”）的“**人—信息—物理（应急）—管理**”复杂智能化系统［Human-Cyber Physical（emergency）Management System，H-CPeMS］。该系统由人工智能驱动，实现应急管理自动研判、自主决策、自我演进，达到智慧应急管理，最终实现应急管理的数字化转型、智能化升级、智慧化提升。

智慧应急管理是一个多学科交叉的复杂智能化系统，具有多元主体的泛在网络特征。本书从过程、知识、领域和智慧四个维度，展开对智慧风险监测、智慧风险识别、智慧风险评估、智慧风险预警、智慧应急防控、智慧应急预案、智慧应急救援与处置、智慧应急恢复重建、智慧应急管理体制、智慧应急管理机制、智慧应急管理法制、智慧应急 IT 技术 12 个知识领域的研究，形成了完整的智慧应急管理知识体系框架。

本书旨在使政府应急管理者、企业管理者、研发人员、业务人员及高等院校教师和学生更好地掌握应急管理数字化转型、智能化升级、智慧化提升的落地路径与方法论，推动国家应急管理体系现代化建设。本书可作为高等院校本科生、研究生的教材，也可作为企业和政府管理部门的培训教材和参考书籍。

本书得到国家社会科学基金重大项目（22&ZD135）、国家社科基金国家应急管理体系建设研究专项（20VYJ061）、国家自然科学基金项目（70972123）、教育部社会科学基金一般项目（09YJA630011）、2021 年北京邮电大学研究生前沿课程的资助。同时，本书还得到国务院学位委员会全国工程管理专业学位研究生教育指导委员会秘书长张伟教授、北京邮电大学经济管理学院的大力支持，在此表示衷心的感谢。

编　者

2023 年 5 月

目　录

1　引论……………………………………………………………………………1

1.1　指南概述和目的……………………………………………………………1

1.2　智慧应急管理的重要性……………………………………………………2

1.3　基本概念和组成部分………………………………………………………2

1.3.1　基本概念 ……………………………………………………………2

1.3.2　组成部分 ……………………………………………………………6

2　智慧风险监测………………………………………………………………12

2.1　风险监测指标体系构建……………………………………………………12

2.1.1　风险监测指标体系构建：输入 ……………………………………14

2.1.2　风险监测指标体系构建：工具与技术 ……………………………14

2.1.3　风险监测指标体系构建：输出 ……………………………………15

2.2　风险监测方案制定…………………………………………………………15

2.2.1　风险监测方案制定：输入 …………………………………………16

2.2.2　风险监测方案制定：工具与技术 …………………………………16

2.2.3　风险监测方案制定：输出 …………………………………………17

2.3　风险监测实施………………………………………………………………18

2.3.1　风险监测实施：输入 ………………………………………………18

2.3.2　风险监测实施：工具与技术 ………………………………………19

2.3.3　风险监测实施：输出 ………………………………………………20

2.4　风险监测数据质量评估……………………………………………………21

2.4.1　风险监测数据质量评估：输入 ……………………………………21

2.4.2　风险监测数据质量评估：工具与技术 ……………………………22

2.4.3　风险监测数据质量评估：输出 ……………………………………24

2.5　风险监测数据存储…………………………………………………………25

2.5.1　风险监测数据存储：输入 …………………………………………25

2.5.2　风险监测数据存储：工具与技术 …………………………………25

2.5.3　风险监测数据存储：输出 …………………………………………28

3　智慧风险识别………………………………………………………………29

3.1　风险源识别…………………………………………………………………31

3.1.1　风险源识别：输入 …………………………………………………32

3.1.2 风险源识别：工具与技术 …… 32
3.1.3 风险源识别：输出 …… 33
3.2 风险因素识别 …… 33
3.2.1 风险因素识别：输入 …… 34
3.2.2 风险因素识别：工具与技术 …… 34
3.2.3 风险因素识别：输出 …… 38
3.3 风险等级划分 …… 38
3.3.1 风险等级划分：输入 …… 39
3.3.2 风险等级划分：工具与技术 …… 39
3.3.3 风险等级划分：输出 …… 40
3.4 风险关系分析 …… 40
3.4.1 风险关系分析：输入 …… 41
3.4.2 风险关系分析：工具与技术 …… 41
3.4.3 风险关系分析：输出 …… 42

4 智慧风险评估 …… 43

4.1 构建风险评估指标体系 …… 43
4.1.1 构建风险评估指标体系：输入 …… 45
4.1.2 构建风险评估指标体系：工具与技术 …… 45
4.1.3 构建风险评估指标体系：输出 …… 46
4.2 量化定性评估指标 …… 46
4.2.1 量化定性评估指标：输入 …… 47
4.2.2 量化定性评估指标：工具与技术 …… 47
4.2.3 量化定性评估指标：输出 …… 47
4.3 无量纲化定量评估指标 …… 47
4.3.1 无量纲化定量评估指标：输入 …… 48
4.3.2 无量纲化定量评估指标：工具与技术 …… 48
4.3.3 无量纲化定量评估指标：输出 …… 49
4.4 设置指标权重 …… 49
4.4.1 设置指标权重：输入 …… 49
4.4.2 设置指标权重：工具与技术 …… 50
4.4.3 设置指标权重：输出 …… 50
4.5 进行智慧评估 …… 51
4.5.1 进行智慧评估：输入 …… 51
4.5.2 进行智慧评估：工具与技术 …… 52
4.5.3 进行智慧评估：输出 …… 52

5 智慧风险预警 …… 53

5.1 构建预警指标体系 …… 55

5.1.1　构建预警指标体系：输入 …… 56
5.1.2　构建预警指标体系：工具与技术 …… 56
5.1.3　构建预警指标体系：输出 …… 56
5.2　监测预警指标 …… 57
5.2.1　监测预警指标：输入 …… 57
5.2.2　监测预警指标：工具与技术 …… 57
5.2.3　监测预警指标：输出 …… 58
5.3　预测预警指标 …… 58
5.3.1　预测预警指标：输入 …… 58
5.3.2　预测预警指标：工具与技术 …… 59
5.3.3　预测预警指标：输出 …… 59
5.4　设置预警阈值 …… 59
5.4.1　设置预警阈值：输入 …… 60
5.4.2　设置预警阈值：工具与技术 …… 60
5.4.3　设置预警阈值：输出 …… 61
5.5　预警可视化 …… 61
5.5.1　预警可视化：输入 …… 62
5.5.2　预警可视化：工具与技术 …… 62
5.5.3　预警可视化：输出 …… 63
5.6　预警控制 …… 63
5.6.1　预警控制：输入 …… 64
5.6.2　预警控制：工具与技术 …… 64
5.6.3　预警控制：输出 …… 65

6　智慧应急防控 …… 66

6.1　制定智慧应急防控方案 …… 68
6.1.1　制定智慧应急防控方案：输入 …… 68
6.1.2　制定智慧应急防控方案：工具与技术 …… 69
6.1.3　制定智慧应急防控方案：输出 …… 69
6.2　构建智慧应急防控体系 …… 70
6.2.1　构建智慧应急防控体系：输入 …… 71
6.2.2　构建智慧应急防控体系：工具与技术 …… 72
6.2.3　构建智慧应急防控体系：输出 …… 72
6.3　细化智慧应急防控政策 …… 72
6.3.1　细化智慧应急防控政策：输入 …… 73
6.3.2　细化智慧应急防控政策：工具与技术 …… 73
6.3.3　细化智慧应急防控政策：输出 …… 74

6.4 执行智慧应急防控方案…………74
6.4.1 执行智慧应急防控方案：输入…………75
6.4.2 执行智慧应急防控方案：工具与技术…………75
6.4.3 执行智慧应急防控方案：输出…………76
6.5 优化智慧应急防控流程…………76
6.5.1 优化智慧应急防控流程：输入…………77
6.5.2 优化智慧应急防控流程：工具与技术…………77
6.5.3 优化智慧应急防控流程：输出…………77
6.6 发布智慧应急防控信息…………77
6.6.1 发布智慧应急防控信息：输入…………78
6.6.2 发布智慧应急防控信息：工具与技术…………78
6.6.3 发布智慧应急防控信息：输出…………79

7 智慧应急预案…………80

7.1 应急预案体系设计…………84
7.1.1 应急预案体系设计：输入…………84
7.1.2 应急预案体系设计：工具与技术…………84
7.1.3 应急预案体系设计：输出…………88
7.2 应急预案管理…………89
7.2.1 应急预案管理：输入…………89
7.2.2 应急预案管理：工具与技术…………90
7.2.3 应急预案管理：输出…………92
7.3 应急预案业务模型设计…………93
7.3.1 应急预案业务模型设计：输入…………95
7.3.2 应急预案业务模型设计：工具与技术…………95
7.3.3 应急预案业务模型设计：输出…………99
7.4 应急预案生成…………99
7.4.1 应急预案生成：输入…………100
7.4.2 应急预案生成：工具与技术…………100
7.4.3 应急预案生成：输出…………105
7.5 应急预案验证…………106
7.5.1 应急预案验证：输入…………107
7.5.2 应急预案验证：工具与技术…………107
7.5.3 应急预案验证：输出…………107
7.6 应急预案执行监控…………108
7.6.1 应急预案执行监控：输入…………109
7.6.2 应急预案执行监控：工具与技术…………109
7.6.3 应急预案执行监控：输出…………110

7.7 应急预案绩效评估……110
7.7.1 应急预案绩效评估：输入……111
7.7.2 应急预案绩效评估：工具与技术……111
7.7.3 应急预案绩效评估：输出……112

8 智慧应急救援与处置……113

8.1 成立现场指挥部……113
8.1.1 成立现场指挥部：输入……116
8.1.2 成立现场指挥部：工具与技术……117
8.1.3 成立现场指挥部：输出……117
8.2 前期评估……117
8.2.1 前期评估：输入……118
8.2.2 前期评估：工具与技术……118
8.2.3 前期评估：输出……120
8.3 智慧应急救援与处置方案制定……121
8.3.1 人员搜寻与营救方案制定……121
8.3.2 人员疏散与安置方案制定……123
8.3.3 现场医疗救助方案制定……125
8.3.4 伤员转运方案制定……127
8.3.5 心理救助方案制定……129
8.3.6 应急物资筹集方案制定……131
8.3.7 应急物资运输与分配方案制定……133
8.3.8 基础设施与公共服务设施抢修与保护方案制定……134
8.3.9 公共卫生管理方案制定……136
8.3.10 社会动员方案制定……138
8.3.11 生态环境监测与保护方案制定……140
8.3.12 防止次生灾害方案制定……141
8.3.13 舆情监测与信息发布方案制定……142
8.3.14 维护社会稳定方案制定……144
8.4 智慧应急处置实施与调整……145
8.4.1 智慧应急处置实施与调整：输入……146
8.4.2 智慧应急处置实施与调整：工具与技术……147
8.4.3 智慧应急处置实施与调整：输出……148
8.5 后期评估与总结……148
8.5.1 后期评估与总结：输入……148
8.5.2 后期评估与总结：工具与技术……149
8.5.3 后期评估与总结：输出……150
8.6 展望……150

9 智慧应急恢复重建……151
9.1 智慧应急恢复重建准备……153
9.1.1 组织机构建立……153
9.1.2 调查与评估……154
9.2 智慧应急恢复重建方案制定……156
9.2.1 扶持政策的提出……156
9.2.2 产业结构调整与生产力布局……158
9.2.3 城乡居民住房恢复重建……161
9.2.4 基础设施恢复重建……162
9.2.5 公共服务设施恢复重建……163
9.2.6 心理干预……165
9.2.7 废墟清理与废物管理……167
9.2.8 生态系统恢复重建……170
9.3 智慧应急恢复重建实施与调整……172
9.3.1 智慧应急恢复重建实施与调整：输入……172
9.3.2 智慧应急恢复重建实施与调整：工具与技术……173
9.3.3 智慧应急恢复重建实施与调整：输出……173
9.4 智慧应急恢复重建验收与总结……173
9.4.1 智慧应急恢复重建验收与总结：输入……174
9.4.2 智慧应急恢复重建验收与总结：工具与技术……174
9.4.3 智慧应急恢复重建验收与总结：输出……174
9.5 展望……175
10 智慧应急管理“三制”……176
10.1 智慧应急管理体制……176
10.1.1 智慧应急管理体制：输入……178
10.1.2 智慧应急管理体制：工具与技术……179
10.1.3 智慧应急管理体制：输出……181
10.2 智慧应急管理机制……182
10.2.1 预防准备机制……183
10.2.2 监测预警机制……185
10.2.3 信息报告和共享机制……187
10.2.4 应急处置协调联动机制……188
10.2.5 社会动员机制……189
10.2.6 信息发布与舆论引导机制……190
10.2.7 快速应急响应机制……191
10.2.8 智慧决策机制……193
10.2.9 现场评估反馈机制……194

10.2.10　纠错改进机制 ………………………………………………………196
10.3　智慧应急管理法制 ………………………………………………………197
10.3.1　智慧应急管理法制：输入 ……………………………………………198
10.3.2　智慧应急管理法制：工具与技术 ……………………………………199
10.3.3　智慧应急管理法制：输出 ……………………………………………204
11　智慧应急 IT 技术 ……………………………………………………………207
11.1　感知数据 …………………………………………………………………207
11.1.1　感知数据：输入 ………………………………………………………208
11.1.2　感知数据：工具与技术 ………………………………………………209
11.1.3　感知数据：输出 ………………………………………………………210
11.2　交互信息 …………………………………………………………………210
11.2.1　交互信息：输入 ………………………………………………………211
11.2.2　交互信息：工具与技术 ………………………………………………211
11.2.3　交互信息：输出 ………………………………………………………211
11.3　洞察分析 …………………………………………………………………212
11.3.1　洞察分析：输入 ………………………………………………………213
11.3.2　洞察分析：工具与技术 ………………………………………………214
11.3.3　洞察分析：输出 ………………………………………………………215
11.4　决策行动 …………………………………………………………………216
11.4.1　决策行动：输入 ………………………………………………………217
11.4.2　决策行动：工具与技术 ………………………………………………217
11.4.3　决策行动：输出 ………………………………………………………220
编后语 ……………………………………………………………………………221
参考文献 …………………………………………………………………………222

1 引　论

1.1 指南概述和目的

应急管理可以追溯到灾害管理。灾难自古就有，甚至可以说人类社会是在灾难应对的基础上不断建立和发展完善起来的。从传说中远古时期的女娲补天到大禹治水，再到现实中的全球面对新冠疫情的现代化综合应急，经历了漫长的时间。其间，应急管理模式更新换代，具体做法与时俱进。国内外历史上发生的突发事件应急管理的典型案例不胜枚举。

（1）自然灾害，如 2008 年中国汶川大地震、2011 年日本福岛地震引发巨大海啸、2021 年中国郑州“7・20”特大暴雨灾害等；

（2）事故灾难，如 1986 年苏联切尔诺贝利事故、2003 年中石油川东钻探公司“12・23”井喷特大事故、2014 年“3・8”马来西亚航班失踪事件等；

（3）公共卫生事件，如 1976 年和 2014 年非洲埃博拉病毒（伊波拉病毒）疫情、2003 年 SARS 事件、2020 年全球新冠疫情等；

（4）社会安全事件，如 2001 年美国“9・11”事件等。

智慧应急管理是通过大数据技术、互联网技术、人工智能技术等新一代信息技术，赋能传统应急管理于“智慧”的新的应急管理范式。

进入 21 世纪，随着新一代信息技术在应急管理领域的广泛应用，高等院校、科研院所和企业管理者及研究人员认识到构建“智慧应急管理知识体系”已是大势所趋。多位专家学者共同制定了一套有关智慧应急管理知识体系的图表和词汇基准，形成了《智慧应急管理知识体系指南（IEMBOK 指南）》。该知识体系包括已经被验证，且得到广泛应用的智慧应急管理的做法，以及本专业新近涌现的创新做法。

本指南基于应急管理实践经验，融合了数字化、信息化时代的智慧技术和方法，构建了“智慧应急管理知识体系”，揭示了应急管理的智慧过程逻辑机理，提出了智慧应急管理知识框架，给出了智慧应急管理方向，提供了智慧应急管理的使用工具和方法，为政府部门、行业企业应对突发事件提供了工作指南。

1.2 智慧应急管理的重要性

进入 21 世纪，全球经历了突如其来的重大突发事件，如 2002 年巴厘岛爆炸案、2003 年 SARS 事件、2004 年印度洋海啸、2008 年中国雪灾、2011 年美国“9·11”事件、2020 年全球新冠疫情等。**残酷的事实证明**：这些重大突发事件已经严重危及世界安全、国家安全和世界人民的身体健康。同时，传统应急管理普遍存在**明显的短板和不足**：整合监测辨识突发性事件多源数据信息不充分，未有效利用大数据快速精准甄别潜在风险源；危机预警意识淡薄，严重性和影响性评估认识不足，快速精准前瞻性预警警情指导迟滞；响应机制落伍，应急决策缓慢，防控施策不及时；未能整合多元技术、方法、算法、工具等先进高效的精准感知协同体系；缺乏“总体性”精准感知体系，应急管理能力现代化亟待提高。

2020 年，习近平总书记强调：鼓励运用大数据、人工智能、云计算等数字技术，在疫情监测分析、病毒溯源、防控救治、资源调配等方面更好发挥支撑作用。《“十四五”国家应急体系规划》的目标：到 2035 年，建立与基本实现现代化相适应的中国特色大国应急体系，全面实现依法应急、科学应急、智慧应急，形成共建共治共享的应急管理新格局。因此，目前应急管理**需要解决的现实问题**：如何借助大数据、互联网、人工智能等新一代信息技术，基于重大突发事件多源数据信息，研究高效先进、快速精准的智慧应急技术、模型、算法、方法和工具等，实现智慧应急管理，提升重大突发事件智慧应急管理体系和能力现代化。

因此，实现突发事件应急管理的“循数治理、全域监测、多元协同、智能研判”，快速精准感知多源数据信息，优化整合高效智能化技术、算法、方法和工具，提高快速计算能力，推进传统应急管理数智化转型，构建智慧应急管理知识体系势在必行。

总之，构建传统应急管理的“大防范、大检测、大救援、大决策”的数字应急大生态体系，关键问题是如何从多维度、多空间视角，快速精准感知多源警情数据信息，如何通过优化整合高效的智能化技术、算法、方法和工具，提高快速计算能力，推进传统应急管理的数字化转型、智能化升级、智慧化提升势在必行。

1.3 基本概念和组成部分

1.3.1 基本概念

1. 突发事件

突发事件是指突然发生，造成或者可能造成严重社会危害，需要采取应急处置措施予以应对的自然灾害、事故灾难、公共卫生事件和社会安全事件。

2. 应急管理

“应急管理”一词源于英文 Emergency Management，是指政府、企业及其他公共组织，为了保护公众生命财产安全，维护公共安全、环境安全和社会秩序，在突发事件事前、事发、事中、事后所进行的预防、响应、处置、恢复等活动的总称。应急管理就是围绕突发事件而展开的预防（Precaution）、响应（Response）、处置（Handling）、恢复（Recovery）的活动。

3. 智慧应急管理

智慧应急管理是指智能技术赋能应急管理具有人类“智慧”，实现基于新一代信息技术（N-IT）、应急运营技术（E-OT）与管理技术（MT）彼此融合（简称“E-IOM-3T”）的**“人—信息—物理（应急）—管理”**复杂智能化系统［Human-Cyber Physical（emergency）Management System，H-CPeMS］。该系统依据感知应急全过程中“万物”海量数据、交互存储海量信息、洞察认知机会与风险、敏捷决策行动新价值链，由人工智能驱动或者云脑模拟人类智慧，实现应急管理智慧化，如图 1-1 和图 1-2 所示。

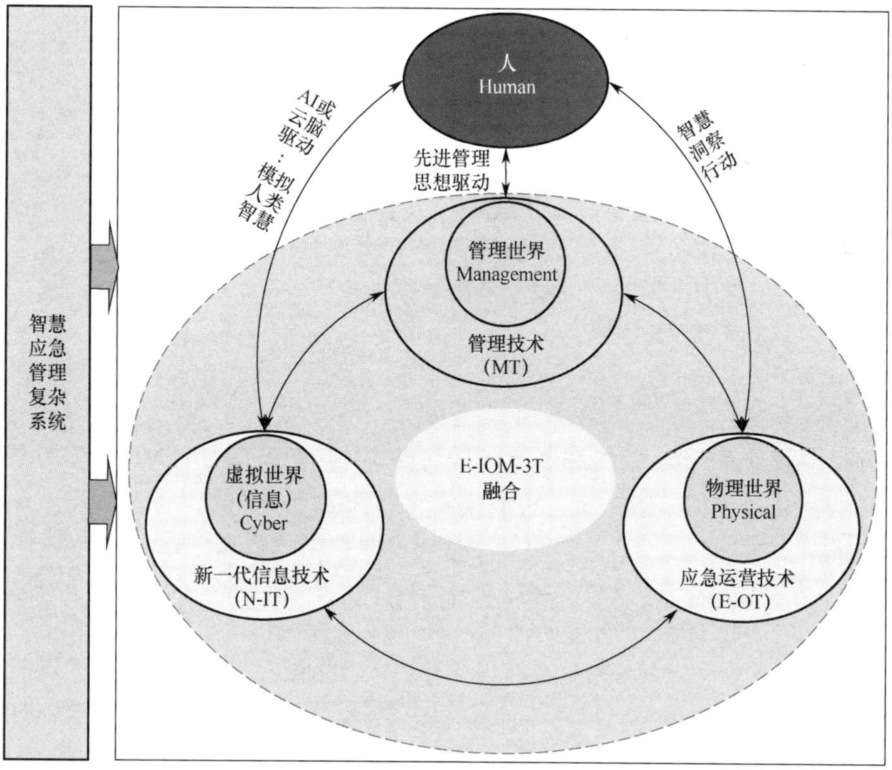

图 1-1 基于 E-IOM-3T 的“人—信息—物理（应急）—管理”复杂智能化系统

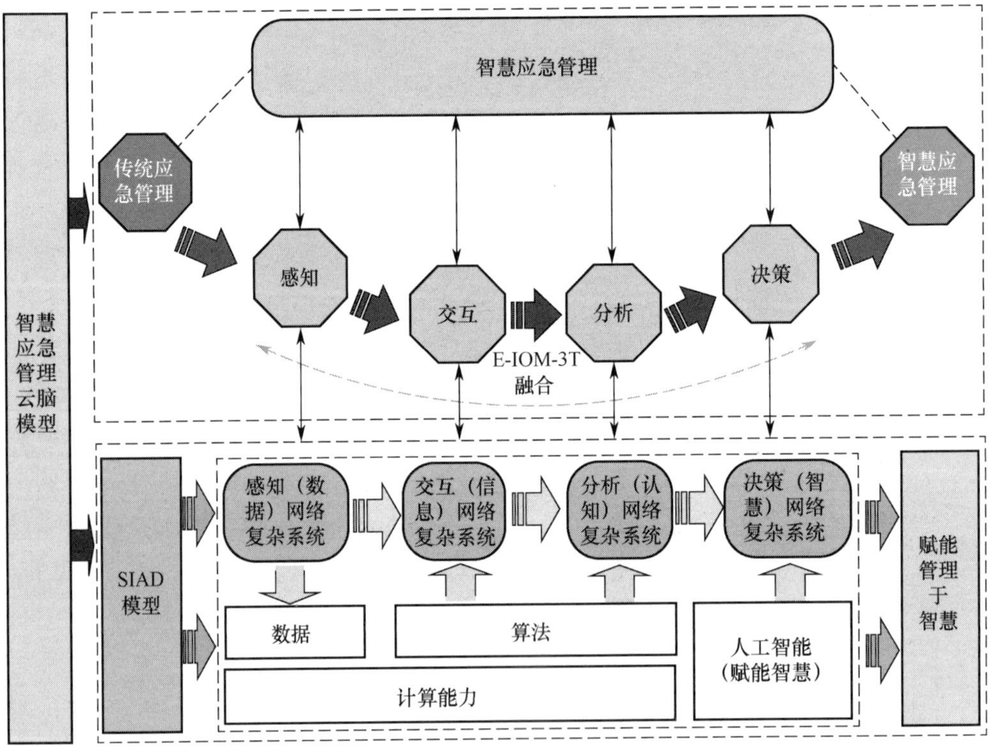

图 1-2　智慧应急云脑模型

图 1-2 中，SIAD 模型是由感知（See）、交互（Interaction）、分析（Analyze）、决策（Decision）组合而成的模型，是智慧的四个层次，应用 SIAD 模型有助于应急管理建立核心业务的智慧能力，其智慧过程涉及大数据、模型、算法、人工智能技术，进而提升智慧算力，赋能人类之“智慧”。

综上所述，在智慧应急管理过程中，由“感知数据”向“感知数据+AI”驱动，实现**智能化应急管理**。

与传统应急管理相比，本部分旨在实现将**传统化**应急管理逐渐**向数字化转型、智能化升级、智慧化提升的方向发展**，实现传统应急管理的“大防范、大检测、大救援、大决策”的数字应急大生态体系，形成智慧应急新型管理范式；而决策行动（**“应急智脑”**）是智慧应急管理指挥的核心，基于外部应急环境智能化做出决策、采取行动，实现智慧应急救援、处置、恢复和重建。因此，“智慧”是实现传统应急管理“智能化、智慧化”的引擎，直接影响智慧应对突发事件的能力，直接影响提升智慧应急的感知与研判的效率和准确性，直接影响应急管理向智能化、科学化、精细化的有效转型，如图 1-3 所示。

图 1-3 是图 1-1 和图 1-2 的具体体现，展示了“智慧应急 IT 技术”贯穿于应急管理的预防过程、响应过程、处置过程和恢复过程四个全过程，以及相对应的其他 12 个智慧应急管理的知识领域。

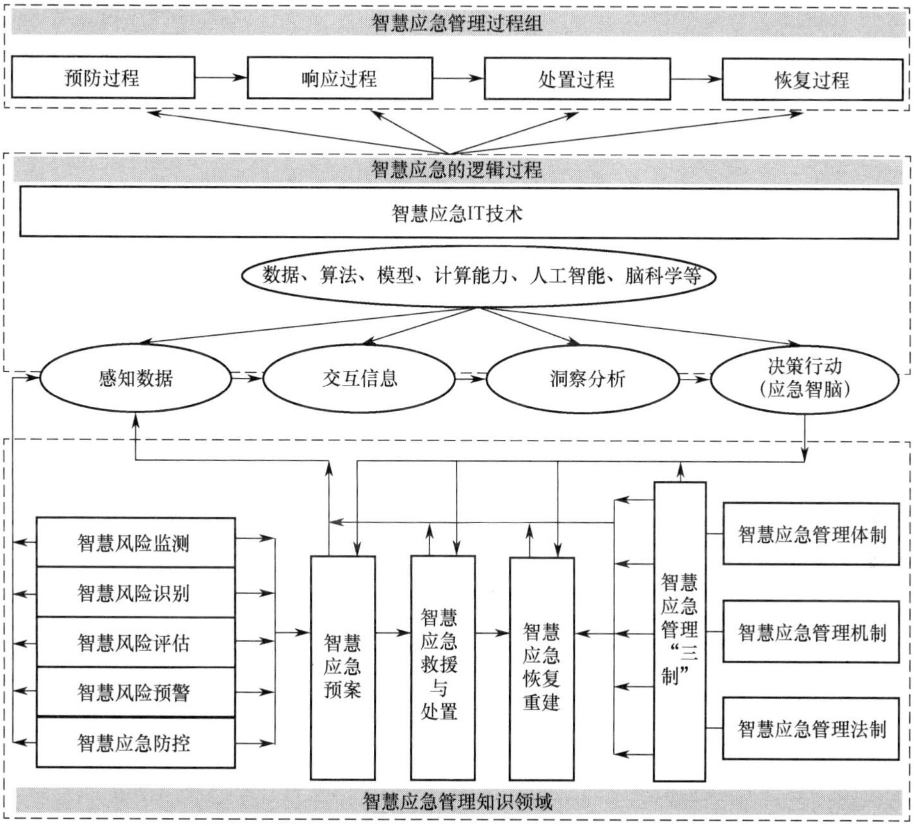

图 1-3 智慧应急管理关系

4. 数字化、智能化和智慧化的含义

（1）数字化是指将应急管理许多复杂多变的信息转变为可以度量的数字、数据，再用这些数字、数据建立适当的数字化模型，把它们转变为一系列二进制代码，引入计算机内部，进行统一处理。

（2）智能化是指应急管理在大数据、互联网、物联网、人工智能等技术的支持下，所具有的能满足人的各种需求的属性，具有一定的“自我”判断能力。例如，智能家居，通过语义理解和智能感应可以判断发出的指令，从而执行指令，对家电进行智能控制和管理。

（3）智慧化是指智能技术赋能应急管理具有人类“智慧”的各种需求属性的“生命综合体”，由人工智能驱动或者云脑驱动模拟人类智慧，实现应急管理自动研判、自主决策、自我演进。

5. 数据驱动变革

大数据正在颠覆传统应急管理的管理范式，正在驱动传统应急管理的组织变革。从应急管理过程角度来看，大数据旨在推动应急管理组织从平时状态转到“战时状态”，从而达成特定的安全目标。在应急预警开始之前，通常将此时的组织描述为“平时状态”，大数据驱动传统应急管理组织变革旨在确保“总体性”社会安全，实现“战时状态”达到安全目标。

1.3.2 组成部分

1. 智慧应急管理知识体系复杂智能化系统

该系统由过程、知识、领域和智慧四个维度组成，如图 1-4 所示。《智慧应急管理知识体系指南（IEMBOK 指南）》就是基于该“复杂系统”的四个维度建立的。

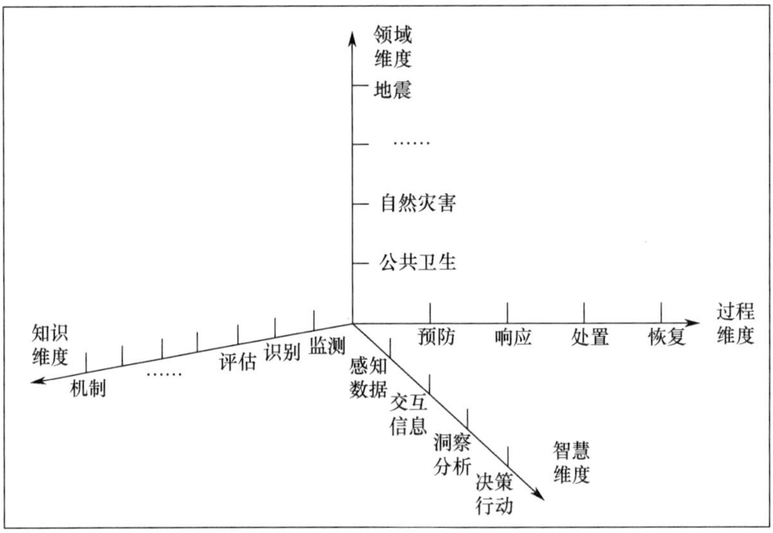

图 1-4 四个维度

2. 智慧应急管理生命周期

智慧应急管理生命周期是由事前、事发、事中和事后四个阶段组成的，是一个动态过程，并由若干个过程组组成。过程组是指对应急管理过程进行逻辑分组，是应急管理输入，工具与技术输出的逻辑组合。依据**智慧应急管理生命周期**的事前、事发、事中和事后四个阶段，可将智慧应急管理过程组划分为预防过程、响应过程、处置过程和恢复过程，如图 1-5 所示。

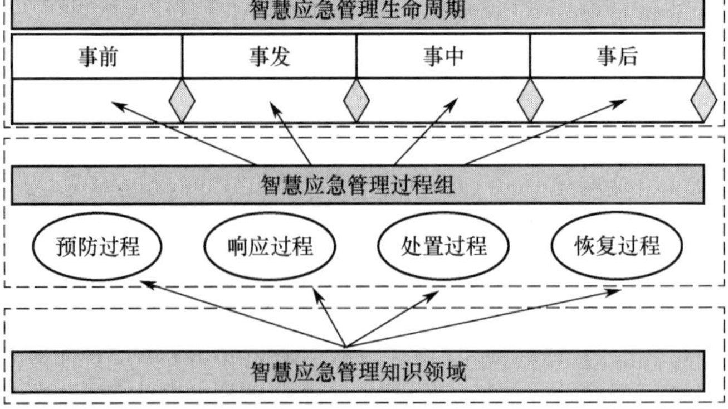

图 1-5 智慧应急管理生命周期

3. 应急管理的智慧过程

智慧应急管理是一个“人—信息—物理（应急）—管理”复杂智能化系统，其智慧过程遵循感知数据、交互信息、洞察分析、决策行动依次递进，再分别反馈至感知数据、交互信息、洞察分析，进而形成智慧闭环，依次迭代提升智慧升级，也就是依据感知应急全过程中“万物”海量数据、交互存储海量信息、洞察认知机会与风险、敏捷决策行动新价值链，由人工智能驱动或者云脑模拟人类智慧，实现自动研判、自主决策、自我演进，如图 1-6 所示。

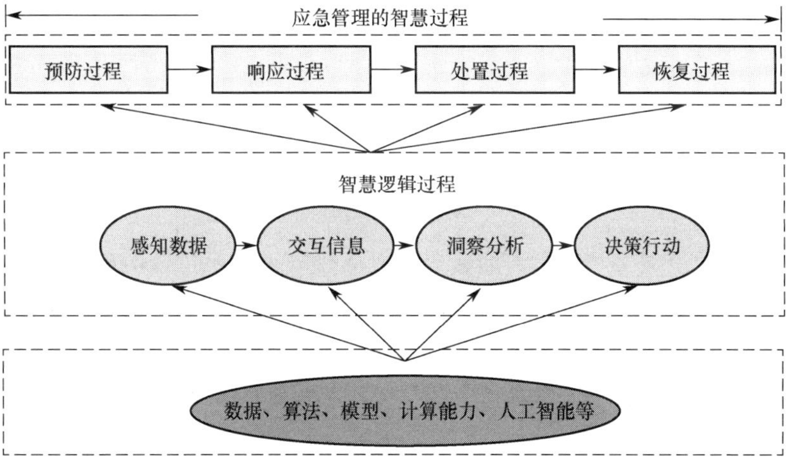

图 1-6 应急管理的智慧过程

因此，应急管理的智慧过程主要体现在数据、算法、模型、计算能力、人工智能等方面，以及多元智能技术的集成。因此，智慧应急 IT 技术总体编写框架如图 1-7 所示。

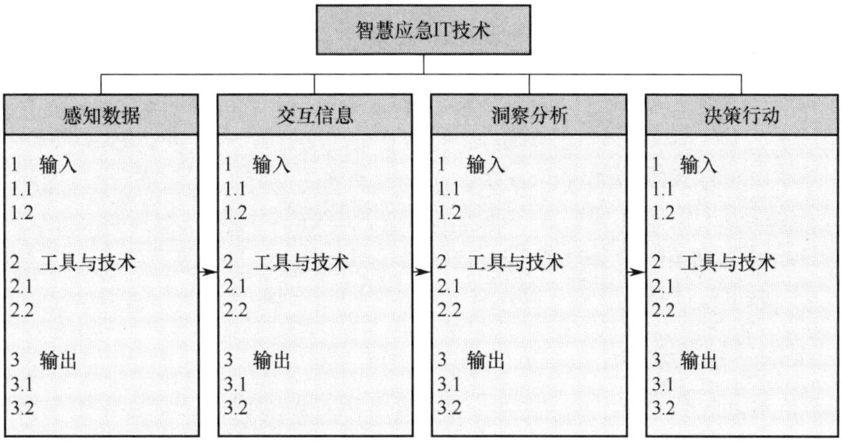

图 1-7 智慧应急 IT 技术总体编写框架

4. 智慧应急管理过程逻辑关系

智慧应急管理过程是通过一系列应急管理活动进行的，并通过合适的智慧应急管理工具、技术将一个或多个输入转化成一个或多个输出。输出是可交付成果或结果；结果是过程的最终成果。

每个智慧应急管理过程通过其产生的输出建立相应的逻辑联系，过程可能包含了在整个突发事件智慧应急管理期间相互重叠的活动。因此，每个过程的输出通常是以下二者之一：另一个过程的输入；突发事件智慧应急管理或阶段的可交付成果或结果，如图 1-8 所示。

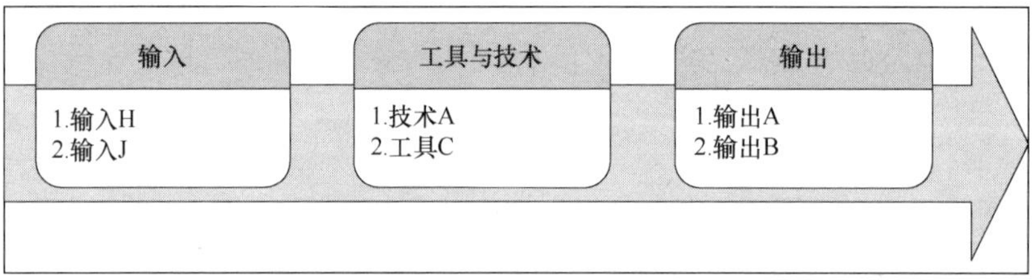

图 1-8　过程示例：输入、工具与技术、输出

5. 智慧应急管理过程

智慧应急管理过程指对**智慧应急管理**过程进行逻辑分组，以达成**应急管理**的特定安全目标。不同于**应急管理**阶段，智慧应急管理过程可分为四个过程组。

（1）智慧应急预防过程组：为防止事故发生或降低事故影响等，预先采取一系列措施实施的一组过程。预防有两层含义：一是事故的预防工作，即通过安全管理和安全技术等手段，尽可能地防止事故的发生，实现本质安全；二是在假定事故必然发生的前提下，通过预先采取的预防措施，降低或减轻事故的影响或后果的严重程度。

（2）智慧应急准备过程组：为有效应对突发事件而事先采取的各种措施的总称，包括意识、组织、机制、预案、队伍、资源、培训演练等各种准备的一组过程。其中，提高政府管理者及社会公众的危机管理意识是关键，构建高效运行的应急管理现场指挥部是保障，建立快速应急响应运行机制是效率，制定科学可行的应急预案是依据，搭建高素质应急管理救援队伍是载体，快速筹措应急资源是前提，实施应急培训演练是保障。

（3）智慧应急响应过程组：在突发事件发生以后所进行的各种紧急处置和救援工作的一组过程。

（4）智慧应急恢复过程组：突发事件的威胁和危害得到控制或者消除后所采取的处置工作的一组过程。恢复工作包括短期恢复和长期恢复。

本指南采用流程图，**智慧应急管理过程**通过具体的输入和输出相互联系，即一个过程的成果或结果可能成为另一个过程（不一定在同一个过程组）的输入。

6. 智慧应急管理知识领域

过程可以按知识领域进行分类。知识领域是按所需知识内容来定义的智慧应急管理领域，并用其所含过程、实践、输入、输出、工具和技术进行描述。

虽然知识领域相互联系，但从**智慧应急管理**的角度来看，它们是分别定义的。本指南确定了在大多数情况下大部分**智慧应急管理**通常使用的知识领域。本指南涉及 12 个知识领域，其中**智慧应急管理“三制”**是由智慧应急管理体制、智慧应急管理机制和智慧应急管理法制三个知识领域组成的。知识领域具体包括以下内容。

（1）智慧风险监测：对风险监测目标的状态数据进行采集，并对数据进行评估、存储的过程。智慧风险监测包括两方面：一是选择监测数据的指标体系，并制定风险数据监测方案，主要内容是构建科学的智慧风险监测指标体系和实施方案；二是依托大数据、人工智能等技术，对数据进行采集、评估、存储。

（2）智慧风险识别：基于智慧应急监测所形成的状态大数据，采用智能化风险识别的方法、工具和技术，辨识风险因素，形成风险列表。

（3）智慧风险评估：基于智慧风险识别列表，构建风险评估指标体系、量化定性评估指标、无量纲化定量评估指标及设置指标权重和进行智慧评估的各个过程。其目标在于辅助决策，通过开展风险评估工作，对风险情况做一次全面摸底，构建一个系统的、全面的智慧风险评估体系。

（4）智慧风险预警：基于智慧风险评估结果，构建智慧应急风险预警指标体系，采用智能化预警方法，进行智慧应急风险预警评估。智慧风险预警主要包括构建预警指标体系、监测预警指标、预测预警指标、设置预警阈值、预警可视化和预警控制。

（5）智慧应急防控：贯穿于智慧应急管理的全过程，即从第一道预防“关口”，到精准预警，再到快速精准响应与施策的全过程，动态控制突发事件的发生，基于物联网、云计算、大数据分析、虚拟现实等先进技术，提前具备快速精准应对和快速精准监控突发事件挑战的高招，有效进行应急精准施策，抓住战略主动权。

（6）智慧应急预案：又称应急救援预案或应急计划，是政府为了提高保障公共安全和处置突发事件的能力，最大限度地预防和减少突发事件及其造成的损害，保障公众的生命财产安全，维护国家安全和社会稳定，促进经济社会全面、协调、可持续发展，依据宪法及有关法律法规，制定突发事件应对的原则性方案。它提供突发事件应对的标准化反应程序，是突发事件处置的基本规则和应急响应的操作指南。

（7）智慧应急救援与处置：在突发事件的过程中，需要迅速做出反应，并采取相应的应急救援和处置措施，是应急管理的核心环节之一。该阶段，智能感知体现在依靠物联网、地理信息系统等技术，实现各个渠道信息互联互通，并通过监测监控等实时了解和模拟突发事件发展态势；智能分析体现在依靠云平台、大数据、人工智能等技术，评估应对突发事件的能力及损失情况；智能处置体现在统筹协调多方救援队伍和应急资源，快速生成应对方案，实现对应急处置过程的全程监控，并综合现场情况、救援力量等进行动态调整，以便提高应急处置效率，控制事态发展，最大限度地减少突发事件造成的损失。

（8）智慧应急恢复重建：恢复重建是消除突发事件短期、中期、长期影响的过程。恢复重建主要包括两类活动：一是恢复，使社会生产活动恢复正常状态；二是重建，对因为灾害或灾难影响而不能恢复的设施等进行重新建设。恢复重建是一项十分艰巨的工作。面对自然条件复杂、基础设施损毁严重的困难局面，灾后恢复重建任务异常繁重，只有通过精心规划、精心组织、精心实施，才能重建物质家园和精神家园，使社会生产生活恢复正常。

（9）智慧应急管理“三制”：“三制”由智慧应急管理体制、智慧应急管理机制和智慧应急管理法制组成，是智慧应急管理“一案三制”的重要组成部分，是构建安全生产、自然灾害数字应急管理大生态的组织基础，也是对安全生产、自然灾害开展智慧应急管理的重要保证。智慧应急管理“三制”贯穿于智慧应急管理的各个过程，针对智慧应急管理过程组的各个过程的应急活动，进行组织、机制和法制的识别、定义、整合、计划、统一和协调。

（10）智慧应急 IT 技术：应急管理智慧的逻辑过程体现在感知数据、交互信息、洞察分析、决策行动四个阶段，其过程所涉及的智慧应急 IT 技术主要是大数据、互联网、人工智能等新一代信息技术，以及与之相关的算法、模型、方法、工具、多元智能技术的集成，最终体现出来的智慧能力。

7. 智慧应急管理过程组与知识领域的关系

智慧应急管理过程组包括预防过程、响应过程、处置过程和恢复过程，而智慧应急管理包括智慧风险监测、智慧风险识别、智慧风险评估、智慧风险预警、智慧应急防控、智慧应急预案、智慧应急救援与处置、智慧应急恢复重建、智慧应急管理体制、智慧应急管理机制、智慧应急管理法制、智慧应急 IT 技术 12 个知识领域，两者的关系如图 1-9 所示。

知识领域		智慧应急管理过程组			
		预防过程	响应过程	处置过程	恢复过程
智慧风险监测		Y	Y		
智慧风险识别		Y	Y		
智慧风险评估			Y		
智慧风险预警			Y		
智慧应急防控				Y	Y
智慧应急预案		Y	Y	Y	Y
智慧应急救援与处置				Y	Y
智慧应急恢复重建					Y
智慧应急管理“三制”	智慧应急管理体制	Y	Y	Y	Y
	智慧应急管理机制	Y	Y	Y	Y
	智慧应急管理法制	Y	Y	Y	Y
智慧应急IT技术		Y	Y	Y	Y

图 1-9　智慧应急管理过程组与知识领域的关系

8. 智慧应急管理数据传输过程

智慧应急管理数据传输过程如图 1-10 所示。

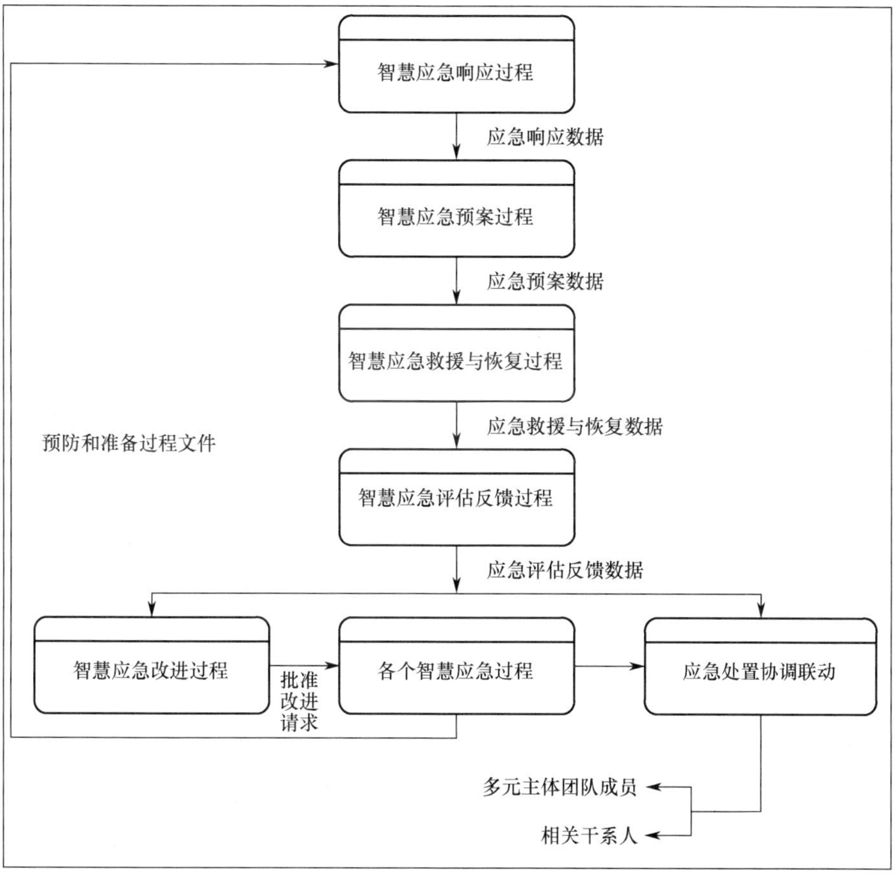

图 1-10 智慧应急管理数据传输过程

2 智慧风险监测

智慧风险监测就是对应急风险监测目标的状态数据进行采集，并对数据进行评估、存储的过程。例如，面向突发事件的监测，一方面是对灾害要素的阈值和可能的触发要素进行监测，另一方面是对突发事件的类型、强度、时空特性进行监测监控。又如，面向承灾载体的监测，一方面是对承灾载体在突发事件下的破坏方式进行监测监控；另一方面是对承灾载体蕴含的灾害要素被释放的可能性和解释强度进行监测监控。

风险监测包括两方面：一是选择监测数据的指标体系，并制定风险数据监测方案，该过程的主要内容是构建科学的指标体系和实施方案；二是对应急风险指标数据进行采集、评估、存储，该过程主要依托的是遥感、遥测、物联网、互联网、大数据、人工智能等技术手段。

智慧风险监测包括风险监测指标体系构建、风险监测方案制定、风险监测实施、风险监测数据质量评估和风险监测数据存储五个过程。智慧风险监测目标是采用不同方法和工具对不同类型的风险事件产生的数据进行跟踪和采集。唯有及时、准确地感知获取应急事件的状态数据，才能快速精准有效地控制风险。

图 2-1 介绍了智慧风险监测的框架。虽然在本指南中，各智慧风险监测过程以界限分明和相互独立的形式出现，但在实践中均会以本指南无法全面详述的方式相互交叠和相互作用。

2.1 风险监测指标体系构建

风险监测指标体系构建是针对应急风险源，选择对当前风险管理有参考价值的统计数据，使风险可描述、可度量、可拆解的一个重要过程。其依据数据指标体系采集数据，为应急风险识别、评估等过程提供数据支持。例如，在安全生产监测中，主要对危险化学品、煤矿、非煤矿山、烟花爆竹、建筑施工（含轨道交通施工）等高危企业气体、压力、液位、温度、位移、人员、机械、环境等运行状态信息和工业设施故障状态信息进行采集，并将监管监察业务数据与企业安全生产基础数据、实时监测数据、安全监控

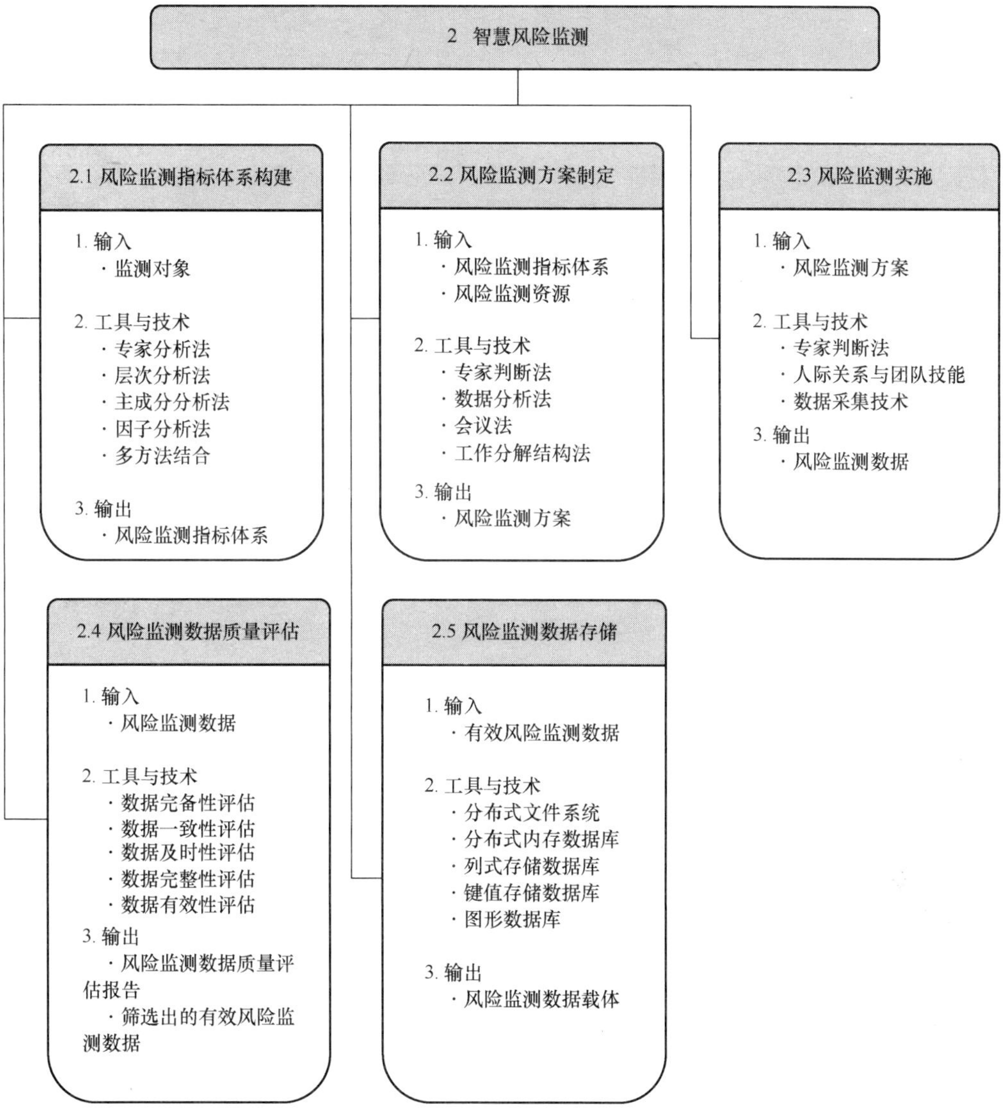

图 2-1 智慧风险监测的框架

系统运行状态数据、日常安全监理数据、视频智能分析数据相结合，建立行业企业安全生产风险监测指标体系。在自然风险监测中，各涉灾部门针对地震、地质灾害、气象灾害、海洋灾害、森林草原火灾等自然灾害，完善城市自然灾害综合监测物联感知、视频感知、遥感监测、航空监测、舆情监测等基础设施和信息系统。定期开展自然灾害综合风险普查，摸清城市主要承灾载体和灾害综合风险隐患底数，更新自然灾害综合风险基础数据库，编制灾害风险区域和综合防治区划图。图 2-2 所示为风险监测指标体系构建的输入、工具与技术、输出。图 2-3 所示为风险监测指标体系构建的数据流向图。

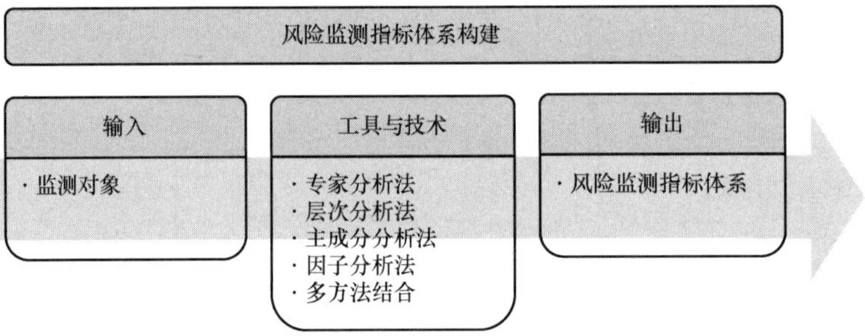

图 2-2　风险监测指标体系构建的输入、工具与技术、输出

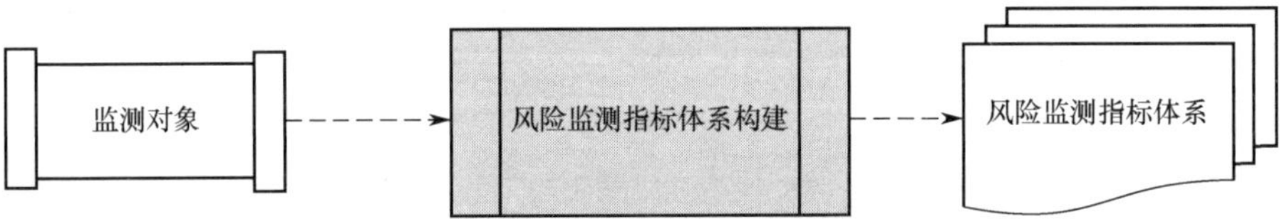

图 2-3　风险监测指标体系构建的数据流向图

风险监测指标体系构建表面上开始于风险监测的构思阶段，实则开始于风险管理目标确定后。

2.1.1　风险监测指标体系构建：输入

监测对象

明确监测对象，确定应急风险监测目标和风险监测范围，资料文件还需要监测对象的典型风险因素和风险特点。风险监测指标体系的监测对象有：国内外权威的数据指标体系及标准；不同行业部门根据自身管理、运行的需求建立的风险指标库；现有的科学文献提出的指标体系；等等。

2.1.2　风险监测指标体系构建：工具与技术

1．专家分析法

专家分析法是指基于历史经验和专家经验，推理各种风险因素，以及通过发散性思维方式采用头脑风暴法或德尔菲法将风险数据指标广泛汇总，通过情景分析法建立风险数据源图。

2．层次分析法

层次分析法是指在深入分析实际问题的基础上，首先将有关各个风险因素按照不同属性自上而下地分解成若干层次，从层次结构模型的第二层起，构造成对对比矩阵；其次对每个成对对比矩阵计算最大特征根及对应特征向量，并做一致性检验；最后计算组合权向量，并做组合一致性检验。

3．主成分分析法

主成分分析法是考察多个风险指标之间相关性的一种多元统计分析方法，研究如何通过少数几个主成分来揭示多个指标之间的内部结构，即从原始指标中导出少数几个主指标，使它们尽可能多地保留原始指标的信息，并且彼此之间互不相关。通常，数学上的处理就是将原来 P 个指标线性组合，作为新的综合指标。

4．因子分析法

因子分析法是从指标内部相关的依赖关系出发，把一些具有错综复杂关系的指标归结为少数综合因子的一种多变量统计分析方法。其基本思想是将指标进行分类，将相关性较高（联系比较紧密）的指标分在同一类中，而不同类指标之间的相关性则较低。那么，一类指标实际上就代表了一个基本结构，即公共因子。

5．多方法结合

多方法结合在一定程度上弥补了单一方法的缺陷。例如，运用聚类分析法对通航风险影响因素进行分类，并结合结构方程模型建立风险演变指标体系。

2.1.3 风险监测指标体系构建：输出

风险监测指标体系

筛选能够代表风险事件状态的指标，依托指标体系，可以进行数据获取与计量分析，对风险识别与评估具有一定的指导意义。

2.2 风险监测方案制定

风险监测方案制定是基于风险监测指标体系，确定如何实施风险监测活动的一个过程。本过程的主要作用是确定风险监测采集的目标数据与风险监测指标体系相匹配。图 2-4 所示为风险监测方案制定的输入、工具与技术、输出。图 2-5 所示为风险监测方案制定的数据流向图。

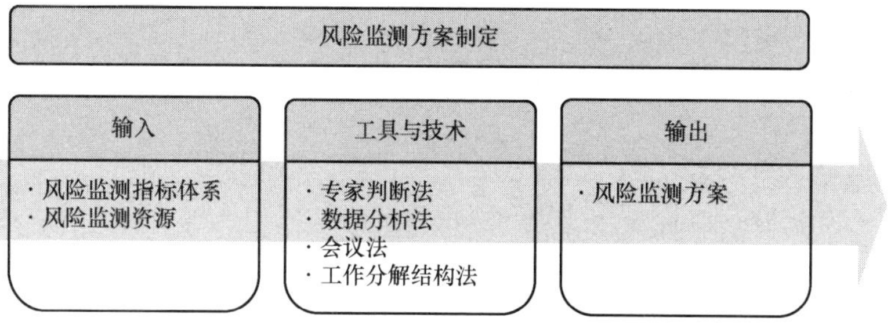

图 2-4 风险监测方案制定的输入、工具与技术、输出

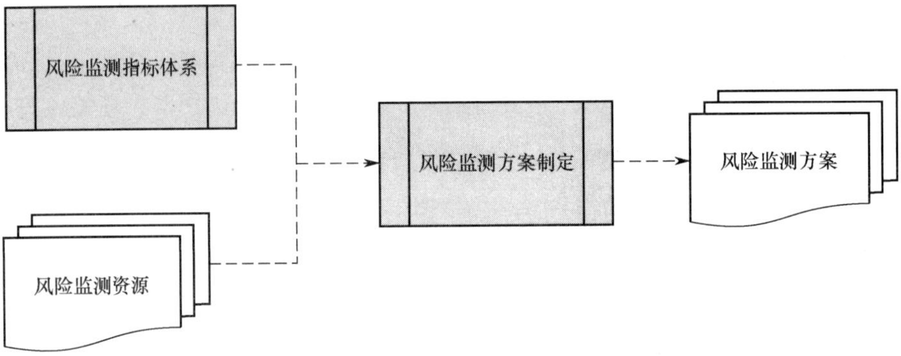

图 2-5　风险监测方案制定的数据流向图

风险监测方案制定开始于确定风险监测指标体系，在风险监测早期完成。在风险监测后期，可根据实际情况重新开展风险监测方案制定，如实际获取数据的情况发生变化时或者后续对风险监测的有效性进行审查且确定需要调整风险监测方案时。

2.2.1　风险监测方案制定：输入

1. 风险监测指标体系

遵循目的性、可行性、全面性、无冗余四大原则，选取能反映风险事件的数据指标，并构建递阶层次结构图。

2. 风险监测资源

风险监测方案制定依赖可利用的风险监测资源，主要包括数据源、计算硬件、软件、存储、资金、人力资源和政策等。

2.2.2　风险监测方案制定：工具与技术

1. 专家判断法

应考虑具备以下专业知识或接受过相关培训的应急小组成员和应急专家的意见：

（1）熟悉行业或组织所采取的风险监测方法，包括该方法所适用的风险管理体系；

（2）裁剪风险管理以适应应急的具体需求；

（3）在相同领域的应急管理上可能遇到的风险类型。

2. 数据分析法

适用于风险监测方案制定的数据分析技术包括但不限于：

（1）相关方分析：相关方分析会产生相关方清单和关于相关方的各种信息，例如，在智慧应急管理中的角色、与应急管理的利害关系、期望、态度。相关方的利害关系包括（但不限于）以下各条的组合。

① 兴趣：个人或群体会受到与风险管理有关的决策或成果的影响。

② 权利：国家的法律框架可能已就相关方的合法权利做出规定，如个人隐私保护等。

③ 所有权：人员或群体对数据资产拥有的法定所有权。

④ 知识：专业知识有助于更有效地达成风险监测目标，或有助于了解风险管理涉及的各方组织结构，从而有益于风险监测。

⑤ 贡献：提供资金或其他资源，包括人力资源，或者以无形方式为应急风险监测提供支持。

（2）文件分析：评估现有应急风险文件及以往应急风险管理的经验教训，以识别相关方和其他支持性信息。

3. 会议法

风险监测方案制定可以是风险管理会议上的一项工作，也可以举办专门的规划会议来编制风险监测方案，可以邀请风险管理经理、指定项目团队成员、关键相关方、负责管理应急风险监测过程的团队成员参会，如有需要，也可邀请其他外部人员参会，如客户、卖方和监管机构。合格的会议引导者能够帮助参会者专注于会议事项，就风险监测方案的关键方面达成共识，识别和克服偏见，甚至能够解决任何可能出现的分歧。

4. 工作分解结构法

工作分解结构（Work Breakdown Structure，WBS）把一个风险监测项目按一定的原则进行分解，将项目分解成任务，将任务分解成一项项工作，再将一项项工作分配到每个人的日常活动中，直到分解不下去为止，即项目→任务→工作→日常活动。

工作分解结构以风险监测方案为导向，对风险监测要素进行分组，它归纳和定义了风险监测的整个工作范围，每下降一层代表对监测工作的定义更详细。工作分解结构总是处于计划过程的中心，也是制定进度计划、资源需求计划及编制成本预算等的重要基础。

2.2.3 风险监测方案制定：输出

风险监测方案

风险监测方案描述的是如何安排与实施应急风险监测活动。风险监测方案包括以下几个部分。

（1）方法论：确定应急风险监测的数据来源，并确定数据采集、数据质量评估、数据存储的具体方法。

（2）角色与职责：确定每项风险监测活动的领导者和团队成员，并明确他们的职责。

（3）资金：确定开展风险监测活动所需的资金。

（4）监测点：依据监测指标体系，确定各监测指标的监测点。

（5）监测时间和频率：确定在风险管理周期实施风险监测的时间和频率。

（6）风险分类：确定风险监测中对风险进行分类的方式，并找到每类风险对应的风险源。

（7）相关方风险偏好：应在风险监测方案中记录关键相关方的风险偏好，其风险偏好会影响风险监测方案制定过程的细节。

（8）跟踪：确定如何记录风险监测活动，以及如何审计风险监测的管理过程。

例如，在城市内涝监测中，可以利用先进的市政物联网技术、云计算技术、GIS（Geographic Information System，地理信息系统）技术、自动控制技术、通信技术、数据库技术等，实现城区雨水、污水全过程监管。具体监测指标包括积水监测、水位监测、排水监测、水雨情监测等。监测点包括道路桥梁、河道、城市管道等。通常在雨季需要加大数据采集频率，必要时进行实时采集。

2.3 风险监测实施

风险监测实施是执行风险监测方案的一个过程。本过程的主要作用是按计划通过各种技术手段获得风险监测数据。随着网络、传感器技术的发展，各行业都有自主可控的大数据发展需求，也在逐步打造大数据平台。因此，在风险监测过程中，大数据搜索与挖掘技术、人工智能技术等，可以帮助我们获得多格式、多维度、覆盖面更全的风险监测数据。图 2-6 所示为风险监测实施的输入、工具与技术、输出。图 2-7 所示为风险监测实施的数据流向图。

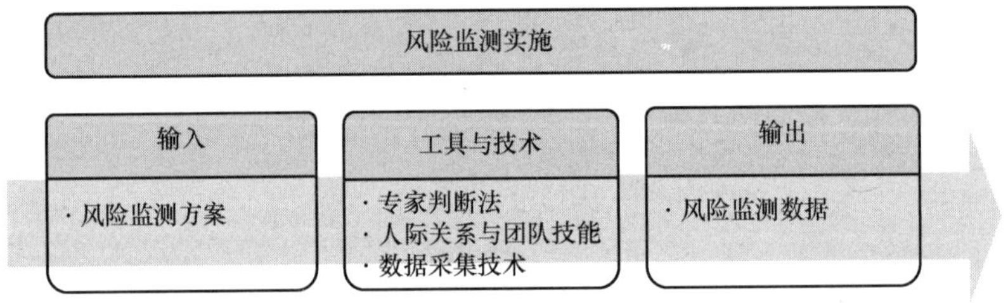

图 2-6　风险监测实施的输入、工具与技术、输出

图 2-7　风险监测实施的数据流向图

风险监测实施要在风险监测方案制定完成后开展，风险监测责任人应该适当关注实施风险监测方案的过程，确保方案措施得到实际执行。

2.3.1　风险监测实施：输入

风险监测方案

请参见 2.2.3 节中的“风险监测方案”，风险监测方案列明了与风险监测相关的组织团队成员和其他相关方的角色和职责。风险监测方案还会定义对数据源的具体监测方法及负责数据采集的技术人员的职责。

2.3.2 风险监测实施：工具与技术

1. 专家判断法

在确认或修改（如有必要）风险监测措施，以及决定如何以最有效率和最有效果的方式加以实施时，应征求具备相应专业知识的个人或小组的意见。

2. 人际关系与团队技能

适用于风险监测实施的人际关系与团队技能包括（但不限于）影响力。有些风险监测措施可能由直属项目团队以外的人员去执行，或由存在其他竞争性需求的人员去执行。在这种情况下，负责引导风险管理过程的人员就需要施展影响力，去鼓励指定的风险责任人采取所需的监测行动。

3. 数据采集技术

1）互联网数据采集

互联网数据采集是指通过网络爬虫或网站公开 API（Application Programming Interface，应用程序编程接口）等方式从网站获取风险数据信息，并从中抽取风险监测所需的属性内容。技术点包括互联网文本数据采集、互联网视频数据采集、互联网图像数据采集等子技术。

（1）互联网文本数据采集。

互联网文本数据采集是指实现对网页文本数据的分析与过滤，用网络爬虫抓取网页视频数据，通过获取网页内容，语义识别抽取出所需属性的内容值，再将抽取的网页文本内容写入数据库。

（2）互联网视频数据采集。

互联网视频数据采集是指用网络爬虫抓取网页视频数据，通过获取网页视频内容，抽取出所需属性的内容值，再将抽取的网页视频数据写入数据库。

（3）互联网图像数据采集。

互联网图像数据采集是指实现对网页图片数据的分析与过滤，用网络爬虫抓取目标图像数据，通过获取网页图像内容，抽取出所需属性的内容值，再将抽取的网页图像数据写入数据库。

2）信息系统数据采集

信息系统数据采集主要用于实现对数据库表、系统运行状态等数据的分布式抓取，技术点包括面向采集的数据服务封装、异构数据访问、采集监控与调度等子技术。

（1）面向采集的数据服务封装。

网络在不同系统之间传输数据时，一般采用数据包的形式进行，通过把采集到的数据映射到封装协议中，然后填充对应协议的包头，就能形成封装协议的数据包，并完成速率适配。

（2）异构数据访问。

异构数据是不同数据库、不同类型数据的集合。要实现对异构数据的访问，针对多个异构的数据集，需要做进一步的集成处理或整合处理，将来自不同数据集的数据进行收集、整理、清洗、转换后，生成一个新的数据集，为后续查询和分析处理提供统一的数据视图。

（3）采集监控与调度。

针对数据采集的过程，可实现监控数据的接收和转存，数据库、系统运行数据的采集，端口健康状态的监测，等等。

3）传感器数据采集

传感器数据采集主要用于实现对异构传感器数据流的实时接入，技术点包括异构传感设备实时接入、异构传感数据分布式缓冲、异构传感数据解析与抽取等子技术。

（1）异构传感设备实时接入。

由于各种传感设备接口协议均不一样，因此需要实现物联网异构设备数据的实时处理和接入。其核心技术包括多内存队列缓存技术、实时数据无延时过滤解析技术等。

（2）异构传感数据分布式缓冲。

数据分布式缓冲技术能够高性能地读取数据，动态地扩展缓存节点，在实时多数据流并发时，可对传感数据进行分布式协作处理。

（3）异构传感数据解析与抽取。

通过实时计算框架，可拓展处理大规模流式数据的能力，实现对接入传感数据的实时解析，并抽取出所需属性的内容值，统一格式化。

4）遥感遥测数据采集

遥感是指非接触的、远距离的探测技术，一般指运用传感器/遥感器对物体的电磁波的辐射、反射特性的探测。遥感通过遥感器这类对电磁波敏感的仪器，在远离目标和非接触目标物体条件下探测目标地物。

遥测是将对象参量的近距离测量值传输至远距离的测量站来实现远距离测量的技术。遥测技术是一种集成性能好、具有良好的跟踪性能和遥控性能的新型技术，其应用很广泛。具体地说，它是利用传感技术、通信技术和数据处理技术，将对象参量的近距离测量值传输至远距离的测量站来实现远距离测量的一种综合性技术。遥感技术具有在不接触目标情况下获取信息的能力。在遭遇灾害的情况下，遥感影像能够方便地立刻获取地理信息。在地图缺乏的地区，遥感影像甚至是能够获取的唯一信息。在地震中，遥感影像在灾情信息获取、救灾决策和灾后重建中发挥了重要作用。

2.3.3 风险监测实施：输出

风险监测数据

风险监测实施输出的是对数据源进行数据采集后的风险监测数据，包括各类风险的信息。各个数据源主要包括应急管理整个生命周期所涉及的数据采样、第三方机构数据、媒体等。后续可根据风险监测数据进行定性分析或定量分析。

2.4 风险监测数据质量评估

风险监测数据质量评估是对所采集的应急风险监测数据的可用性进行评估，包括对数据的完备性、一致性、及时性、完整性、有效性进行评估，也可以定义数据质量指标，指导数据质量评估过程。风险监测数据质量评估的主要作用是可以通过数据质量评估筛选出高质量数据，从而在风险管理过程中高效识别风险点，及时做出应对。图 2-8 所示为风险监测数据质量评估的输入、工具与技术、输出。图 2-9 所示为风险监测数据质量评估的数据流向图。

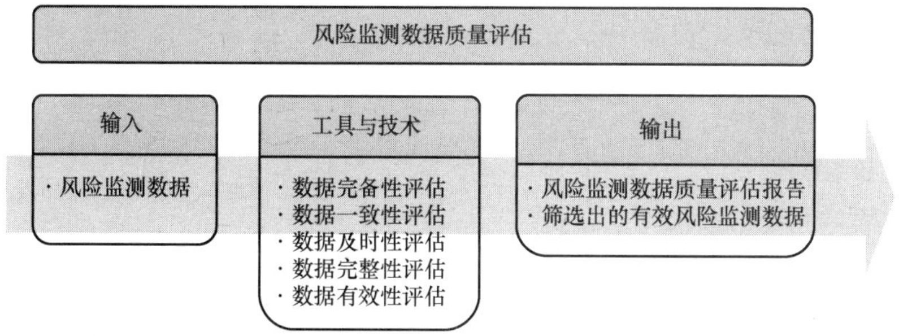

图 2-8　风险监测数据质量评估的输入、工具与技术、输出

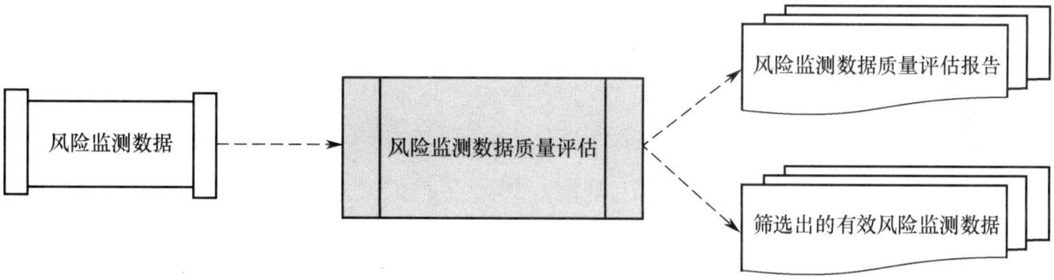

图 2-9　风险监测数据质量评估的数据流向图

风险监测数据质量评估是在获得风险监测数据后开展的，在某些情况下，风险监测数据质量评估需要尽快完成，为下一步工作的开展做好准备，可以借助大数据等技术手段完成大规模风险监测数据质量评估工作。

风险监测数据质量评估工作可以通过不同的方式完成，从简单的定性评估，到详细的定量测量。评估可以基于尝试、指导原则或具体标准进行。数据可以在大致内容的宏观层面上进行评估，或者在特定字段或微观层面上进行评估。

2.4.1 风险监测数据质量评估：输入

风险监测数据

请参见 2.3.3 节中的“风险监测数据”，风险监测数据能够通过风险监测实施采集到源数据，同时也应包括元数据，即数据的格式、字段大小、数据类型等“关于数据的数据”。

2.4.2 风险监测数据质量评估：工具与技术

1. 数据完备性评估

数据完备性是指数据集含有所需的属性和足够数量的记录，且这些属性填充的程度符合风险管理的期望。

评估完备性就是测量数据环境的质量，元数据提供了使用核心数据所需的上下文环境，所以元数据的质量评估是完备性测量的重要部分。

元数据评估首先测试存在性和完整性，如已定义表的百分比、已定义列的百分比等；其次测试定义的清晰度和质量（易懂、明确、语法正确等）及表示的一致性（以相同的方式定义相同字段的内容）。

该评估过程需要从一个元数据存储库或数据字典中得到一个可用形式的输出，如电子表格或者可以查询的数据库，以便进行比较。

此外，数据集的完备性评估包括如下内容。

（1）对于处理的可用性：用于文件，确认所有文件都可以处理；

（2）记录数与控制记录相比：用于文件，将一个文件中的记录数与控制记录记载的记录数作比较；

（3）汇总数额字段数据：用于文件，将数额字段的汇总数据与一个控制记录提供的汇总数额作比较；

（4）将现在的大小与过去的大小作比较：进行合理性检查，将输入的大小与以前运行相同过程的历史数据输入的大小作比较，比较文件的记录数、消息的数目或速率、汇总数据等；

（5）拒绝记录的理由：把因为特定原因删除的记录数和比例与既定的阈值或历史记录数和百分比作比较；

（6）针对特定目的的总体充分性：将宏观数据库内容（如数据域、数据源、记录数、数据的历史广度、所表示的实体）与对数据特定用途的需求作比较；

（7）测量和控制的总体充分性：评估特定数据质量指标相对于关键数据的有效性和全面性。

记录的完备性评估包括如下内容。

长度：确保记录的长度符合已定义的期望。

字段的完备性评估包括如下内容。

（1）不可为空的字段：确保所有不可为空的字段都被填充；

（2）来自数据源的默认值：将数据源提供的关键字段的默认值记录数和百分比与既定的阈值或历史记录数和百分比作比较。

2. 数据一致性评估

数据一致性评估包括如下内容。

（1）评估一个字段内的列属性和数据格式的一致性：格式一致性的评估应该与其他列级评估相结合进行。该评估所使用的元数据来自确定数据类型的模型，并来自定义格式化规则的规范。规则本身的一致性也必须被检查，然后将检查结果与规则作比较。

（2）评估一个字段内默认值使用的一致性：对可以分配默认值的每个字段评估列属性和数据的默认值。

（3）评估跨表的默认值使用的一致性：对整个数据库中数据类型相同的字段评估列属性和数据的默认值。

（4）一致性列剖析：将值的记录数分布（列剖析）与过去填充相同字段的数据实例作比较。

（5）数据集内容的一致性：所表示的实体的不重复计数和记录数的比率，将一个数据集内表示实体的不重复值（如客户编号）的计数与阈值、历史记录或总记录数作比较；两个所表示的实体不重复计数的比率，将重要的字段/实体（如客户/销售办事处、索赔/被保险人）的不重复计数之间的比率与阈值或历史比率作比较。

（6）一致性多列剖析：将跨多个字段的值的记录数分布与历史百分比作比较，以测试业务规则。

（7）表内时序与业务规则的一致性：将日期值与时序的业务规则作比较。

（8）用时的一致性：与过去填充相同字段数据的实例比较用时的一致性。

（9）数额字段跨二级字段计算结果的一致性：将数额列的计算结果、数额总和、占总额的百分比，以及跨二级字段的平均数额与历史计数和百分比作比较，用限定符来缩小结果范围。

（10）按聚合日期汇总的记录数的一致性：将某个聚合日期（如一个月、一个季度或一年）相关联的记录数和记录数的百分比与历史记录数和百分比作比较。

（11）按聚合日期汇总的数额字段数据的一致性：将按日期（月、季、年）汇总的数额字段数据（总额、总额的百分比）与历史总计和百分比作比较。

（12）跨表的多列一致性剖析：将跨表的列值的记录数分布与历史百分比作比较，以测试对业务规则的遵守情况。

（13）跨表的时序与业务规则的一致性：基于相关表的时序业务规则的跨表合理性测量。

（14）跨表数额列计算结果的一致性：对相关表的汇总数额的计算结果（总数、占总数的百分比等）作比较。

（15）按聚合日期汇总的跨表数额列的一致性：对相关表中与某个日期（月、季、年）相关的数额字段数据（总数、占总额的百分比）作比较。

（16）与外部基准比较的一致性：将数据质量测量结果与一套基准（如外部行业或国家为类似的数据建立的度量）作比较。

3. 数据及时性评估

数据及时性评估包括如下内容。

（1）用于处理的数据的交付及时性：将数据交付的实际时间与计划交付时间作比较；

（2）数据处理用时：将数据处理用时与计划或历史的处理用时作比较。

4. 数据完整性评估

数据完整性评估包括如下内容。

（1）重复数据删除：找出并删除重复数据；

（2）重复记录的合理性检查：将一个数据集中重复记录占总记录数的比例与数据集的过去实例中的比例作比较。

（3）父/子参照完整性：确定表之间记录级（父/子）的参照完整性，以确定无父记录的子记录。

（4）子/父参照完整性：确定表之间记录级（子/父）的参照完整性，以确定无子记录的父记录。

5. 数据有效性评估

数据有效性评估包括如下内容。

（1）单字段的详细结果：将传入数据的值与既定的域（参照表、范围或数学规则）中的有效值作比较；

（2）卷积汇总：将有效/无效值的卷积计数和百分比与历史水平作比较；

（3）表内多列的详细结果：将同一个表中的相关列值与一个映射关系或业务规则中的值作比较；

（4）跨表的详细结果：跨表比较映射或业务规则关系中的值，以确保数据一致地相关。

2.4.3 风险监测数据质量评估：输出

1. 风险监测数据质量评估报告

报告包括：对数据质量（完备性、一致性、及时性、完整性、有效性）和监测流程有效性的总结，对通过测量发现的任何数据质量问题的回应及对改进机会的确定结果。此外，报告还应包括对测量本身有效性的评估及对特定测量的改进建议。

2. 筛选出的有效风险监测数据

对评估过程中发现的数据错误应尽可能地予以纠正，当发现的错误不能予以纠正，或者有些数据不符合监测的要求而又无法弥补时，就需要对数据进行筛选。数据筛选包括两方面内容：一是将某些不符合要求的数据或有明显错误的数据予以剔除；二是将符合某种特定条件的数据筛选出来，对不符合特定条件的数据予以剔除。

2.5 风险监测数据存储

风险监测数据存储是将有效的风险监测数据存储到高性能的存储器中，方便数据使用者进行访问。大数据时代，风险监测数据的存储有海量、异构、非结构化等特点。通过优化存储基础设施和提供高性能、高吞吐量、大容量的数据存储方案，可以解决大规模风险监测数据的存储问题，为大规模风险数据的分析提供支撑。图 2-10 所示为风险监测数据存储的输入、工具与技术、输出。图 2-11 所示为风险监测数据存储的数据流向图。

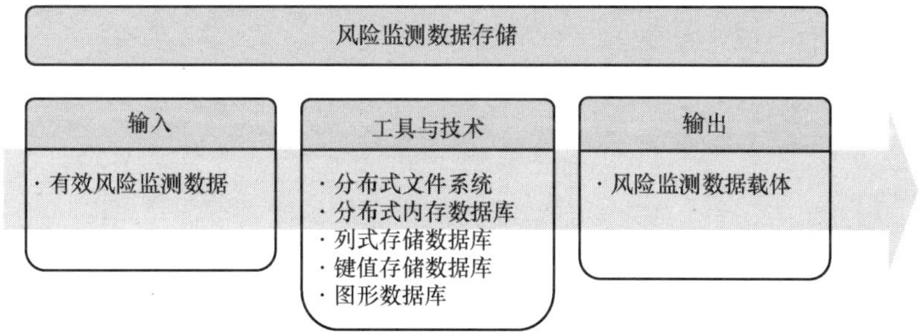

图 2-10　风险监测数据存储的输入、工具与技术、输出

图 2-11　风险监测数据存储的数据流向图

传统的关系型数据库及电子文件主要用于一般数据量的结构化数据存储，技术相对成熟，但其在大数据的存储效率、灵活性和可拓展性等方面存在一定的问题。大数据存储技术解决方案是本节的重点，因此，对关系型数据库不做过多介绍。大数据存储主要包括分布式文件系统、分布式内存数据库、列式存储数据库、键值存储数据库、图形数据库 5 个子类，其中，分布式文件系统和列式存储数据库为大数据存储解决方案的核心技术。

2.5.1 风险监测数据存储：输入

有效风险监测数据

源数据经过数据质量评估后，被筛选出的即有效风险监测数据。

2.5.2 风险监测数据存储：工具与技术

1. 分布式文件系统

分布式文件系统面向海量数据的存储访问与共享需求，提供基于多存储节点的高性能、高可靠和可伸缩的分布式文件存储与访问能力，实现分布存储节点上多用户文件存储的访问与共享。技术点包括分布式元数据管理、多层级存储管理、数据一致性保障、高并行读写优化、分布式散列与动态均衡、存储高可用、海量小文件高性能存储访问等。

1）分布式元数据管理

分布式元数据管理主要通过元数据服务分布式部署的方式，实现了元数据分布式管理，解决了一般分布式文件系统的单元数据服务节点导致的响应用户请求效率不高、存储文件数目受限和单点故障等问题，具有降低用户请求处理延时、提高分布式文件系统的可扩展性和可用性的特性。技术点一般包括完全分布式架构、元数据访问负载均衡、元数据服务器高效索引、元数据服务器弹性伸缩等。

2）多层级存储管理

多层级存储管理用于实现内存/SSD/HDD 等异构存储设备的池化管理，以及各类存储设备的动态接入管理，通过设备抽象和提供统一命名空间，面向分布式文件系统提供统一的存储资源池，支持热点数据自动感知和智能化存储调度，最大限度地提升数据存储与访问的效能。技术点一般包括异构存储设备管理、多存储系统适配、统一命名空间、基于热度的存储资源调度等。

3）数据一致性保障

数据一致性保障主要解决分布式文件系统中多副本和缓存等在数据存储与访问过程中的一致性问题，通过构建数据一致性模型、进行数据一致性校验等方式，保障数据在存储和访问过程中的一致性，在提升数据访问性能的同时确保数据存储和访问的正确性。技术点一般包括一致性协议优化、一致性检验等。

4）高并行读写优化

高并行读写优化用于提高分布式文件读写的并行化水平，最大化提升分布式文件系统下的数据访问效率。技术点一般包括分布式数据访问缓存管理和调度算法优化、I/O 算法优化和合并 I/O 等。

5）分布式散列与动态均衡

分布式散列与动态均衡实现分布式文件系统下高性能的数据块定位，提高数据访问性能及数据块的迁移和再平衡，提升分布式文件系统的稳定性和可持续服务能力。技术点一般包括基于一致性哈希的数据块索引管理、动态数据再平衡等。

6）存储高可用

存储高可用通过数据多副本技术、状态自检测和自修复技术、核心服务分布式部署技术等，实现自动检测分布式文件系统中的各种错误和失效，并且在文件系统出现错误和失效时自行进行多副本间的数据修复，最终持续向用户提供正常的数据访问服务。技术点一般包括可配置数据多副本、数据自恢复及自维护等。

7）海量小文件高性能存储访问

海量小文件高性能存储访问主要采用将小文件汇集成大文件进行存储、细粒度二级索引管理等技术，实现在现有分布式文件系统的基础上，扩展对海量小文件的存储与访问的能力，同时解决小文件的随机读写问题，大大提高分布式文件系统对海量小文件的存储访问效率。

2. 分布式内存数据库

分布式内存数据库面向实时数据存储与访问需求，提供基于分布式内存的高性能数据存储与访问功能，通过将分布式和内存访问结合在一起，兼具可扩展性和高速访问特点，相对于传统集中式的数据库具有良好的灵活性与可扩展性，在处理海量数据时在性能上和可靠性上有着更大的优势。技术点包括数据分层存储调度、数据版本管理、分布式内存节点管理等子技术。

1）数据分层存储调度

数据分层存储调度提供内存/SSD/HDD 等存储资源的分层管理，支持存储设备热插拔，同时，面对不同的数据存储性能要求和可靠性需求，自动选择合适的存储资源。

2）数据版本管理

数据版本管理可面向数据处理各个阶段提供数据更新版本关系，根据版本关系提供数据的高可用性。当中间过程数据丢失时，可基于版本关系通过上一阶段任务重新运行，恢复相应数据，降低中间过程数据丢失对整个数据处理的影响，提升数据处理的效率和可靠性。

3）分布式内存节点管理

分布式内存节点管理提供统一的分布式存储节点管理，对外提供统一的内存管理接口，一般采用 Master/Slave 架构构建，Master 节点管理所有 Slave 节点的内存元数据信息，在数据访问过程中，通过 Master 节点来完成内存节点的存储分配与管理，实现分布式环境下统一内存的访问。

3. 列式存储数据库

列式存储数据库用于提供高性能的结构化数据存储与访问。以列相关存储架构进行数据存储的数据库，主要适合于批量数据处理和即时查询，其优势在于复杂查询的效率高、读磁盘少、存储空间小。技术点包含轻量级配置管理、表元数据管理、分区数据管理等子技术。

1）轻量级配置管理

轻量级配置管理提供列式存储数据库分布式节点信息、配置模式的快速访问和一致性能力，多采用无中心设计，由选举策略完成系统的决策节点，负责对外配置信息的管理和存储。

2）表元数据管理

表元数据管理提供对列式存储数据库中全局数据的元信息更新、组织、管理和快速访问能力。表元数据可采用平衡二叉树保存在内存中，实现对整个系统的快速访问与更新。

3）分区数据管理

分区数据管理基于管理元数据，提供海量数据的分区、分块的组织存储，同时对外提供分区数据访问能力。数据通过 Key 的内容进行哈希分区，分区管理模块接收分区数据，并形成本地的数据管理，同时实时上报本地数据信息，维护数据的一致性，分区数据管理可实现数据的隔离性和数据访问的高效性。

4. 键值存储数据库

键值存储数据库提供基于 Key-Value（键值对）方式的数据存储，通过高性能索引构建和检索技术，支持快速数据检索与查询。它相比传统的关系数据库有极高的查询速度，具备大容量数据存储和高并发、灵活动态扩容等特点。

5. 图形数据库

图形数据库是一种非关系数据库，它应用图形理论存储实体之间的关系信息，提供高效的方法来查询数据项之间、模式之间的关系，或多个数据项之间的相互作用。通过应用图形理论来表达和存储实体及实体之间的关系信息，是最接近高性能的一种用于存储数据的数据结构方式之一。与关系数据库相比，图形数据库更直观、更简单、语义更丰富、搜索效率更高，并且更能适应大数据的存储和检索。技术点一般包含图形信息管理、图形信息存储等。

1）图形信息管理

图形信息管理是指以图形对象为基本类型，对基本图形数据类型进行定义，并设计图形间引用，以实现对复杂图形的管理。

2）图形信息存储

图形信息存储提供复杂图形的底层存储设计，实现具体图形数据的存储，同时对接上层数据处理引擎，对底层原始数据进行提取、转换、重构与二次处理。

2.5.3 风险监测数据存储：输出

风险监测数据载体

风险监测数据的存储载体是支持存储和访问需求的存储器。

3 智慧风险识别

智慧风险识别包括风险源识别、风险因素识别、风险等级划分和风险关系分析的各个过程。智慧风险识别的目的是针对不同风险种类及特点，识别其存在的危险源、风险发生概率，评估可能产生的直接后果，以及风险因素之间的关系。智慧风险识别是智慧应急管理的重要内容，也是智慧应急管理的基础。四个基本过程有一定的先后顺序，首先进行风险源识别，风险源是风险事件发生的条件；其次进行风险因素识别，风险因素是风险源中的人的不安全操作或物的不安全状态；再次对风险源或风险因素进行等级划分，实现**安全风险分级管控**；最后进行风险关系分析，为安全风险精准管控和科学预警提供参考。智慧风险识别的主要输入是智慧风险监测数据，基于监测数据采用智能化技术方法和手段，通过数据分析与比较发现异常数据，以便识别风险因素。

图 3-1 所示为智慧风险识别的框架。虽然在本指南中，各智慧风险识别过程以界限分明和相互独立的形式出现，但在实践中均会以本指南无法全面详述的方式相互交叠和相互作用。

风险识别是用感知、判断或归类的方式对现实的和潜在的风险性质进行鉴别的过程。存在于人们周围的风险是多样的，既有当前的也有潜在于未来的，既有内部的也有外部的，既有静态的也有动态的，等等。风险感知是人们对某个特定风险的特征和严重性所做出的主观判断，是测量公众心理恐慌的重要指标。

风险因素（Risk Factors）是指引起或增加风险事故发生的机会或扩大损失幅度的原因。构成风险因素的条件越多，产生损失的可能性就越大，损失就会越严重。风险因素是风险事故发生的潜在原因，是造成损失的内在原因或间接原因。风险产生于风险源。

风险源是能够带来风险的人、物或者事件。**危险源**是事故的源头，是能量、危险物质集中的核心。危险来源于物（设施）的不安全状态、人的不安全行动、管理缺陷及可能造成职业病、中毒的劳动环境和条件。风险源或危险源是具体事物，风险是抽象概念。风险源是指那些可能会导致风险后果的因素或条件的来源。相同的风险因素可能是由不同的风险源产生的，风险源存在于确定的系统中，不同的系统范围，风险源的区域和所指对象不同。

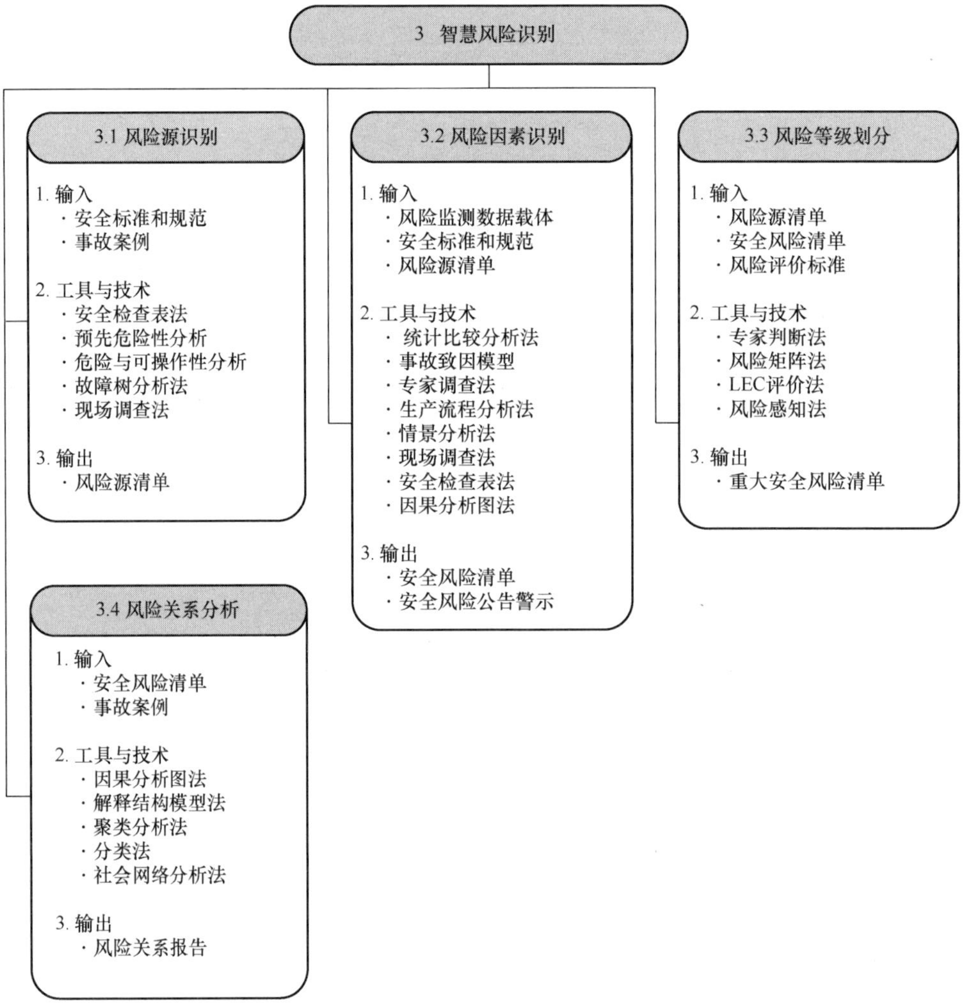

图 3-1　智慧风险识别的过程

危险源辨识（或识别）就是识别危险源并确定其特性的过程。危险源辨识主要是对危险源的识别，对其性质加以判断，对可能造成的危害、影响进行提前预防。危险源辨识首先应考虑存在危险源的业务活动及活动场所，包括厂址、厂区平面布局、建筑物、组织的活动（包含临时工作任务、相关方的活动、使用外部提供的产品或服务）、生产设备、装置、生活配套设施、应急设施、各项制度、外出人员/外来工作人员的活动。

风险等级划分。按照不同的风险辨识方法对风险的分级略有不同。《中华人民共和国突发事件应对法》第四十二条："可以预警的自然灾害、事故灾难和公共卫生事件的预警级别，按照突发事件发生的紧急程度、发展势态和可能造成的危害程度分为一级、二级、三级和四级，分别用红色、橙色、黄色和蓝色标示，一级为最高级别。"

安全风险分级管控是指通过识别生产经营活动中存在的危险、有害因素，并运用定性或定量的统计分析方法确定其风险严重程度，进而确定风险控制的优先顺序和风险控制措施，以达到改善安全生产环境、减少和杜绝安全生产事故的目的而采取的措施和规定。

结合各个行业的智能化需求，依托大数据、人工智能等技术，应急管理领域的“智慧风险识别”应运而生，以人工智能为驱动的数据分析技术应用日益广泛。与此同时，智慧风险识别的关注面正在扩大，其发展趋势和新兴实践包括（但不限于）：

（1）**智慧风险识别**。智慧风险识别的基础就是大数据技术，在数据挖掘和机器学习方法广泛应用的大背景下，风险识别方法也在不断改进。例如，①使用数据挖掘的聚类算法，选定风险识别指标；②采用深度学习模型进行系统风险识别，即先利用深度学习模型学习规则，再利用学习好的规则求解实际问题。

（2）**动态风险识别**。系统一直处于动态运作和动态演化的过程，并且面对复杂多变的动态环境。对部分风险因素，需要搭建基于物联网的远程智能监控系统，综合考虑时间、过程变量和变量的变化及其耦合，采用动态的方法来模拟这种耦合，然后识别系统动态过程的可靠性和安全性。

（3）**脆弱性识别**。脆弱性反映被研究系统遭受功能失效的潜在可能性，其研究成果可提高人们对被研究系统的风险意识，树立以防为主的思想。脆弱性识别，能更有效地获得系统的抗风险水平，其一般基于可靠性理论或者复杂网络理论来进行。

3.1 风险源识别

风险源是指那些可能会导致风险后果的因素或条件的来源，风险源辨识是对风险源进行确认的过程。风险源识别的主要作用是找出风险因素的源头，全面加强安全生产源头管控和安全准入工作，其是防范和遏制重特大事故的有效手段。图 3-2 所示为风险源识别的输入、工具与技术、输出。图 3-3 所示为风险源识别的数据流向图。

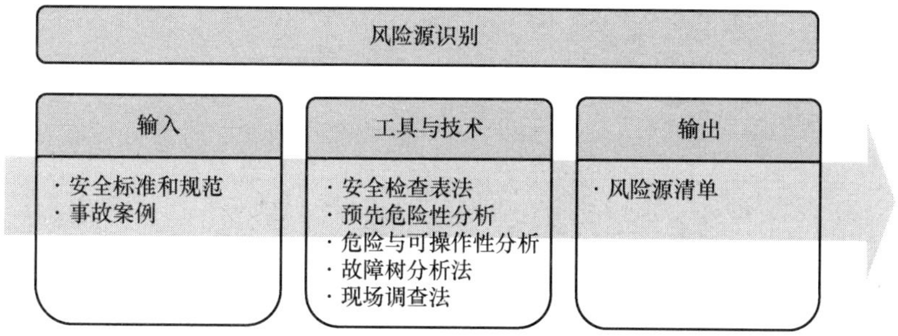

图 3-2 风险源识别的输入、工具与技术、输出

图 3-3 风险源识别的数据流向图

3.1.1 风险源识别：输入

1. 安全标准和规范

部分安全标准和规范明确了生产经营活动中安全生产领域危险源辨识的流程，如《危险化学品重大危险源辨识》（GB 18218—2018）、《生产过程危险和有害因素分类与代码》（GB/T 13861—2022）。

2. 事故案例

典型事故案例是企业风险源识别的主要信息来源。依据事故案例分析企业风险源，识别主要作业场所、设备及设施的不安全状态，以及人的不安全行为和管理上的缺陷。

3.1.2 风险源识别：工具与技术

1. 安全检查表法

安全检查表法（Safety Check List）是分析人员较为全面地列出某类事项面临的一些危险项目及有关的已知类型的危险、设计缺陷和事故隐患，从而用于逐个识别风险的一种方法。该方法通常用于检查各种规范和标准的执行情况，确定系统、场所的状态是否符合安全要求，通过检查发现系统中存在的安全隐患并提出改进措施。检查项目包括场地、周边环境、设施、设备、操作、管理等方面。

2. 预先危险性分析

预先危险性分析（Preliminary Hazard Analysis，PHA）也称初始危险分析，是在每项生产活动之前，特别是在设计的开始阶段，对系统存在危险类别、出现条件、事故后果等进行概略的分析，尽可能评价出潜在危险性的一种方法。

3. 危险与可操作性分析

危险与可操作性分析（Hazard and Operability Study）是英国帝国化学工业公司蒙德分部于 20 世纪 60 年代发展起来的系统危险分析方法。该方法全面、系统地研究系统中每一个元件的重要参数偏离了指定的设计条件所导致的危险和可操作性问题。该方法主要通过研究工艺管线和仪表图、带控制点的工艺流程图或工厂的仿真模型来确定，重点分析由管路和每一个设备操作所引发潜在事故的影响，选择相关的参数，如流量、温度、压力和时间，检查每一个参数偏离设计条件的影响。

4. 故障树分析法

故障树分析法（Fault Tree Analysis，FTA）又称事故树分析法，是安全系统工程中最重要的一种分析方法。事故树分析法从一个可能的事故开始，自上而下、一层层地寻找顶事件的直接原因和间接原因，直到基本原因事件，并用逻辑图将这些事件之间的逻辑关系表达出来。

5．现场调查法

现场调查法是指风险识别主体对存在或遭遇风险的活动进行详尽的现场调查来识别风险的过程。该方法由三个部分组成，分别是调查前的准备工作、现场调查、形成调查报告。调查前的准备工作是确保现场调查成功的前提和基础，其中的关键是确定调查需要花费的时间及调查的开始时间，其核心则是确定现场调查的内容，可以通过编制一个现场调查计划表来反映调查的内容、进度和人员安排，以组织整个调查活动。在现场调查过程中，风险管理人员可以通过座谈、访问、查阅相关文件档案、实地观察业务活动等方式完成先期编制的现场调查计划表中所列举的项目，同时又不应完全局限于此，还需要根据在现场调查过程中发现的新信息及时调整需要调查的项目和关注的重点，以期为尽可能成功地完成风险识别等后续工作获得准确、全面的第一手资料和信息。现场调查后，风险管理人员应立即对现场调查的资料和信息进行整理、研究和分析，并在此基础上根据现场调查的目的撰写调查报告。

3.1.3 风险源识别：输出

风险源清单

风险源清单逐一列出企业所面临的安全风险源，并将这些风险源与企业的经营活动联系起来。

3.2 风险因素识别

风险因素识别是通过调查了解判断风险是否可能存在的过程。该过程的主要作用是判定风险存在与否，是风险筛选的过程。企业要组织专家和全体员工，采取安全绩效奖惩等有效措施，全方位、全过程地辨识生产工艺、设备设施、作业环境、人员行为和管理体系等方面存在的安全风险，做到系统、全面、无遗漏，并持续更新完善。图 3-4 所示为风险因素识别的输入、工具与技术、输出。图 3-5 所示为风险因素识别的数据流向图。

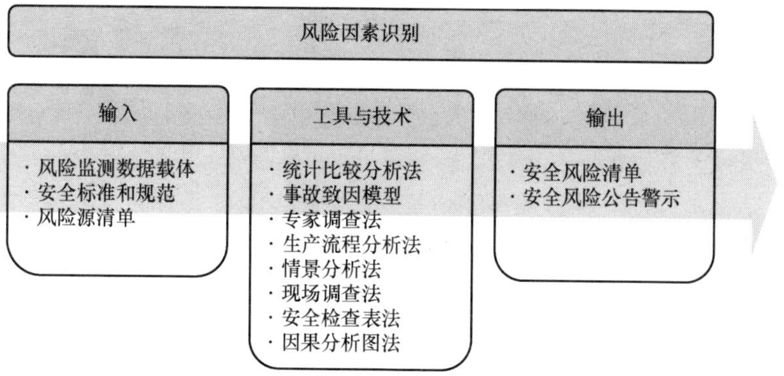

图 3-4 风险因素识别的输入、工具与技术、输出

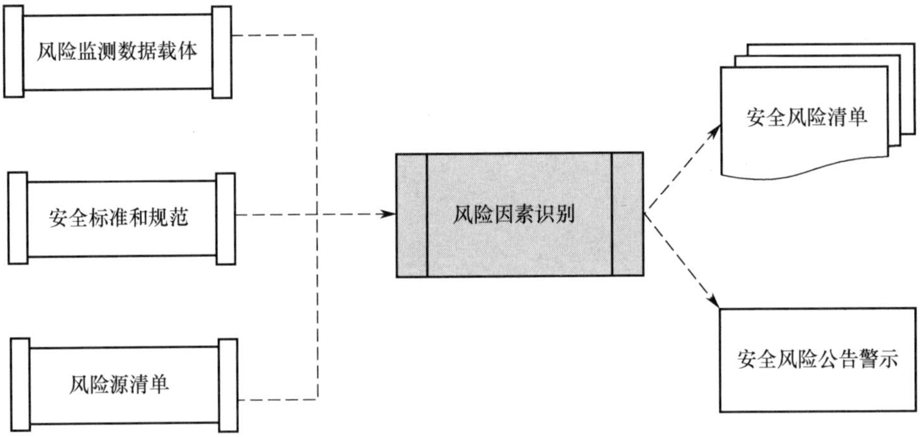

图 3-5　风险因素识别的数据流向图

3.2.1　风险因素识别：输入

1. 风险监测数据载体

风险监测数据的存储载体是支持存储和访问需求的存储器。

2. 安全标准和规范

风险因素识别应依据安全标准和规则，如识别时应依据《生产过程危险和有害因素分类与代码》（GB/T 13861—2022）的规定充分考虑四种不安全因素：人的因素、物的因素、环境因素和管理因素；应充分考虑国家安全生产监督管理总局组织编写的《工贸行业较大危险因素辨识与防范指导手册（2016 版）》中提及的较大危险因素。

3. 风险源清单

风险产生于风险源，风险源清单请参见 3.1.3 节中的“风险源清单”。

3.2.2　风险因素识别：工具与技术

1. 统计比较分析法

统计比较分析法是将统计指标实际数量状况与相关标准对标，计算数量上的差别和变化，并做出风险识别的一种方法。该方法是人们认识客观事物普遍采用的一种逻辑思维方法，也是最常用的一种有效方法。其主要特征是总体指标数量与客观实际指标数量比较，可比性是统计比较分析法的重要规则。

2. 事故致因模型

识别风险就是发现事故可能的原因，而发现事故原因可以采用事故致因模型（或者事故致因理论），即识别风险因素的方法是用事故致因模型作为工具。在事故致因模型中，事故之前的内容就是可能的事故原因，查找可能的事故原因就是风险识别；对于事后管理（事故发生后吸取教训，为预防类似事故提供借鉴），分析事故案例，得到已有事故的原因，控制其风险，作为预防未来事故的手段。

事故致因理论是从大量的典型事故分析中提炼出的事故致因机理和模型，是安全科学的基础。事故致因理论的研究可分为三个阶段：①以事故频发倾向论和海因里希因果连锁论为代表的单因素事故致因理论；②以能量意外释放理论和轨迹交叉理论为代表的多因素事故致因理论；③以系统安全理论为代表的多因素耦合事故致因理论。

3. 专家调查法

专家调查（Expert Survey）法是指通过对多位相关专家的反复咨询及意见反馈，确定主要风险因素，然后制成风险因素估计调查表，再由专家和相关工作人员对各风险因素在项目建设期或分析期内出现的可能性及风险因素出现后对智慧应急管理主体价值的影响程度进行定性估计，最后通过对调查表的统计整理和量化处理，获得各风险因素的概率分布和对智慧应急管理主体价值的可能影响结果。专家调查法主要包括头脑风暴法和德尔菲法。

1）头脑风暴法

头脑风暴法最早由亚历克斯·奥斯本于1939年提出，是一种刺激创造性、产生新思想的方法。应用头脑风暴法的一般步骤是先召集有关人员组成一个小组，然后以会议的方式展开讨论。该方法的理论依据是群体智慧大于个体智慧，最主要的特点是尽量避免成员之间的批评，最大限度地展现智慧及相互启发，以提出创造性的想法、主意和方案。

一般情况下，头脑风暴法小组开会的人数不宜太少，也不宜太多，少则五六人，多则十来人，以便让与会者都有充分发表意见的机会，也可以分组讨论；会议时间不要太长，以免令人疲倦、厌烦而不能达到预期效果。头脑风暴法适合问题单纯、目标明确的情况。如果问题牵扯面太广、包含的因素太多，可先将问题分解，再实施头脑风暴法。

头脑风暴法的优点是比较容易获得结果，而且节省时间，所以应用广泛。目前大量研究表明，头脑风暴法可能由于某些原因反而会阻碍一些创造性的思考，从而导致“生产力损失”。迪尔（Diehl）等（1987）指出，有三个原因可能导致“生产力损失”：一是“评价焦虑”，小组参与者可能由于担心别人的评价而不能充分表达自己的想法；二是“搭便车”，由于在集体工作中每个人的责任比单独工作时小，所以就会付出更少的努力；三是“产出阻碍”，倾听别人发言会妨碍自己思考，从而阻碍了想法的产生。穆林（Mullen）等（1991）的研究表明，权威人物在场时会进一步加大“生产力损失”。

2）德尔菲法

德尔菲法是由美国著名的咨询机构兰德公司发明并最早用于军事领域的预测方法。

当时，美国空军委托兰德公司研究一个典型的风险识别课题：若苏联对美国发动核袭击，其袭击目标会选择在什么地方？后果会怎样？由于这种问题很难用数学模型进行精确计算，于是兰德公司提出了一种规定程序的专家调查法，当时为了保密而以古希腊阿波罗神殿所在地德尔菲命名，故这种方法称为德尔菲法。

应用德尔菲法的一般程序包括以下四项内容。

（1）把一组具有特别形式、非常明确、用笔和纸可以回答的问题以通信的方式寄给专家，或在某会议上发给专家，问题的条目可由组织者、参加者或双方共同确定。

（2）对专家进行多轮反复问询，每一次问询后都要对每个问题的专家反馈意见进行统计汇总，包括计量中位值和一些离散度数值，甚至需要给出全部回答的概率分布等。

（3）根据统计结果及时调整前述问题中不合理的成分，把调整后的问题和汇总意见匿名发给各位专家，对于在一定程度上偏离大多数人意见的回答者，将被请求更正其回答或陈述理由。

（4）随着对每个问题的反复问询、反馈、更正等，从专家处可获得的信息量将越来越少，组织者可视具体情况确定何时停止进行上述过程。

德尔菲法在用于风险识别和分析时，需要注意下列问题。

（1）采取匿名制，避免所邀请的专家相互知道对方。

（2）避免个人权威、资历、压力，尤其是主持人或组织者的倾向性意见等因素的影响。

（3）应按合理的次序和方式将问题集中列好，以引起专家的兴趣和注意。

（4）尽量避免所提问题出现交叉和组合的情况。例如，一个问题包含两方面内容，一方面是专家同意的，而另一方面是专家不同意的，这时专家就难以做出正确判断和回答。

（5）应控制问题的数量，一般认为 20～25 个为宜，过多的问题不仅排列有困难，也容易引起交叉和组合。

（6）应对结论进行反复分析、验证，这是因为若问题提问、排列、回答的方式不同，对专家反馈意见的统计整理方法有差异，则对应的结论就会有所不同。

与传统的圆桌会议、头脑风暴法或仅遵循某一个人的意见相比，运用德尔菲法所得结论的准确度和可信度会更高一些，而且既可以避免各个专家之间的直接冲突或相互影响，又能引导他们进行独立思考，从而有助于逐渐形成一种统一意见。如果实验的目的是量化估计，即使开始时各个专家的意见不一致，但随着实验的反复进行，专家们的意见也将经过反复表格化、符号化、数字化的科学处理而逐渐达到统一，从而便于统计分析。但是，德尔菲法也存在很多缺点。①选择合适的专家是准确运用德尔菲法的关键，但这个问题并不容易解决。②德尔菲法不能完全消除问题陈述的模糊性、专家经验的不确定性及专家可能下意识或故意给出带偏见的答案等。③德尔菲法通过“专家意见形成—统计反馈—意见调整”这样一个多次与专家交互的循环过程可能会使专家将自己的意见调整到有利于统计分析的方向，从而削弱了专家原有见解的独立性。④德尔菲法对群体意见的一致性缺乏判断标准。⑤对集成结果缺乏可信的测度，从而难以检测集成结果的可靠度。⑥应用德尔菲法时一般需要经过 4～5 轮的调查统计，过程繁杂，所以存在最后结论不收敛的风险。

4. 生产流程分析法

生产流程分析法，又称流程图法。生产流程又叫工艺流程或加工流程，是指在生产工艺中，从原料投入到成品产出，通过一定的设备按顺序连续地进行加工的过程。该方法强调根据不同的流程，对每一阶段和环节，逐个进行调查分析，找出风险存在的原因。

5. 情景分析法

情景分析法是就某一主体或某一主题所处的宏观环境进行分析的一种特殊研究方法。概括地说，情景分析的整个过程是通过对环境的研究，识别影响研究主体或主体发展的外部因素，模拟外部因素可能发生的多种交叉情景以分析和预测各种可能前景。情景分析首先要进行情景设计，通常借助讨论，形成关于未来情况的各种可能的看法。

情景分析比较灵活，其应用涵盖两种情况：第一，利用目前的环境进行直接的、向外的趋势预测；第二，向目前环境中人为增加新的条件，对趋势进行观察。在风险管理上，情景分析法可主要用于：帮助决策者注意某些措施或政策可能引起的风险或危机性后果，帮助识别需要进行检测的风险范围，研究某些关键因素对未来过程的重大影响，帮助识别和控制一些重大突发性风险的发生和影响。

情景分析法的操作过程：首先，可以利用有关数据等资料，对目前状态进行描述，以便用来研究引起有关风险的关键因素及其后果影响程度。其次，罗列出风险发生因素，并选择一些主要的控制因素形成情景分析的关键因素。最后，研究当某些因素发生变化时将出现怎样的风险，及其造成的损失和后果如何。

6. 现场调查法

请参见 3.1.2 节中的“5. 现场调查法”。

7. 安全检查表法

请参见 3.1.2 节中的“1. 安全检查表法”。

8. 因果分析图法

因果分析图的形状像鱼刺，故也叫鱼刺图。它是把系统中产生事故的原因及造成的结果构成错综复杂的因果关系，并采用简明的文字和线条加以全面表示的一种方法。首先，它是一种适合描述多种输入条件组合的测试方法，根据输入条件的组合、约束关系和输出条件的因果关系，分析输入条件的各种组合情况，它适合检查程序输入条件涉及的各种组合情况。其次，它对各种危险因素进行分析，把可能隐蔽的一些问题查找出来，同时找出最主要的原因，把管理范围缩小到焦点问题上，制定出高效安全的处置对策。最后，它适用于找出事故发生的所有原因，或分析产生风险的所有的可能原因。

3.2.3 风险因素识别：输出

1. 安全风险清单

安全风险清单中每个风险都被赋予一个独特的标识号，对已识别的风险进行描述，确保明确理解。如果已在识别风险过程中识别出潜在风险责任人，就要把该责任人记录到安全风险清单中。如果已在识别风险过程中识别出某种潜在的风险应对措施，就要把它记录到安全风险清单中。随后将由规划风险应对过程进行确认。

2. 安全风险公告警示

企业要实施安全风险公告警示，建立完善安全风险公告制度，并加强风险教育和技能培训，确保管理层和每名员工都掌握安全风险的基本情况及防范、应急措施。要在醒目位置和重点区域分别设置安全风险公告栏，制作岗位安全风险告知卡，标明主要安全风险、可能引发事故隐患类别、事故后果、管控措施、应急措施及报告方式等内容。对存在重大安全风险的工作场所和岗位，要设置明显的警示标志，并强化危险源监测和预警。

3.3 风险等级划分

风险等级划分是对风险事件发生所造成的损失做出定性或定量估计的过程。该过程的主要作用是确认风险带来的后果，包括财产损失和人员伤亡等。图 3-6 所示为风险等级划分的输入、工具与技术、输出。图 3-7 所示为风险等级划分的数据流向图。

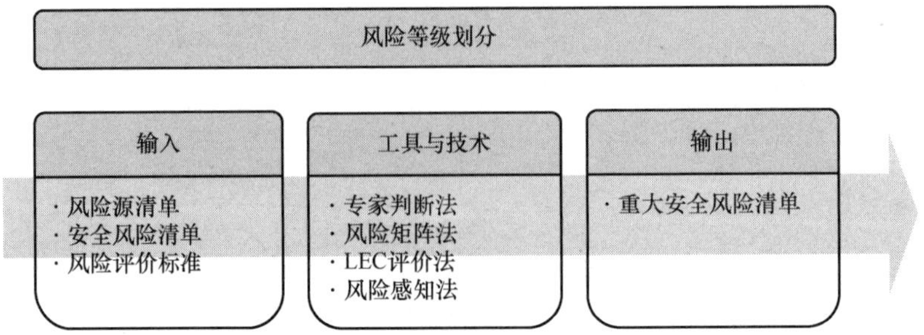

图 3-6　风险等级划分的输入、工具与技术、输出

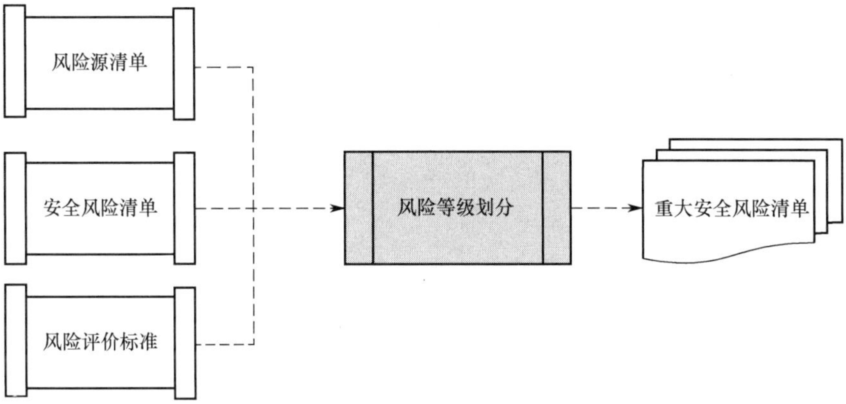

图 3-7 风险等级划分的数据流向图

3.3.1 风险等级划分：输入

1. 风险源清单

请参见 3.1.3 节中的“风险源清单”。

2. 安全风险清单

请参见 3.2.3 节中的“1. 安全风险清单”。

3. 风险评价标准

在对风险因素或各类危险源进行风险评价时，应结合自身可接受风险实际，制定事故（事件）发生的可能性、严重性、频次、风险值的取值标准和评价级别，进行风险评价。风险评价标准的制定应充分考虑：有关安全生产法律法规；设计规范、技术标准；本单位的安全管理、技术标准；本单位的安全生产方针和目标；等等。

3.3.2 风险等级划分：工具与技术

1. 专家判断法

专家判断是指基于某应用领域、知识领域、学科和行业等专业知识而做出的，关于当前活动的合理判断。

2. 风险矩阵法

风险矩阵法（Risk Matrix）采用风险定义函数来评价风险值，即 $R=L \cdot S$。其中，R 是风险值，L 是事故发生的可能性，S 是事故后果严重性。R 值越大，说明该系统危险性越大、风险越大。

3. LEC 评价法

LEC 评价法用与系统风险有关的三种因素指标值的乘积来评价操作人员伤亡风险大小。这三种因素指标分别是：L（Likelihood，事故发生的可能性）、E（Exposure，人员暴露于危险环境中的频繁程度）和 C（Consequence，一旦发生事故可能造成的后果）。

4．风险感知法

风险感知是指风险可接受性不仅关系到风险本身的收益评估，更考虑到人们的主观尺度。风险感知是人们对某个特定风险的特征和严重性所做出的主观判断，是测量公众心理恐慌的重要指标。

3.3.3　风险等级划分：输出

重大安全风险清单

安全风险等级从高到低划分为重大风险、较大风险、一般风险和低风险，分别用红、橙、黄、蓝四种颜色标示。各个识别的风险均需要给出安全风险等级，其中，重大安全风险应填写清单、汇总造册，按照职责范围报告属地负有安全生产监督管理职责的部门。要依据安全风险类别和等级建立企业安全风险数据库，绘制企业“红橙黄蓝”四色安全风险空间分布图。

3.4　风险关系分析

风险关系分析是在众多风险因素中分析关键因素、直接因素及其他各因素的分类情况等，为后续安全风险分级分类管理提供参考输入的过程。图 3-8 所示为风险关系分析的输入、工具与技术、输出。图 3-9 所示为风险关系分析的数据流向图。

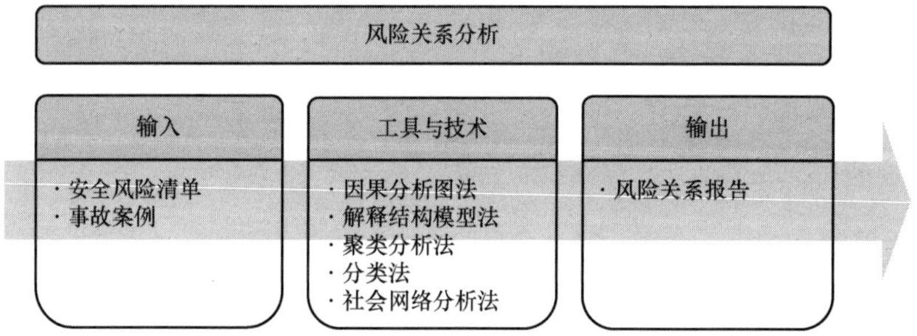

图 3-8　风险关系分析的输入、工具与技术、输出

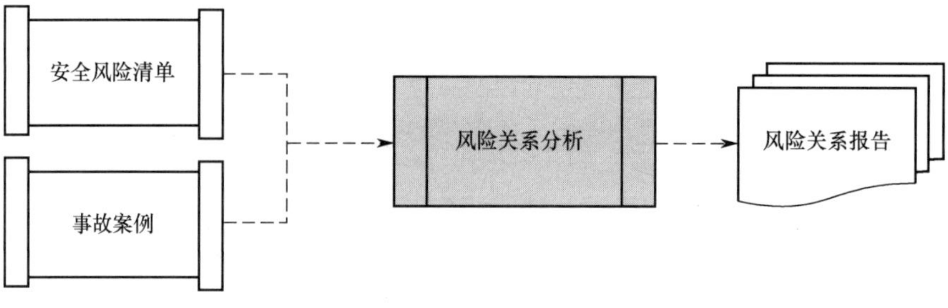

图 3-9　风险关系分析的数据流向图

3.4.1 风险关系分析：输入

1. 安全风险清单

请参见 3.2.3 节中的“1. 安全风险清单”。

2. 事故案例

请参见 3.1.1 节中的“2. 事故案例”。

3.4.2 风险关系分析：工具与技术

1. 因果分析图法

请参见 3.2.2 节中的“8. 因果分析图法”。

2. 解释结构模型法

解释结构模型（Interpretive Structural Modeling，ISM）法是系统工程中广泛应用的一种分析方法，是结构模型化技术的一种。它将复杂的系统分解为若干子系统，利用人们的实践经验和知识及计算机的帮助，最终构成一个多级递阶的结构模型。此模型以定性分析为主，属于概念模型，可以把模糊不清的思想、看法转化为直观的具有良好结构关系的模型。例如，采用解释结构模型法对危化品道路运输风险因素之间的关系及相互影响程度进行分析，模型的底层因素是安全事故的直接原因，也是事故预防的关键因素。

3. 聚类分析法

聚类就是把相似的对象通过静态分类方法分成不同组别或者更多的子集，让在同一个子集中的成员对象都有一些相似的属性。采用聚类分析法，针对不同来源的数据信息进行聚类，有助于更好地认识数据，并通过类中心分析发现类别特征。例如，为了综合考虑海上交通事故的各种影响因素，建立了海上交通事故原因聚类模型。通过对事故原因的聚类分析，进一步反映事故原因之间的内在联系，为海上交通安全应急预案的建立提供依据。

4. 分类法

对安全事故和安全风险进行分类，主要是为了使安全管理措施更加具有专业性和针对性。例如，需要对特种设备的风险因素进行分类，针对不同类型的风险因素，应安排不同专业技能人员进行风险隐患排查治理。分类包括手动分类和自动分类。例如，自动分类经常使用 SVM（Support Vector Machine，支持向量机）分类器，它是一类监督学习分类器，通过求解的最大边距超平面进行分类。有监督分类器训练需要基于大量带类别标签的样本，但实际情况是难以获取大规模有标签的样本。而现实中比较容易采集大量无标签数据。基于有限有标签样本，利用大量无标签数据，减轻手动标记样本工作量的有效方法就是半监督分类，它介于有监督分类和无监督分类之间。

5. 社会网络分析法

社会网络分析法是一种社会学研究方法。社会学理论认为，社会不是由个人而是由网络构成的，网络中包含节点及节点之间的关系。社会网络分析法通过对于网络中关系的分析探讨网络的结构及属性特征，包括网络个体属性及网络整体属性，网络个体属性分析包括点度中心度、接近中心度等；网络整体属性分析包括小世界效应、小团体研究、凝聚子群等。例如，将风险因素绘制成网络结构图并进行社会网络分析，通过网络中心性和凝聚特性分析，挖掘关键风险因素及各因素之间的影响关系，最终为高效事故预防控制提供参考。

3.4.3 风险关系分析：输出

风险关系报告

风险关系报告包括关键风险分析报告和风险分类分析报告等，主要为后续风险分类分级管控提供关键输入信息。

4 智慧风险评估

智慧风险评估包括构建风险评估指标体系、量化定性评估指标、无量纲化定量评估指标、设置指标权重和进行智慧评估的各个过程。智慧风险评估的目标在于辅助应急管理决策，通过开展风险评估工作，对安全风险情况做一次全面摸底，构建一个系统的、全面的智慧风险评估体系。五个基本过程有一定的先后顺序，即首先依据评估目标构建评估指标体系；其次为了完成定量评估目标，对各项指标给出量化估计值；然后对不同单位、不同数量级的量化指标进行无量纲化或归一化处理；接着对各指标设置权重系数；最后选择合适的评估模型对评价问题进行综合评价。智慧风险监测的输出“风险监测数据载体”和智慧风险识别的输出“安全风险清单”是智慧风险评估的主要输入。

图 4-1 所示为智慧风险评估的框架。虽然在本指南中，各智慧风险评估过程以界限分明和相互独立的形式出现，但在实践中它们会以本指南无法全面详述的方式相互交叠和相互作用。

4.1 构建风险评估指标体系

风险评估指标体系构建是定义如何实施系统风险分解和分级的过程。该过程的主要作用是明确系统风险评估的类型、目标和范围。图 4-2 所示为构建风险评估指标体系的输入、工具与技术、输出。图 4-3 所示为构建风险评估指标体系的数据流向图。

构建风险评估指标体系这一过程应在实现系统评估的构思阶段开始，并在早期完成。在评估过程中，根据风险评估指标体系使用之后的效果等情况进行及时修订。

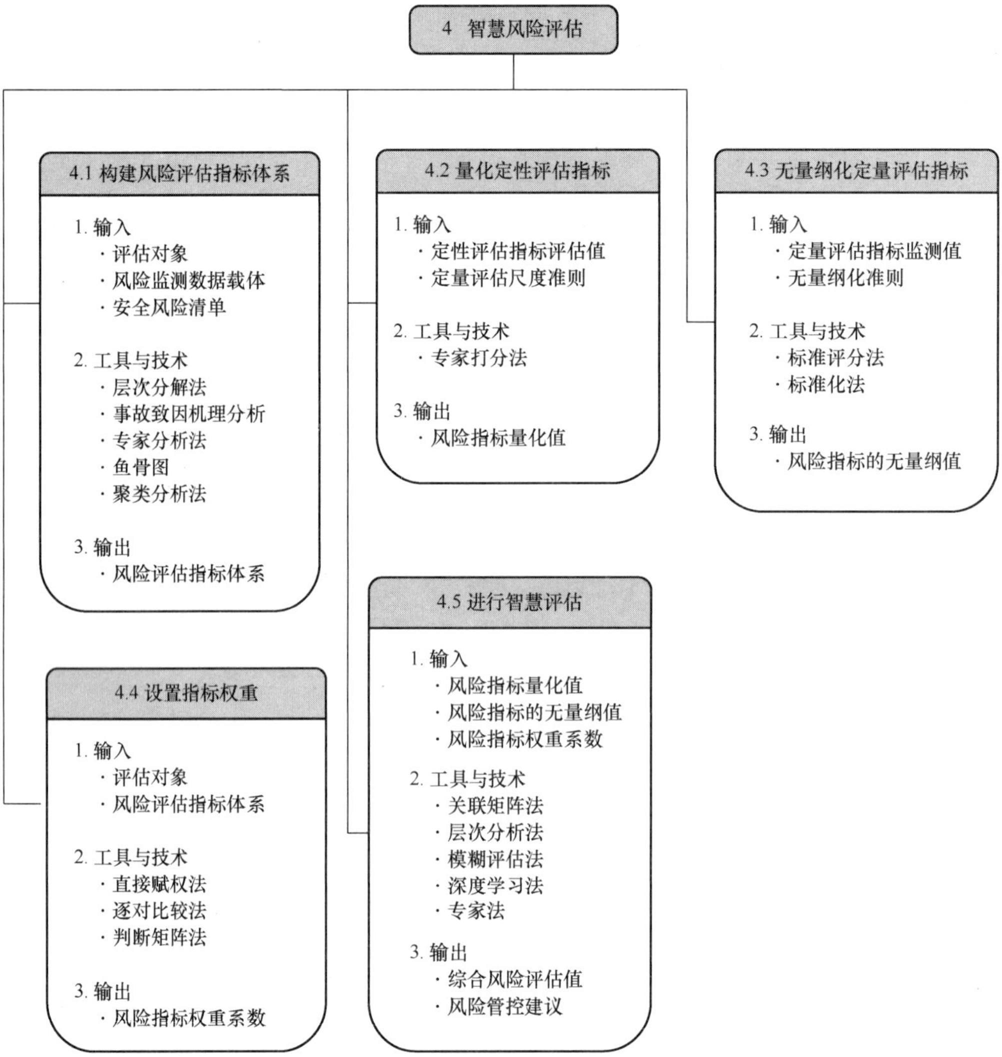

图 4-1 智慧风险评估的框架

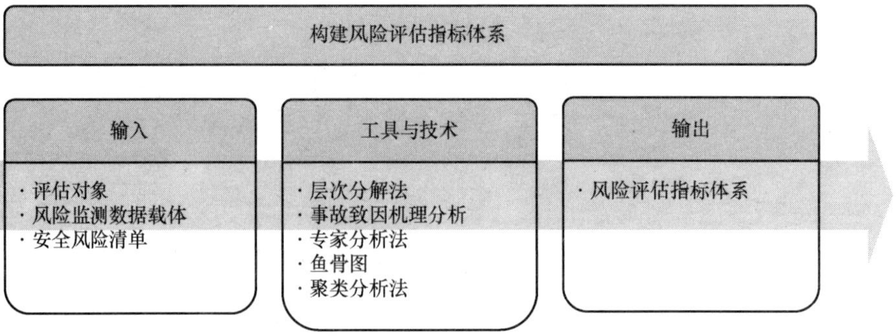

图 4-2 构建风险评估指标体系的输入、工具与技术、输出

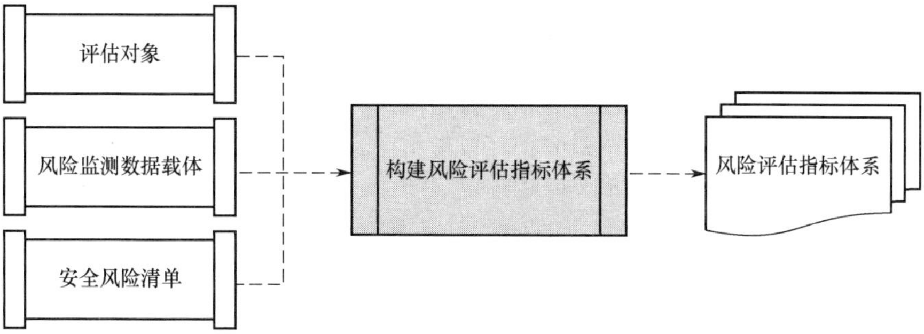

图 4-3 构建风险评估指标体系的数据流向图

4.1.1 构建风险评估指标体系：输入

1. 评估对象

明确评估对象，确定评估目标和评估范围。资料文件需要包括评估对象的历史风险事故或灾害记录，以及评估对象的典型风险因素和风险特点。事故或灾害记录是从风险结果维度来考虑的，风险因素和风险特点是从风险过程维度来考虑的。

2. 风险监测数据载体

请参见 2.5.3 节中的“风险监测数据载体”。

3. 安全风险清单

请参见 3.2.3 节中的“1. 安全风险清单”。

4.1.2 构建风险评估指标体系：工具与技术

1. 层次分解法

从上至下的层次分解法或 WBS（Work Breakdown Structure）分解法，被广泛地应用于应急管理领域和系统工程中。对系统所面临的所有风险进行系统性分解，直到分解为基本风险事件，形成安全风险因素分解树。

2. 事故致因机理分析

每一次事故的发生都不是偶然的，而是众多因素的组合，对事故进行科学的划分能够从更深的层次上解析事故发生的根本原因，有效地遏制安全事故，推动安全生产体制的完善和转变。

3. 专家分析法

基于历史经验和应急管理专家经验，推理各种风险因素。通过发散性思维方式采用头脑风暴法将风险因素广泛汇总。

4．鱼骨图

鱼骨图又称因果图或因果分析图。问题的产生总是有一定原因的，一般通过综合利用各种风险识别方法找出某类安全风险的所有因素，按照相互关联的影响顺序，整理出层次分明的、像鱼骨图形的安全风险因素关系图，以便对其中的安全风险因素进行分析评估。

5．聚类分析法

在原始风险因素较多的情况下，首先需要采用聚类分析法对指标进行分类，使不同的类别代表风险评价的不同方面；然后通过因子分析筛选出各个类中因子信息量最大的指标，并剔除其他指标，保证筛选出的指标在所在类别中对评价结果影响的显著性，即从聚类分析的角度进行因子分析。

4.1.3　构建风险评估指标体系：输出

风险评估指标体系

选取具有代表性的指标来反映复杂多样的主体风险因素，构建递阶层次结构图。

4.2　量化定性评估指标

量化定性评估指标是对定性评估指标采用定量方法进行评估的过程。该过程的主要作用是首先对定性评估指标给出定性评估指标评估值，然后基于评估尺度给出定量评估分值或等级。图 4-4 所示为量化定性评估指标的输入、工具与技术、输出。图 4-5 所示为量化定性评估指标的数据流向图。

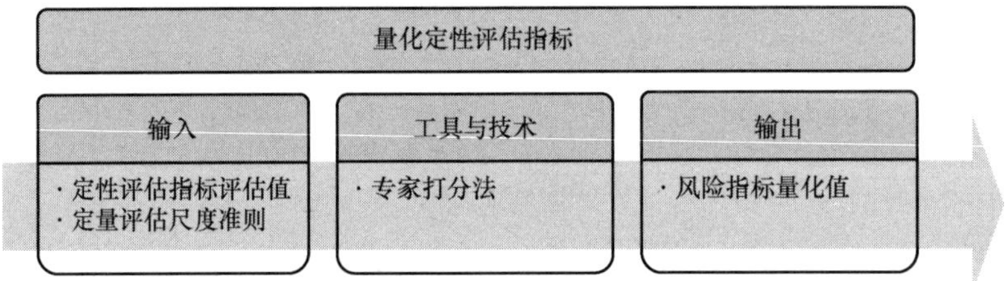

图 4-4　量化定性评估指标的输入、工具与技术、输出

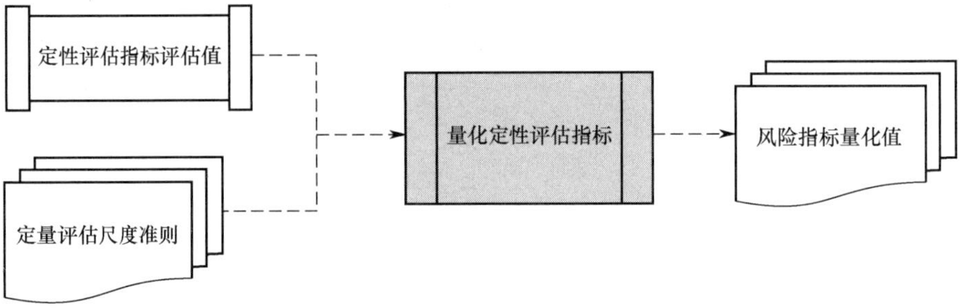

图 4-5　量化定性评估指标的数据流向图

量化定性评估指标的过程在选定评估指标后开始。在量化定性评估指标过程中，根据风险评估指标体系使用之后的效果等情况进行及时修订。

4.2.1 量化定性评估指标：输入

1. 定性评估指标评估值

在风险评估指标体系中筛选出定性评估指标项目，获得被评估对象相应指标的定性评估值。

2. 定量评估尺度准则

由评估主体（一般为专家群体）确定评估尺度。表 4-1 提供了评估尺度准则示例。示例给出安全风险的评估尺度定义，把评估主体的定性评估值映射到定量值上。

表 4-1 评估尺度准则示例

	等级一	等级二	等级三	等级四	等级五
定性评估	非常安全	安全	比较安全	一般	不安全
定量评估	5	4	3	2	1

4.2.2 量化定性评估指标：工具与技术

专家打分法

专家依照制定的评估尺度准则进行量化打分。例如，专家（单个专家）构建安全检查表，并给出扣分准则，然后依据扣分准则直接进行打分。

4.2.3 量化定性评估指标：输出

风险指标量化值

定性指标的量化评估衡量值。

4.3 无量纲化定量评估指标

无量纲化定量评估指标是对定量评估指标采用无量纲化方法进行评估的过程。该过程的主要作用是通过数学变换，消除风险评估的量化指标原始数据量纲对评估结果的影响。图 4-6 所示为无量纲化定量评估指标的输入、工具与技术、输出。图 4-7 所示为无量纲化定量评估指标的数据流向图。

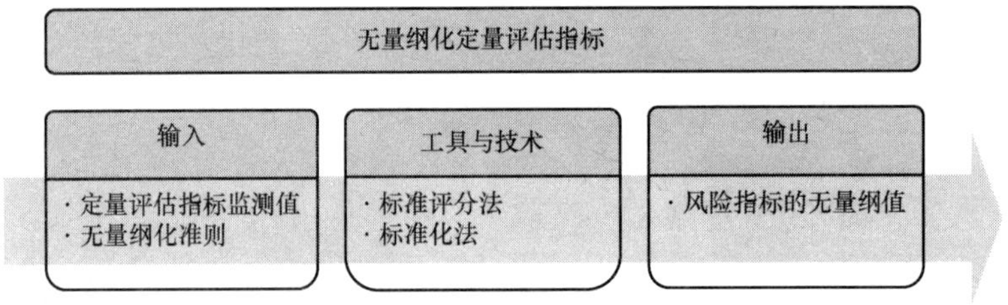

图 4-6　无量纲化定量评估指标的输入、工具与技术、输出

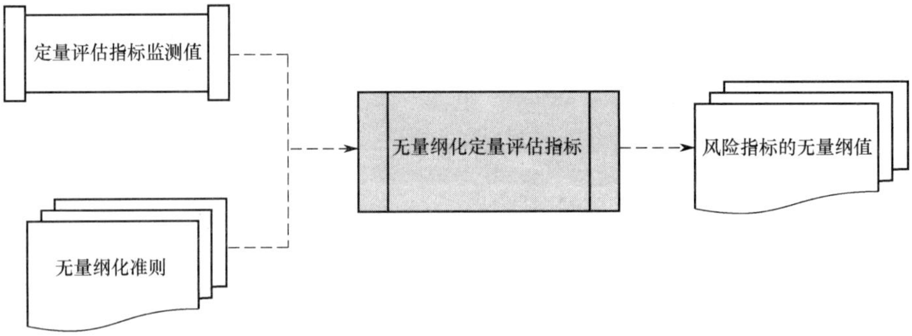

图 4-7　无量纲化定量评估指标的数据流向图

无量纲化定量评估指标这一过程在选定评估指标后开始。在评估定量指标过程中，根据风险评估指标体系使用后的效果等情况进行及时修订。

4.3.1　无量纲化定量评估指标：输入

1. 定量评估指标监测值

在风险评估指标体系中筛选出定量评估指标项目，并获得被评估对象的指标监测值或衡量值。

2. 无量纲化准则

由评估主体（一般为专家群体）确定评估尺度。表 4-2 提供了评估尺度准则示例。示例给出某监控点水位高度的评估尺度定义，并把评估主体的定量测量值映射到标准尺度上。

表 4-2　评估尺度准则示例

	等级一	等级二	等级三	等级四	等级五
定量值/米	400 以上	301～400	201～300	101～200	100 以下
定量评估	5	4	3	2	1

4.3.2　无量纲化定量评估指标：工具与技术

1. 标准评分法

依据标准评分准则，参考安全生产国家标准、行业标准等因素，统一将定量指标划分等级；然后按照划分等级对实际量化指标值进行打分或分级。

2. 标准化法

极值法是最常用的数据标准化或归一化方法，即当前数值减去组数中最小值，然后除以数组中最大值减去最小值的差值，处理后的数据分布在[0,1]的区间内。或者采用标准差法，即当前数值减去组数中的均值，然后除以数组的方差根，处理后的数据服从正态分布。

4.3.3 无量纲化定量评估指标：输出

风险指标的无量纲值

消除原始数据量纲对评估结果的影响，得到无量纲的风险量化指标值。

4.4 设置指标权重

设置指标权重是对评估指标定义权重系数的过程。该过程的主要作用是给出评估主体对各指标的重要性的度量。图 4-8 所示为设置指标权重的输入、工具与技术、输出。图 4-9 所示为设置指标权重的数据流向图。

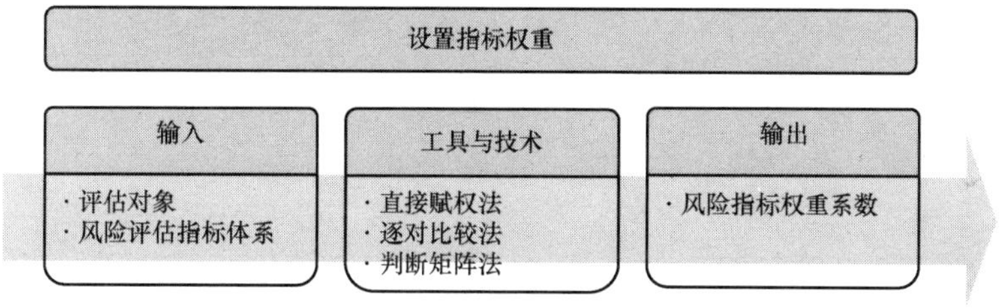

图 4-8 设置指标权重的输入、工具与技术、输出

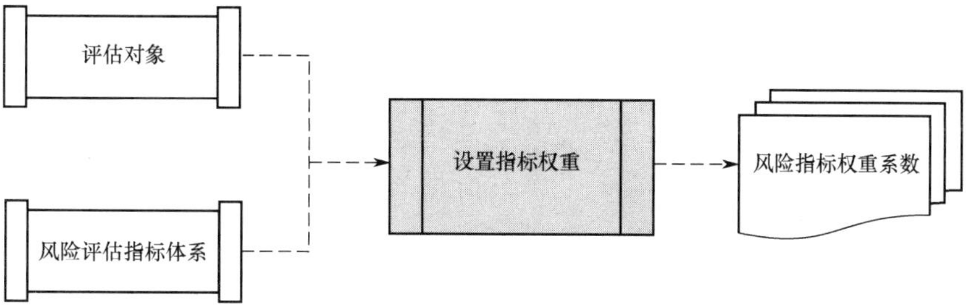

图 4-9 设置指标权重的数据流向图

设置指标权重这一过程在选定评估指标后开始。在评估各指标重要程度的过程中，根据风险评估指标体系使用之后的效果等情况进行及时修订。

4.4.1 设置指标权重：输入

1. 评估对象

评估对象各风险因素对评估目标的影响。

2．风险评估指标体系

请参见 4.1.3 节中的“风险评估指标体系”。

4.4.2 设置指标权重：工具与技术

1．直接赋权法

直接赋权法是依据决策者的知识储备和经验及获得的评估对象的资料，对各指标的重要程度进行直接赋权，使指标权重符合实际情况，体现各指标重要度的排序。例如，安全生产企业的重大隐患的权重是一票否决，其他权重系数之和等于 1。

2．逐对比较法

逐对比较法是对各指标进行逐对比较，给予相对重要的指标较高得分。表 4-3 提供了逐对比较法示例，表中的指标 1 与指标 2 相比，前者重要，得 1 分，后者得 0 分，以此类推。最后，根据各指标累计得分计算权重。

表 4-3　逐对比较法示例

评价指标	比较次数										累计得分	权重
	1	2	3	4	5	6	7	8	9	10		
指标 1	1	1	1	1							4	0.4
指标 2	0				1	1	1				3	0.3
指标 3		0			0			0	1		1	0.1
指标 4			0			0		1		1	2	0.2
指标 5				0			0		0	0	0	0

3．判断矩阵法

对指标进行两两比较，构造判断矩阵，一致性检验通过后，采用方根法和归一化法给出权重系数。表 4-4 提供了判断矩阵法示例，表中指标 1 与指标 2 相比，前者重要 3 倍，得 3，后者得 1/3，以此类推。最后根据各指标的方根值计算权重。表中没有给出一致性判断步骤，详细内容可以参考“层次分析法”的文献。

表 4-4　判断矩阵法示例

	指标 1	指标 2	指标 3	方根法	归一化法
指标 1	1	1/3	2	0.874	0.230
指标 2	3	1	5	2.466	0.648
指标 3	1/2	1/5	1	0.464	0.122

4.4.3 设置指标权重：输出

风险指标权重系数

各风险指标权重系数，每一个父类指标下的子类指标系数之和为 1。

4.5 进行智慧评估

进行智慧评估是基于评估模型进行风险计算的过程。该过程的主要作用是模型计算，给出综合风险评估值，并给出风险管控建议。图 4-10 所示为进行智慧评估的输入、工具与技术、输出。图 4-11 所示为进行智慧评估的数据流向图。

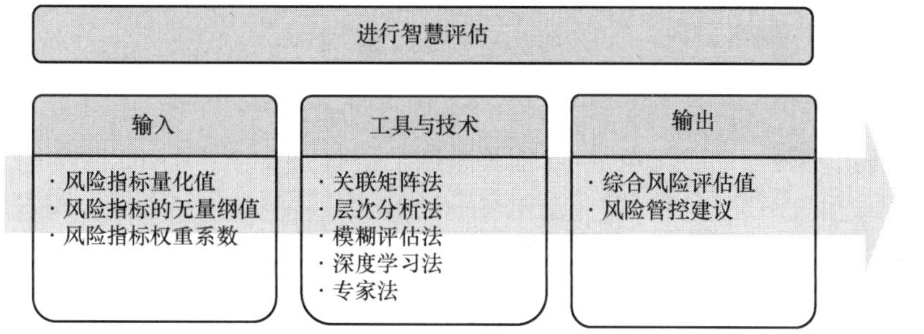

图 4-10 进行智慧评估的输入、工具与技术、输出

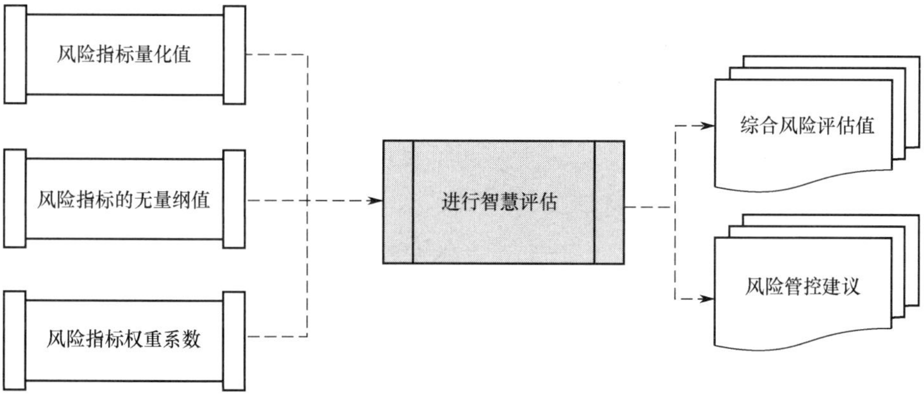

图 4-11 进行智慧评估的数据流向图

进行智慧评估这一过程是智慧风险评估的最后一个过程，须按照评估对象的评估周期要求完成。

4.5.1 进行智慧评估：输入

1. 风险指标量化值

请参见 4.2.3 节中的“风险指标量化值”。风险指标体系中定性指标的量化值。

2. 风险指标的无量纲值

请参见 4.3.3 节中的“风险指标的无量纲值”。风险指标体系中定量指标的无量纲值。

3. 风险指标权重系数

请参见 4.4.3 节中的“风险指标权重系数”。风险指标体系中各指标权重系数。

4.5.2 进行智慧评估：工具与技术

1. 关联矩阵法

综合评估值是各评估指标的加权和，即评估主体给出的各指标评价值乘以各评估指标的相对重要度（权重系数）。

2. 层次分析法

依据指标体系中各指标的层次结构关系图，从底层开始，对同一层次的各指标因素关于上一层中的某一指标进行评估，逐层进行综合评估。常采用判断矩阵法设置权重系数，判断矩阵需要进行一致性检验。

3. 模糊评估法

模糊评估法是一种基于模糊数学的综合评价方法。该方法根据模糊数学的隶属度理论把定性评估转化为定量评估。模糊评估法在安全风险评价中得到广泛应用。

4. 深度学习法

采用深层网络架构对系统输出与系统特征因素之间的映射关系进行训练，训练后的模型能够充分利用深层网络架构特点，对系统输入和输出构建非线性映射关系，获得优越的评估性能。例如，采用深度置信网络（Deep Belief Networks，DBN）对电力系统进行安全评估。与关联矩阵法、层次分析法、模糊评估法的区别是，深度学习法是有监督学习。

5. 专家法

在分析风险及风险评价的过程中，专家逐渐形成应急评估意见。

4.5.3 进行智慧评估：输出

1. 综合风险评估值

综合风险评估值或综合安全风险指数。

2. 风险管控建议

风险评估的目的是辅助决策，最后通过专家决策给出各类风险的管控建议。

5 智慧风险预警

智慧风险预警包括构建预警指标体系、监测预警指标、预测预警指标、设置预警阈值、预警可视化和预警控制的各个过程。智慧风险预警的目的在于实时预警事故或灾难的发生，并为其提供决策支持，通过安全风险控制降低事故或灾难发生的概率，避免苗头性、倾向性问题演变为事实的行为。智慧风险预警是当前科学研究和新兴实践的热点话题。六个基本过程有一定的先后顺序，即：①依据预警目标构建预警指标体系；②筛选需要监测的指标并进行风险监测；③针对需要预测的指标通过预测模型进行预测；④对各项预警指标或综合预警指标设置预警阈值；⑤对各项预警指标的历史数据和预警警灯进行可视化；⑥针对预警警示信息实施预警控制。智慧风险评估的输出“综合风险评估值”是智慧风险预警的主要输入。

图 5-1 所示为智慧风险预警的框架。虽然在本指南中，各智慧风险预警过程以界限分明和相互独立的形式出现，但在实践中均会以本指南无法全面详述的方式相互交叠和相互作用。

风险预警过程是指用一系列属性来描述系统风险状态，通过收集相关资料信息，监控风险因素的变动趋势，并评价各种风险状态偏离预警线的强弱程度，向决策层发出预警信号并提前采取预控对策。

风险源和风险因素。风险源指发生风险的实体，主要包括人、物、环境。风险因素指发生风险的实体的某种行为或状态，如人（风险源）的误操作（风险因素）会导致安全事故；设备（风险源）的疲劳使用（风险因素）会导致安全事故；自然下雨（风险因素）会导致地基（风险源）下陷而引起坍塌事故。

预警指标的敏感性。为了保持预警指标敏感性原则，选取的指标是引发事故或灾害的主要影响因素。一些次要因素或局部难以操作的风险因素不会被考虑，否则会削弱危险性较大的因素对系统预警的影响。预警指标来源于风险因素，又高于风险因素，体现指标敏感性和全面性的矛盾与统一。

监控预警平台。监控预警平台可以提供一个直观的、交互式的信息可视化管理平台，可以实现预警数据的集成与风险预警的展现，将生产调度与日常管理有效地融合，达到对系统风险隐患进行超前预警、超前准备与及时治理的目的，最终实现推进应急管理现代化的目标。

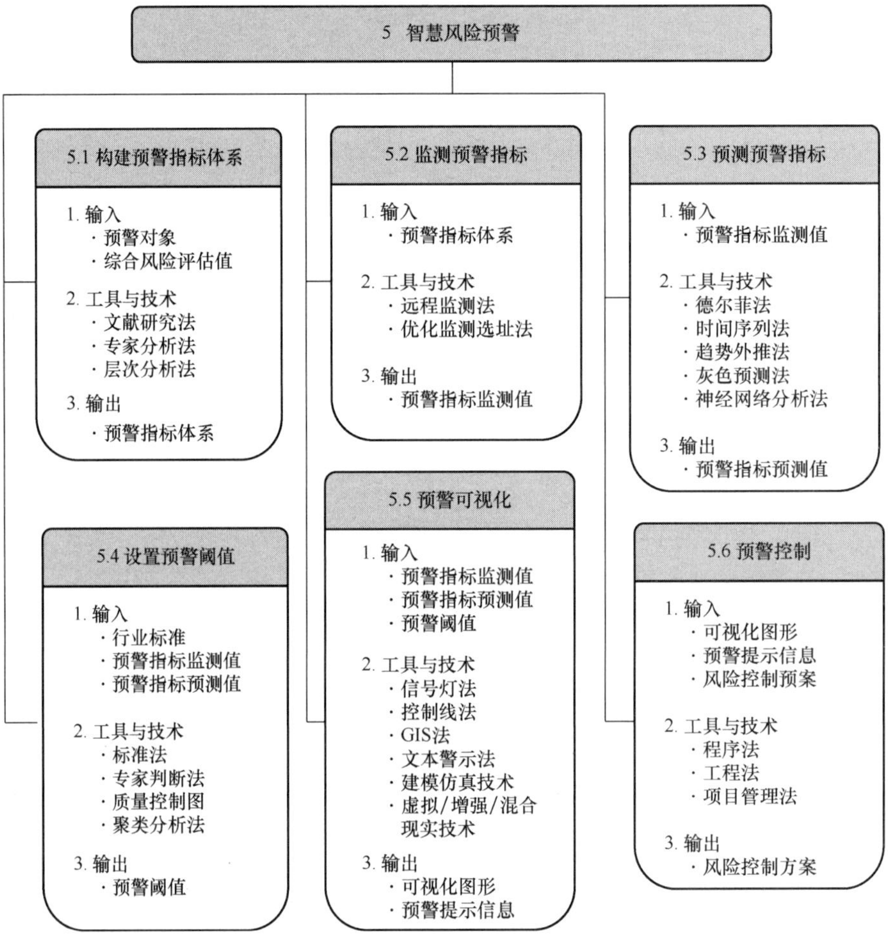

图 5-1 智慧风险预警的框架

智慧风险预警的发展趋势和新兴实践

智慧风险预警的关注面正在扩大，其发展趋势和新兴实践包括（但不限于）：

（1）**智慧预警系统**。在城市智慧化进程中，智能科技迅速应用。为加强预警管理工作的可视化、共享化、集成化及实时性，智慧预警系统借助虚拟现实、大数据、云计算、物联网等技术手段，实现数据自动化采集、AI（Artificial Intelligence，人工智能）感知、异常数据智能化预警等功能。

（2）**预测预警**。根据预测模型的预测结果，对可能发生的突发事件进行预警。预测模型用数学语言或公式描述事物间的数量关系，从而达到预测的目的，其在一定程度上揭示了事物间的内在规律性。

① **浅层学习预测模型**。a.神经网络预测模型，常用的有 BP（Back Propagation，反向传播）神经网络，按照有监督学习方式进行训练，减少网络输出与实际输出误差，从输出层经各隐含层，最后回到输入层，逐层修正各连接权和偏移量。随着这种误差反向传播训练的不断进行，网络对输入模式响应的正确率不断提高。b.贝叶斯（Bayes）预测模型是运用贝叶斯统计进行的一种预测。贝叶斯统计不同于一般的统计方法，其不仅利

用模型信息和数据信息，而且充分利用先验信息。c.马尔可夫（Markov）预测模型是一种关于事件发生的概率预测方法。首先从历史数据中获得系统状态转移概率（从某一种状态出发，下一时刻转移到其他状态的可能性），然后根据事件的当前状况来预测将来各个时刻的变动状况。除此之外还有决策树预测、支持向量机预测等。

② **深度学习预测模型**。实验研究表明，部分行业预测问题也可以使用深度学习算法。基于深度学习算法的模型预测过程是：首先，设计深度学习的网络结构；其次，采用历史数据训练网络模型参数，使其预测误差最小；最后，基于获得的网络结构和网络参数对非线性问题进行预测。例如，深度信念网络（DBN）、卷积神经网络（CNN）、循环神经网络（Recurrent Neural Network，RNN）、递归神经网络（Recursive Neural Network，RsNN[①]）、受限波尔兹曼机（RBM）、自动编码器（AE）、长短时记忆网络（LSTM）和基于门控循环单元（GRU）。

（3）**聚类分析**。根据数据聚类分析结果，对现有数据进行等级分类。聚类分析的一般方法是将数据对象分组为多个类或簇（Cluster），在同一簇中的对象之间具有较高的相似度，而不同簇中的对象之间差异较大。它是一种无监督学习过程，常用的聚类方法有K 均值聚类算法、DBSCAN（Density-Based Spatial Clustering of Applications with Noise，具有噪声的基于密度的聚类方法）算法、层次聚类方法，自组织映射（Self-Organizing Maps，SOM）算法等。

（4）**文本挖掘**。当前，应急管理的文本数据量十分庞大，对网络舆情监控预警的需求也日益增加，文本分析和挖掘已经成为政府和企业应急管理的重要环节。文本挖掘一般经过文本预处理、特征提取、学习与知识模式提取、知识模式评价四个阶段。采用文本挖掘技术进行风险预警也是当前智慧风险预警实现的一个重要手段。

5.1　构建预警指标体系

构建预警指标体系是选择一系列属性来描述系统风险状态的过程。该过程的主要作用是根据预警目标，形成一套可监测的、可评估的、可进行优化控制的预警指标体系。图 5-2 所示为构建预警指标体系的输入、工具与技术、输出。图 5-3 所示为构建预警指标体系的数据流向图。

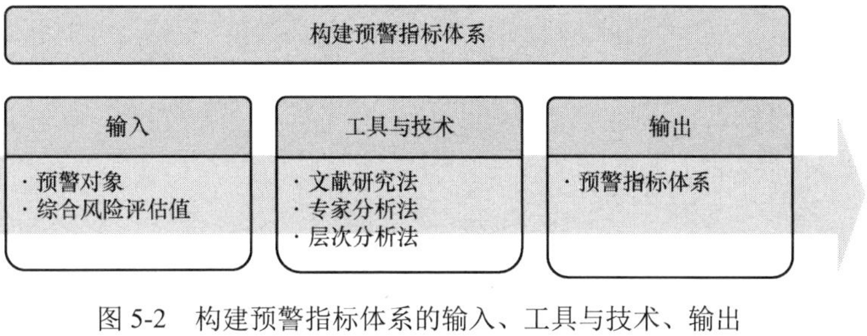

图 5-2　构建预警指标体系的输入、工具与技术、输出

① 递归神经网络（Recursive Neural Network）的英文缩写为RNN，这里为了与循环神经网络（Recurrent Neural Network，RNN）相区分，故写为RsNN。

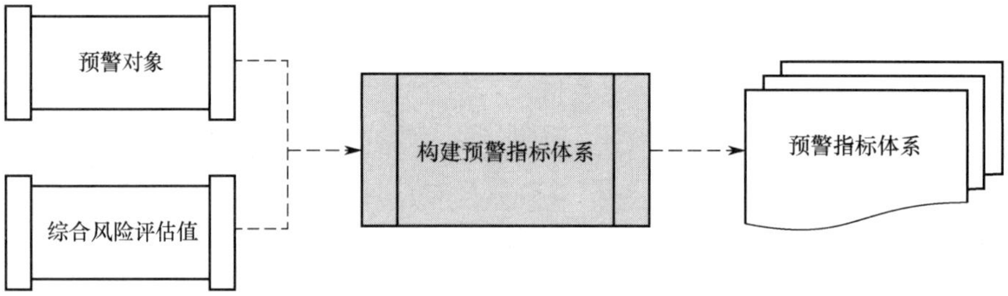

图 5-3　构建预警指标体系的数据流向图

构建预警指标体系这一过程应在实施预警系统的构思阶段开始，并在早期完成。在预警过程中，根据风险预警指标体系使用之后的效果等情况进行及时修订。

5.1.1　构建预警指标体系：输入

1. 预警对象

拥有预警对象的相关资料和文件、历史风险事故或灾害记录及通过分析给出的历史风险因素及风险特点。明确预警目标，明确针对哪个类型或综合类型事故或灾害进行监测。

2. 综合风险评估值

请参见 4.5.3 节中的“1. 综合风险评估值”。

5.1.2　构建预警指标体系：工具与技术

1. 文献研究法

查阅安全科学与灾害防治预防的相关文献，以及结合安全致因理论选取典型预警指标。

2. 专家分析法

通过广泛征求安全风险源现场工作人员、应急管理者和应急专家的意见，形成一套可监测的、可评估的预警指标。

3. 层次分析法

请参见 4.5.2 节中的“2. 层次分析法”。通过选择科学、合理的指标，采用层次分析法构建完整的指标体系，反映宏观预警指标。把采用不同维度描述同一个问题的预警指标适度合并，删除那些不易监测和衡量的预警指标。

5.1.3　构建预警指标体系：输出

预警指标体系

识别并监测发生事故的因素。单项指标是直接反映具体某一方面的风险性指标。部分单项预警指标需要重点监测，在考虑预警灵敏度的情况下，可以针对单项预警指标进行单独预警。预警指标体系是将单项指标进行加权综合而获得的宏观预警指标。

5.2 监测预警指标

监测预警指标是预警平台及时获得预警指标风险监测值的过程。该过程的主要作用是保证预警指标数据可以及时监测或记录，预警平台可以获得及时更新的动态数据。图 5-4 所示为监测预警指标的输入、工具与技术、输出。图 5-5 所示为监测预警指标的数据流向图。

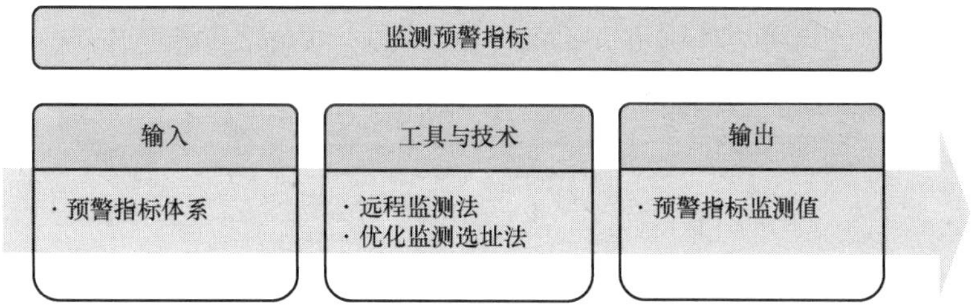

图 5-4　监测预警指标的输入、工具与技术、输出

图 5-5　监测预警指标的数据流向图

监测预警指标这一过程贯穿智慧风险预警的全过程。在预警过程中，按照预警指标的采样要求进行数据监测。

5.2.1 监测预警指标：输入

预警指标体系

预警指标体系中的预警指标项。

5.2.2 监测预警指标：工具与技术

1. 远程监测法

通过智能传感器或视频远程监测获取信息，再利用无线通信设备或有线通信设施把监测数据传回预警平台，实现远程监测数据采集功能。

2. 优化监测选址法

监测点选取通过智能优化算法来实现。有些风险监测点是固定的位置，有些风险监测点需要采用优化算法，同时考虑监测成本和监测效益。例如，采用聚类分析法获得聚类结果，然后结合实际情况，针对聚类样本结果选取监测点数量和监测点。

5.2.3 监测预警指标：输出

预警指标监测值

各个预警指标的监测值或记录值。

5.3 预测预警指标

预测预警指标是对事故或灾害未来的发生、发展和流行趋势展开分析的过程。该过程的主要作用是通过预警指标历史值，预测近期或长期预警指标数值或区间范围。图 5-6 所示为预测预警指标的输入、工具与技术、输出。图 5-7 所示为预测预警指标的数据流向图。

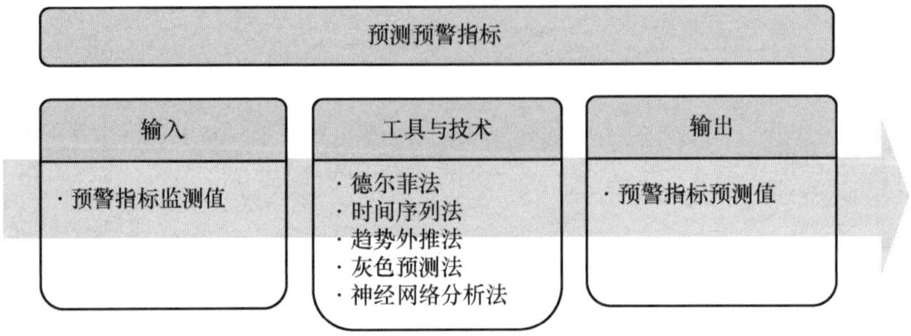

图 5-6　预测预警指标的输入、工具与技术、输出

图 5-7　预测预警指标的数据流向图

预测预警指标这一过程贯穿智慧风险预警全过程。在这一过程中，按照预测预警指标的预测要求进行实时预测。

5.3.1 预测预警指标：输入

预警指标监测值

请参见 4.2.3 节中的“风险指标量化值”。各个预警指标的监测值或记录值。

5.3.2 预测预警指标：工具与技术

1. 德尔菲法

采用背对背的通信方式征询应急专家小组成员的预测意见，经过三四轮征询，使应急专家小组的预测意见趋于集中，最后做出关乎未来发展趋势的预测结论。

2. 时间序列法

运用历史时间序列数据进行统计分析，推测出事物的发展趋势。例如，平均移动法，即下一刻的预测值等于前面 k 时刻值的平均值（k 根据工程实践选取，如 3、4、5）。常用的还有指数平滑移动，即下一刻的预测值等于当前时刻值乘以系数 w，加上当前时刻的预测值乘以（$1-\omega$）（ω 根据工程实践选取，小于 1，如 0.4）。

3. 趋势外推法

根据历史时间序列找到一个合适的函数，其能够反映预测对象变化趋势的情况。实际预测中常采用的函数模型有线性模型、指数曲线、生长曲线等。

4. 灰色预测法

灰色预测法是将原始数据累加得到近似的指数规律，再进行建模预测的一种方法。该方法能将无规律的原始数据生成规律性较强的序列，运算简便，易于检验,并且不用考虑历史数据分布规律和变化趋势。

5. 神经网络分析法

首先，构建神经网络；其次，通过历史数据估计神经网络参数，通过模型学习确定模型结构和模型参数；最后，对输入数据进行预测。

5.3.3 预测预警指标：输出

预警指标预测值

及时准确预测是制定预防和控制事故或灾难近期或长远应对策略的前提，也为制定防治策略及措施提供理论依据。预警指标预测值是在原始监测值的基础上进行二次函数运算的值。

5.4 设置预警阈值

设置预警阈值是对各个预警指标进行警情分级或分类的过程。该过程的主要作用是通过对预警指标的阈值进行设置，使系统能够自动识别异常监控指标值，最终将异常信息推送给监控人员。图 5-8 所示为设置预警阈值的输入、工具与技术、输出。图 5-9 所示为设置预警阈值的数据流向图。

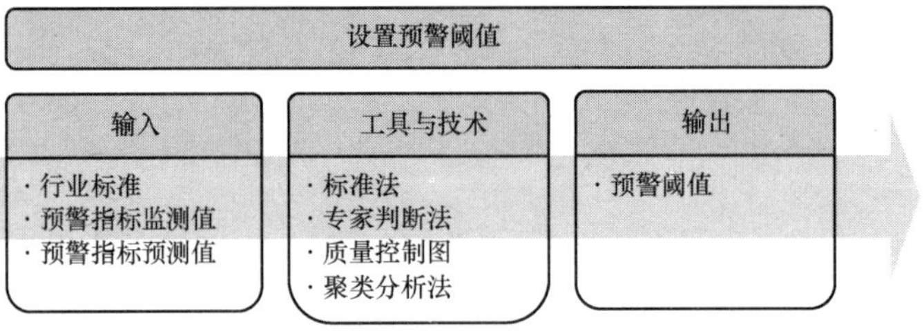

图 5-8　设置预警阈值的输入、工具与技术、输出

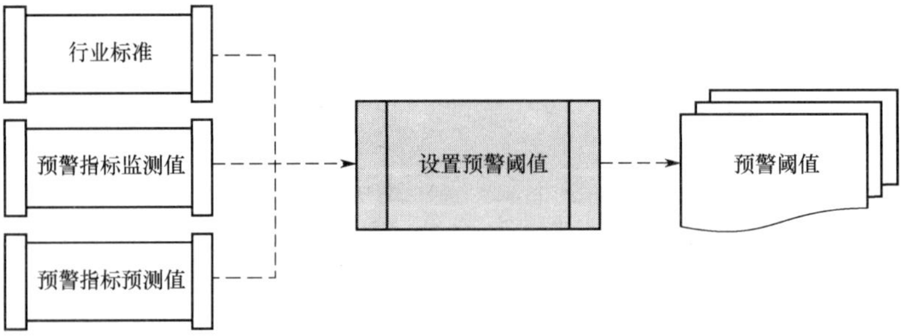

图 5-9　设置预警阈值的数据流向图

如果阈值是静态预警指标，可以参考行业标准设置预警阈值，应在预警系统的构思阶段开始，并在早期设置一次。如果阈值是动态预警指标，预警阈值需要动态修正。设置预警阈值贯穿智慧风险预警全过程。

5.4.1　设置预警阈值：输入

1. 行业标准

预警阈值的设置，应符合国家现行有关行业标准和规定。

2. 预警指标监测值

请参见 5.2.3 节中的“预警指标监测值”。预警指标监测值是针对预警指标的原始系统的监测值。

3. 预警指标预测值

请参见 5.3.3 节中的“预警指标预测值”。预警指标预测值是经过数据预测或处理后的数值。

5.4.2　设置预警阈值：工具与技术

1. 标准法

依据国家行业标准或企业标准（严于国家标准）设定预警阈值。例如，针对建筑火灾预警，安全生产领域有关标准有《建筑设计防火规范》(GB 50016—2014)。

2. 专家判断法

在充分认识风险特性的基础上，依据应急行业专家经验直接给出预警阈值。若采用三级法来设置警情等级，则分为警情正常（安全区域）、警情不正常（预警区域）、警情极不正常（应急区域）。应急行业专家需要给出各警情的预警区间。

3．质量控制图

依据安全风险预警指标的动态监测数据，给出数理统计分布假设检验。质量控制图的中心线就是数理统计分布的均值，上、下控制线就是其±3 标准差。若控制图中的描点落在上、下控制线之外或在上、下控制线之间的序列呈现一定规律性（如 7 个点数值连续增加），则表明过程异常，触发预警灯。

4．聚类分析法

数据挖掘的聚类方法可以对数据进行合理分类。如果 K 均值聚类算法是一种迭代求解的聚类分析算法，其步骤是将数据分为 K 组，随机选取 K 个对象作为初始聚类中心，然后计算每个对象与各个种子聚类中心之间的距离，把每个对象分配给距离其最近的聚类中心。聚类中心及分配给它们的对象就代表一个聚类。假设有 N 个安全监测数据，聚为 K 个类，则每一个类的边界就代表此类的预警区间。

5.4.3 设置预警阈值：输出

预警阈值

针对各个风险因子或综合风险因子的预警阈值，设置时要把握尺度。如果预警准则设计过松，则会使系统存在危险而未能及时发出警报，即造成漏警，从而削弱预警作用；如果预警准则设置过严，则会导致不该发出警报时却时常发出警报，导致误警。

5.5 预警可视化

预警可视化是通过计算机编程手段对预警指标和预警信息进行可视化的过程。该过程的主要作用是对预警指标监测数据及预测数据进行可视化，通过文本、报表、曲线、地图、仿真动画等形式表达预警信息，为运行人员和管理人员掌握系统静态、动态特征提供直观的显示效果。图 5-10 所示为预警可视化的输入、工具与技术、输出。图 5-11 所示为预警可视化的数据流向图。

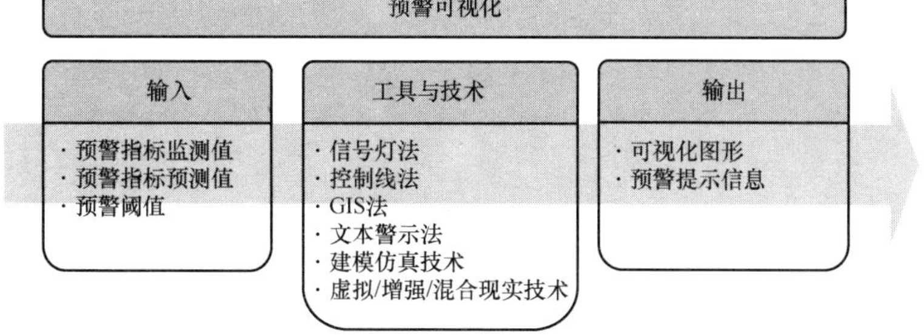

图 5-10 预警可视化的输入、工具与技术、输出

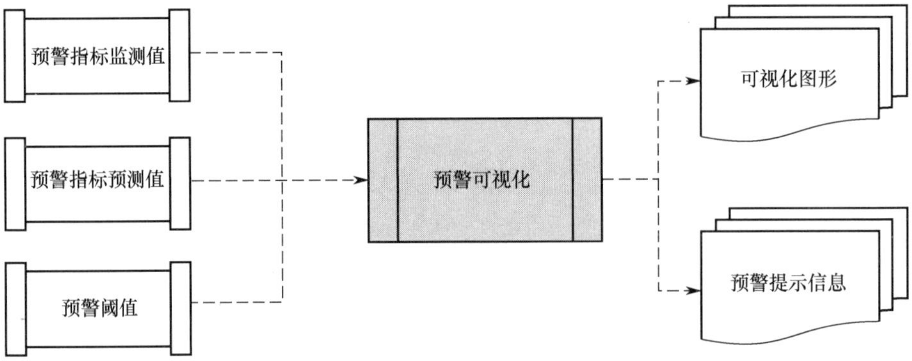

图 5-11　预警可视化的数据流向图

预警可视化这一过程贯穿智慧风险预警全过程。在预警过程中，预警平台在任何时刻都可以提供人机接口界面，向管理者展示系统信息和预警警情。

5.5.1　预警可视化：输入

1．预警指标监测值

请参见 5.2.3 节中的“预警指标监测值”。预警指标监测值是针对预警指标的原始监测值。

2．预警指标预测值

请参见 5.3.3 节中的“预警指标预测值”。预警指标预测值是经过数据预测或处理后的数值。

3．预警阈值

请参见 5.4.3 节中的“预警阈值”。预警指标的预警阈值，包括趋势判断准则等。

5.5.2　预警可视化：工具与技术

1．信号灯法

设置与预警阈值等级一致的应急信号灯。如果针对三级预警，设置与之相对应的三类应急预警警灯：“绿灯”报警警示、“黄灯”报警警示、“红灯”报警警示。

2．控制线法

预警指标的历史数据通过曲线连接。通过设置控制线法、划分等级区域等进行异常点预警，也包括趋势预警。

3．GIS 法

把具有时空特性的监测数据以 GIS（地理信息系统）为背景进行图形显示，地理区域通过红、黄、橙、绿等颜色进行渲染以达到应急预警目标。区域网格化预警、风险地图及风险图谱都采用这种方法。

4. 文本警示法

抽取隐患文本、安全事故案例及网络应急舆情等原始文本信息，通过文本挖掘技术（特征词抽取、摘要抽取等）或专家决策系统以文本警示的方法提供给应急管理决策者。

5. 建模仿真技术

通过建模仿真技术，以仿真动画方式显示预警指标的动态变化过程，将孤立的指标信息进行联动。针对超出预警阈值的系统监测值以高亮显示或动画预警的方式生动形象地显示在屏幕上，并结合控制措施模拟预警系统闭环反馈控制的过程。

6. 虚拟/增强/混合现实技术

基于虚拟/增强/混合现实技术，提升应急管理的综合管理水平。例如，基于虚拟/增强/混合现实技术，提升建筑施工安全预警管理水平。

5.5.3 预警可视化：输出

1. 可视化图形

可视化效果较好的预警信息包括警灯警示、异常点、异常趋势，二维或三维地理地图和三维动画仿真等。

2. 预警提示信息

以文本方式直观地展示预警信息，能及时识别异常警情信息，并及时给出提示，最后启动预警控制。

5.6 预警控制

预警控制是对预警信息进行反馈，实施风险防范，形成预警自动控制的过程。该过程的主要作用是通过风险应对策略，解除预警警报信息，使系统恢复正常运行。图 5-12 所示为预警控制的输入、工具与技术、输出。图 5-13 所示为预警控制的数据流向图。

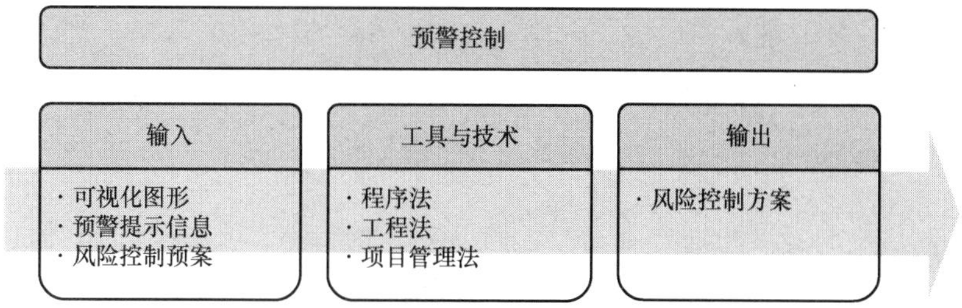

图 5-12 预警控制的输入、工具与技术、输出

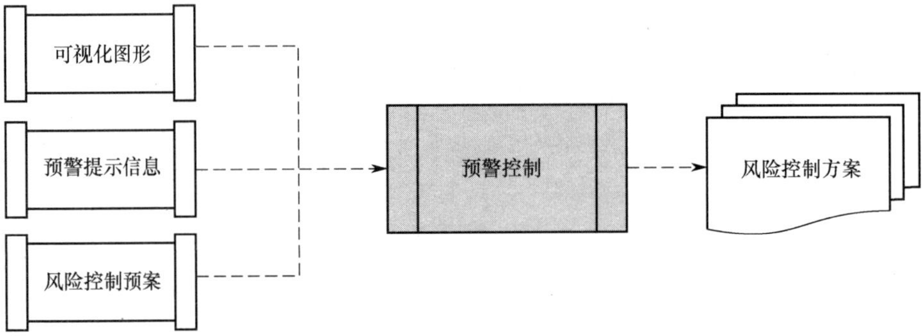

图 5-13　预警控制的数据流向图

预警控制这一过程基于预警发布的信息，决策者决定采用风险控制措施后，启动该过程。

5.6.1　预警控制：输入

1．可视化图形

请参见 5.5.3 节中的“1．可视化图形”。预警指标的可视化图形。

2．预警提示信息

请参见 5.5.3 节中的“2．预警提示信息”。预警指标的文本预警提示。

3．风险控制预案

通过行业标准或历史信息总结的风险控制预案，包括操作流程、技术方案等。这里强调风险控制预案要结合社会状态提前考虑，提前准备，以便对预警风险采取及时、合理的应对措施。

5.6.2　预警控制：工具与技术

1．程序法

应急工作各项工程任务都有先后操作顺序，程序法是指依据实际应急系统运行流程，严格按照安全操作流程实施工程项目。

2．工程法

对于不同的安全风险因素，必须从应急专业的角度给出工程化的技术处理建议。通过对重大危险源进行动态识别，确定主要危险源后，采用工程法进行科学的技术处理。

3．项目管理法

加强项目管理方法的应用。通过项目管理方法，构建安全管理组织结构，制定风险应对计划等。

5.6.3 预警控制：输出

风险控制方案

选择风险控制预案并实施到运行的系统中，通过系统预警监测，形成闭环的预警反馈和控制系统。

6 智慧应急防控

智慧应急防控是指防控主体利用信息化、智能化技术，一方面对可能发生的应急事件进行防范和部署，达到预防的效果；另一方面对已发生的应急事件，制定并执行防控方案，控制事态的扩大和升级，降低损失。智慧应急防控的目标是提高预防和控制应急事件的能力和水平，有效防范化解重大风险，保障社会稳定。

智慧应急防控包括制定智慧应急防控方案、构建智慧应急防控体系、细化智慧应急防控政策、执行智慧应急防控方案、优化智慧应急防控流程、发布智慧应急防控信息六个过程。制定智慧应急防控方案和构建智慧应急防控体系主要关注事前预防；细化智慧应急防控政策和执行智慧应急防控方案主要关注事中防控；优化智慧应急防控流程和发布智慧应急防控信息主要关注事后防控。

（1）制定智慧应急防控方案。防控主体基于历史事件的处置方案和风险预警监测的可视化数据，对可能出现的应急事件进行防控方案的预先制定。

（2）构建智慧应急防控体系。基于预先制定的应急防控方案，搭建起兼具整体性、系统性、协同性的应急防控体系。该体系既要包含对各类防控主体责任及其能力的划分，又要健全各项应急事件的智慧应急预案；既要对应急事件进行预警监测，又要强化救治救援、物资保障、灾后重建等各项能力建设。

（3）细化智慧应急防控政策。防控主体根据应急事件所展现出的特征，针对性地制定各项应急防控政策。

（4）执行智慧应急防控方案。防控主体按计划实施相对应的防控方案并实时评估防控过程。

（5）优化智慧应急防控流程。为应对应急事件的随机进展，防控主体根据实时监测的风险数据，借助特定的技术手段，动态调整智慧应急防控方案，实现智慧应急防控方案的更新迭代。

（6）发布智慧应急防控信息。防控主体按照有关规定，定向发布有关应急事件事态发展和应急处置工作信息的行为和过程，包括线下通告和线上信息平台发布。同时，对网络舆情进行实时监测和准确处理。

图 6-1 所示为智慧应急防控的框架。虽然在本指南中，各智慧应急防控过程以界限

分明和相互独立的形式出现，但在实践中均会以本指南无法全面详述的方式相互交叠和相互作用。

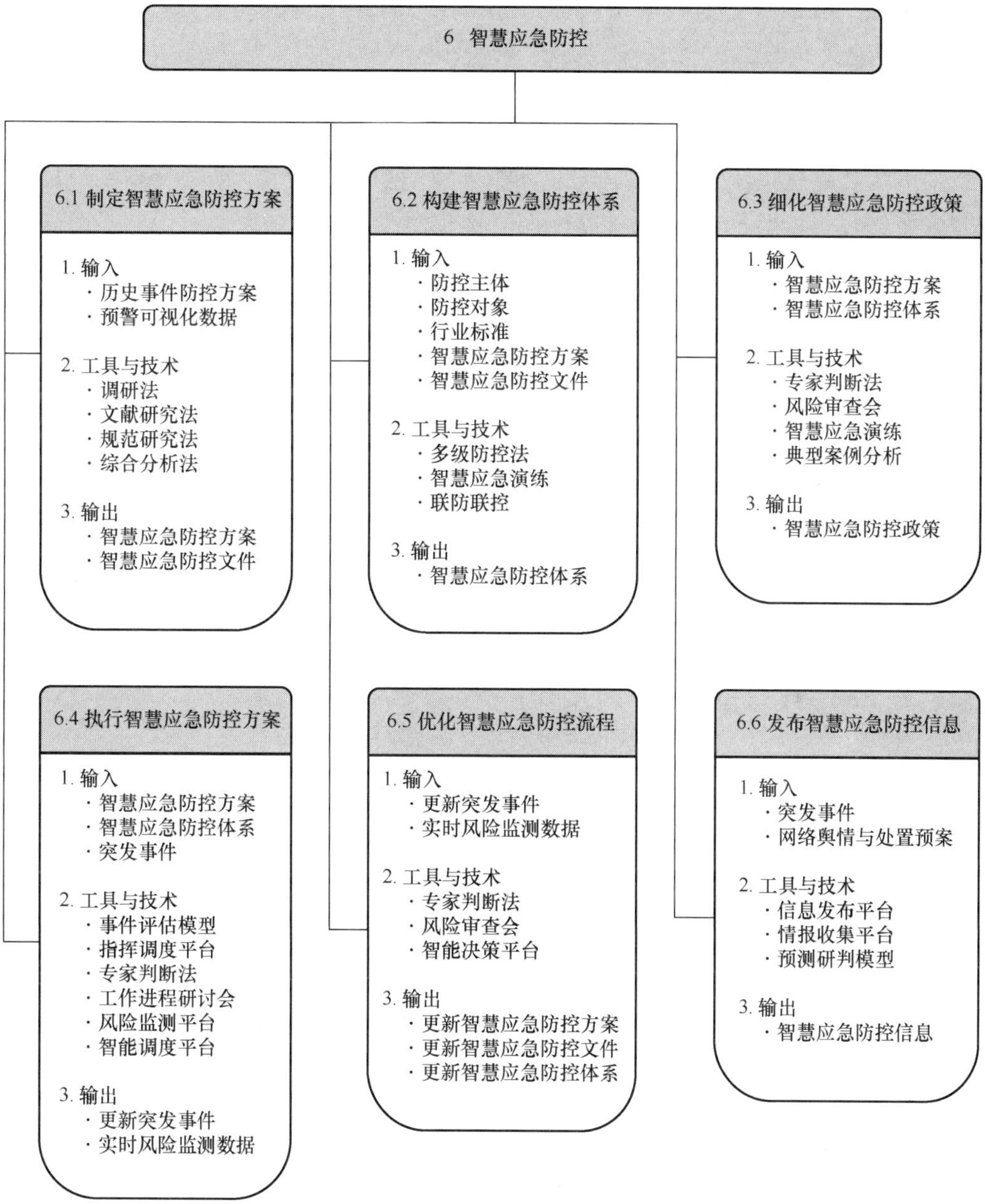

图 6-1 智慧应急防控的框架

智慧应急防控的发展趋势和新兴实践

在传统应急防控模式中，相关组织和装备资源往往是独立运行和管理的，新时期的防控主体可以借助物联网、大数据、人工智能等信息化、智能化技术对已响应的应急事件进行精准快速的风险分析，有效制定可选方案，选择应对策略并开展应对行动，实现防控人员、物资装备和相关技术资源的集中调度指挥和管理，建立适合我国国情的综合性智能化应急防控体系。

6.1 制定智慧应急防控方案

制定智慧应急防控方案是应急防控建设的首要任务。图 6-2 所示为制定智慧应急防控方案的输入、工具与技术、输出。图 6-3 所示为制定智慧应急防控方案的数据流向图。

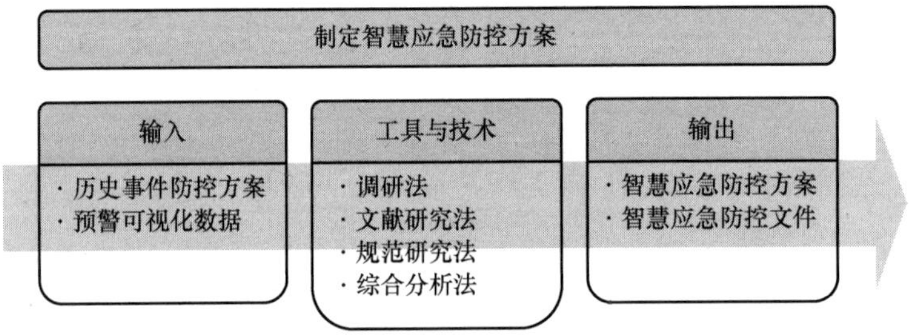

图 6-2 制定智慧应急防控方案的输入、工具与技术、输出

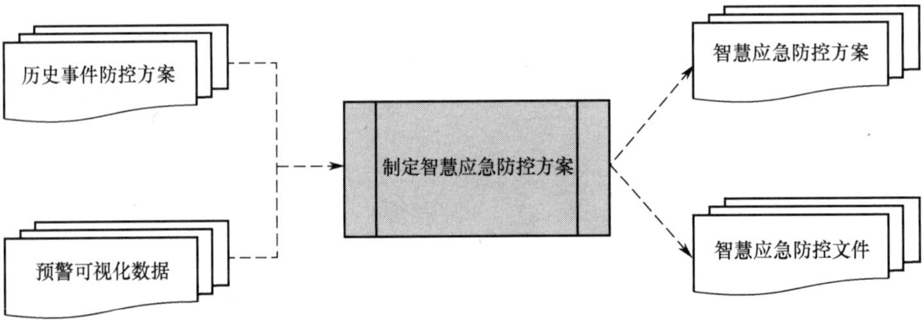

图 6-3 制定智慧应急防控方案的数据流向图

制定智慧应急防控方案这一过程贯穿于智慧应急防控全过程。在智慧应急防控过程中，根据防控效果和应急事件进展等情况进行动态调整。

6.1.1 制定智慧应急防控方案：输入

1. 历史事件防控方案

对已发生的应急事件的防控全流程的完整记录。

2. 预警可视化数据

针对频繁出现的异常指标，预测可能出现的风险，制定相关的应急方案。

6.1.2 制定智慧应急防控方案：工具与技术

1．调研法

无论是地方政府还是中央政府，都要通过调研、举行论坛等方式，才能制定出较为完善的政策与对策。

2．文献研究法

文献研究法主要是收集、鉴别、整理相关文献材料，并通过对文献的分析和研究，形成对事实科学认识的一种研究方法。对研究资料进行总结、归纳，从而为对策制定准备素材。

3．规范研究法

规范研究法主要是根据一定的理念、价值标准做出某种判断的一种方法。该方法在阅读大量文献的基础上，综合各位专家学者的见解，研究事件的内涵、基本特征和事件防控问题的基本理论。该方法重点分析事件应急防控存在的问题及存在问题的原因，为地方政府及其有关部门履行应急防控职能及怎样履行职能提供规范的理论指导。

4．综合分析法

综合分析法是运用归纳与演绎、分析与综合及抽象与概括等方法，对获得的各种材料进行思维加工，从而去粗取精、去伪存真、由此及彼、由表及里，达到认识事物本质、揭示事物内在规律之目的的一种方法。该方法深入分析事件及其应急防控问题，分析和总结事件的特点、规律及存在的主要问题，借鉴国内外先进经验做法，在联系本国国情的基础上给出应急防控对策。

6.1.3 制定智慧应急防控方案：输出

1．智慧应急防控方案

智慧应急防控方案包括（但不限于）以下内容。

智慧应急预案。主要涉及综合应急预案和专项应急预案，针对专项应急预案给出有针对性的防控对策。各级防控主体严格按照《突发事件应急预案管理办法》，依法、迅速、科学、有序地应对应急事件，预先制定工作方案。

（1）综合应急预案包括各级防控单位的应急组织机构及其职责、预案体系及响应程序、事故预防及应急保障、应急培训及预案演练等主要内容。

（2）专项应急预案是针对具体的事故类别（如煤矿瓦斯爆炸、危险化学品泄漏、公共卫生事件等）、危险源和应急保障而制定的计划或方案，是综合应急预案的组成部分，应按照应急预案的程序和要求组织制定，并作为综合应急预案的附件。专项应急预案应制定明确的救援程序和具体的应急救援措施。

2．智慧应急防控文件

智慧应急防控文件包括（但不限于）以下内容。

（1）**经验教训登记册**。查看过往同类应急事件及其早期的风险应对经验教训，评估类似的处置方案是否适用于本次应急事件，为应急防控节约时间成本。

（2）**防控进度计划**。对应急事件的控制及善后工作进行计划，如人员疏散、救助补偿、责任追究等。

（3）**防控指挥部派工单**。防控指挥部派工单列明了可用于应急事件应对的人力资源和责任制。

（4）**资源日历**。资源日历确定了已筹备的和潜在的资源何时可用于应急事件应对。

（5）**应急事件登记册**。应急事件登记册包含已识别并排序的、需要应对的应急事件的详细信息。应急事件中的每项风险的优先级有助于防控主体选择适当的处置措施。例如，在所有应急事件中，人员安全往往处于最高优先级，可能需要采取优先措施和积极主动的应对策略；而应急成本规划、灾后重建处于较低的优先级，可能只需要把它们列入风险登记册的观察清单部分，或者只需要为之增加应急储备，而不必采取主动的管理措施。登记册可能还会提供有助于规划应急事件应对的、关于已识别应急事件的其他信息，包括根本原因、触发因素和预警信号、需要在短期内应对的风险及需要进一步分析的风险。

（6）**应急事件报告**。报告中的应急事件整体风险敞口的当前级别，会影响选择适宜的防控策略。报告也可能按优先级顺序列出各阶段风险，并对风险的分布情况进行更多分析。这些信息都会影响应急防控策略的选择。

（7）**相关方登记册**。相关方登记册列出了应急防控过程中各项工作的潜在责任人。

6.2 构建智慧应急防控体系

构建智慧应急防控体系是定义如何实施系统分解、系统关联和提升系统化应急能力的过程，对防控全过程所涉及的各个环节进行统筹设计，是应急防控建设的核心任务。图 6-4 所示为构建智慧应急防控体系的输入、工具与技术、输出。图 6-5 所示为构建智慧应急防控体系的数据流向图。

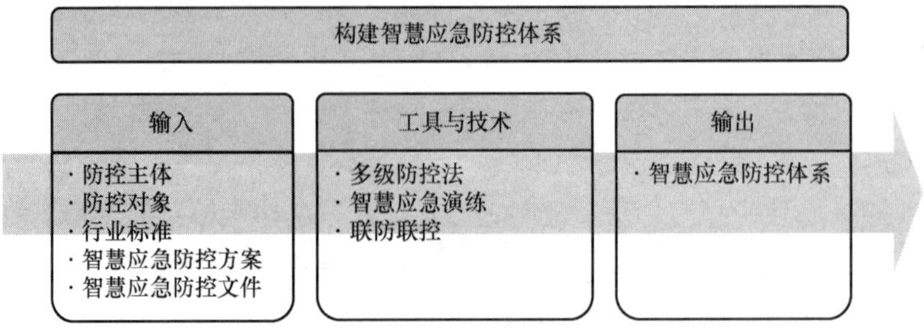

图 6-4　构建智慧应急防控体系的输入、工具与技术、输出

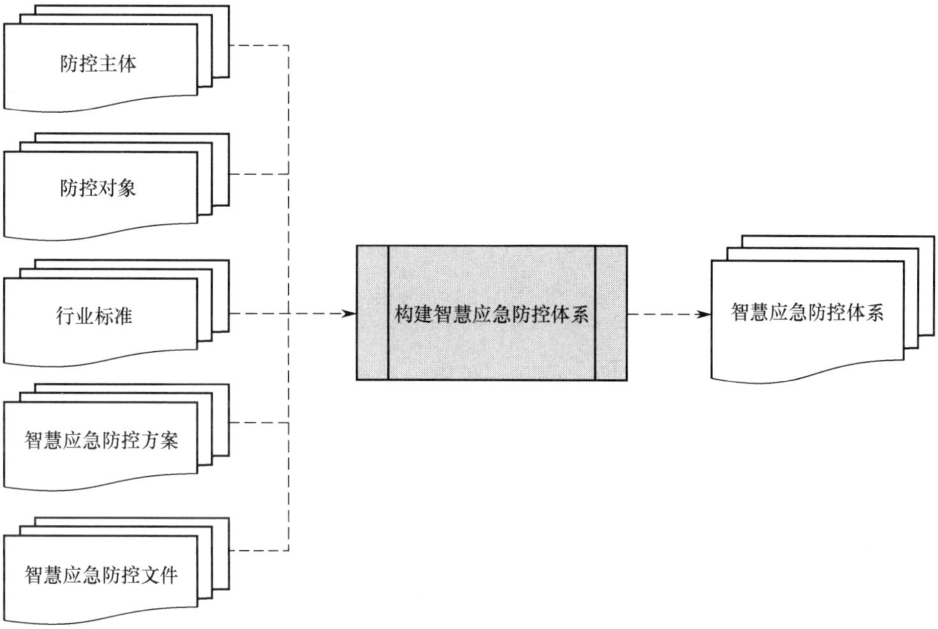

图 6-5 构建智慧应急防控体系的数据流向图

构建智慧应急防控体系这一过程贯穿于智慧应急防控全过程。在智慧应急防控过程中，根据防控效果和应急事件进展等情况进行动态调整。

6.2.1 构建智慧应急防控体系：输入

1. 防控主体

防控主体一般为政府或经政府授权的有关职能部门及公共组织，在智慧应急防控过程中扮演决策者和从属者的角色。

2. 防控对象

明确智慧应急防控对象，确定防控目标和范围。资料文件还需要包括防控对象的历史风险事故或灾害记录，及其典型风险因素和风险特点。

3. 行业标准

应急防控体系能够满足应急防控行业标准的要求，应参考最新国家应急救援和应急保障等领域的标准和规范。

4. 智慧应急防控方案

请参见 6.1.3 节中的“1. 智慧应急防控方案”。

5. 智慧应急防控文件

请参见 6.1.3 节中的“2. 智慧应急防控文件”。

6.2.2 构建智慧应急防控体系：工具与技术

1. 多级防控法

根据智慧应急防控对象所处环境、所处监管体系等多维属性特点，以及工作（工艺）流程设计多级防控体系，落实小单元管理、网格化管理的防控工作，提升应急防控能力。

2. 智慧应急演练

开展智慧应急演练，通过模拟真实事件及应急处置过程，给参与者留下更加深刻的印象，使参考者从直观上真正认识应急事件，提高对应急事件风险源的警惕性，促使参与者在没有发生应急事件时增强应急意识，主动学习应急知识，掌握应急知识和处置技能，提高自救、互救能力，保障其生命财产安全。智慧应急演练是一种高效的人员培训手段。

3. 联防联控

智慧应急防控体系的构建不仅包含子体系完整性的构建，也包含子体系联动的构建。各职能部门加强应急联动，构建联防联控机制，将各政府部门纳入一个统一的指挥调度系统，处理紧急事件和向公众提供社会紧急救助服务。通过应急联动演练，实现跨区域、跨部门、跨警种之间的统一指挥，提高合成应急和协调应急的能力和效率。

6.2.3 构建智慧应急防控体系：输出

智慧应急防控体系

智慧应急防控体系是一项整体性、系统性、协同性都很强的系统工程，既要完善预防控制体系、救治救援体系，又要对突发事件预防与应急准备、监测与预警、应急处置与救治救援、灾后恢复、物资保障等各个环节进行统筹设计；既要强化体系建设，又要着力从制度机制层面理顺关系、强化管理。

6.3 细化智慧应急防控政策

细化智慧应急防范政策是针对应急防范问题给出针对性政策建议的过程，保证防控方案顺利高效执行。图 6-6 所示为细化智慧应急防控政策的输入、工具与技术、输出。图 6-7 所示为细化智慧应急防控政策的数据流向图。

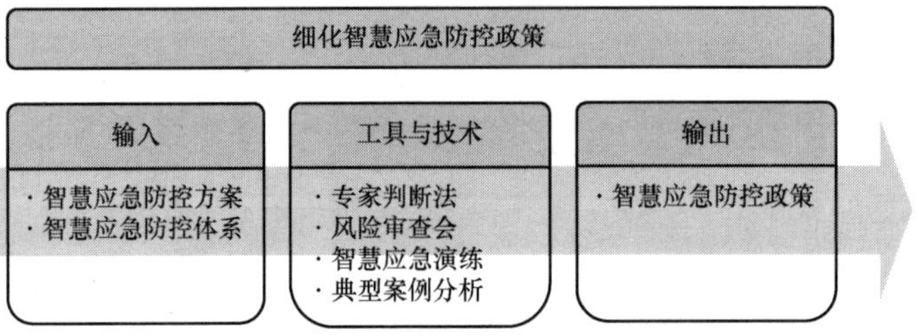

图 6-6 细化智慧应急防控政策的输入、工具与技术、输出

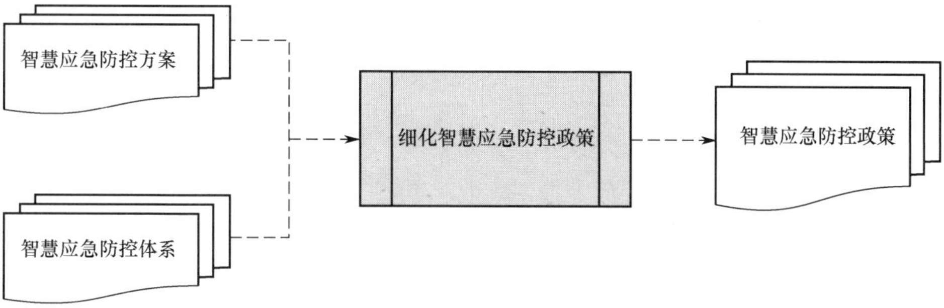

图 6-7 细化智慧应急防控政策的数据流向图

细化智慧应急防控政策是按照期望达成的防控目标对整个智慧应急防控工作进行宏观调控的过程。在智慧应急防控过程中，始终遵循国家新政策，根据防范政策执行效果进行及时修订。

6.3.1 细化智慧应急防控政策：输入

1. 智慧应急防控方案

请参见 6.1.3 节中的“1. 智慧应急防控方案”。

2. 智慧应急防控体系

请参见 6.2.3 节中的“智慧应急防控体系”。

6.3.2 细化智慧应急防控政策：工具与技术

1. 专家判断法

针对具体突发事件向特定专家征求意见，以高效的方式获得专业的应急防控措施。

2. 风险审查会

应该定期安排风险审查，检查和记录突发事件应对措施的有效性。在风险审查中，还可以识别出新出现的风险，重新评估当前风险，关闭已过时风险，讨论风险发生所引发的问题，以及总结可用于当前项目后续阶段或未来类似项目的经验教训。

3. 智慧应急演练

针对具体的装置、场所或设施、岗位所制定的应急防控措施应该具备具体、简单、针对性强的特点。现场处置方案应根据风险评估及危险性控制措施逐一编制，做到事故相关人员应知应会，熟练掌握，并通过智慧应急演练，做到迅速反应、正确处置，同时不断完善应急防控措施。

4. 典型案例分析

通过对典型案例进行分析，认真总结应急防控措施的成功经验，加强规范化管理，提升应急防控处置能力。

6.3.3 细化智慧应急防控政策：输出

智慧应急防控政策

例如，制定“扫码出行，行程上报”政策，防止疫情扩散；针对森林防火，制定“有火必报，报扑同步”的信息报送政策。

6.4 执行智慧应急防控方案

执行智慧应急防控方案是应急防控的具体实施阶段。图 6-8 所示为执行应急防控方案的输入、工具与技术、输出。图 6-9 所示为执行智慧应急防控方案的数据流向图。

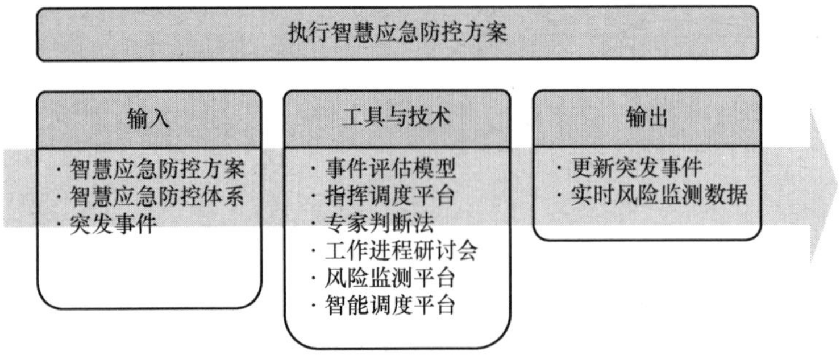

图 6-8 执行智慧应急防控方案的输入、工具与技术、输出

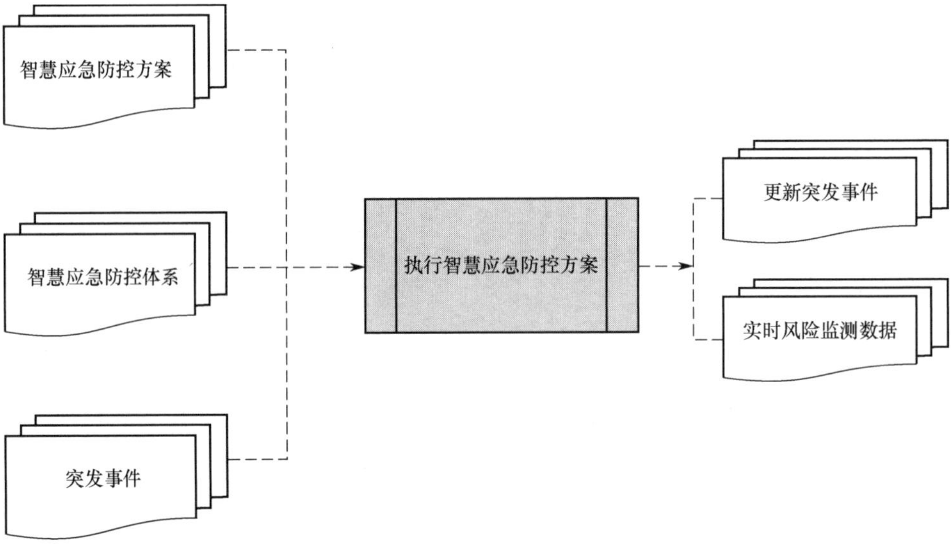

图 6-9 执行智慧应急防控方案的数据流向图

6.4.1 执行智慧应急防控方案：输入

1. 智慧应急防控方案

请参见 6.1.3 节中的“1. 智慧应急防控方案”。

2. 智慧应急防控体系

请参见 6.2.3 节中的“智慧应急防控体系”。

3. 突发事件

突发事件指突然发生，造成人员伤亡、财产损失、生态环境破坏和严重社会危害，危及公共安全，需要立即处理的紧急事件。这里需要提供关于突发事件的各类描述信息和数据。

6.4.2 执行智慧应急防控方案：工具与技术

1. 事件评估模型

选取描述事件的指标项目，采用统计分析法或数值分级方法建立事件评估模型，并给出较为合理的事件等级的划分。

2. 指挥调度平台

指挥调度平台是实现协同作战、统一联动行动的关键。平台可以对突发事件实现快速上报，了解关于事发地的各项数据信息，快速部署，提高应急指挥防控能力，提高行动的成功率。

3. 专家判断法

方案选择需要征求具备专业知识的个人或小组的意见，包括（但不限于）：威胁应对策略、机会应对策略、次生灾害应对策略。

4. 工作进程研讨会

各防控工作组定期汇报综合防控工作进程，根据上级相关部门最新发布的文件政策和新出现的风险问题，制定下一步工作战略和方案。

5. 风险监测平台

实时采集突发事件防控过程中可能产生的新风险数据。

6. 智能调度平台

基于物联网、大数据、人工智能等信息化、智能化技术的调度平台给防控主体提供快速且科学的资源调度建议，落实落地责任划分，实现高效防控。

6.4.3 执行智慧应急防控方案：输出

1. 更新突发事件

及时更新突发事件状态，直到突发事件结束或风险降低到可接受水平。

2. 实时风险监测数据

实时更新风险监测数据，输入下一流程。

6.5 优化智慧应急防控流程

在智慧应急防控过程中，防控主体根据防控效果和突发事件进展等情况对防控方案进行动态调整。图 6-10 所示为优化智慧应急防控流程的输入、工具与技术、输出。图 6-11 所示为优化智慧应急防控流程的数据流向图。

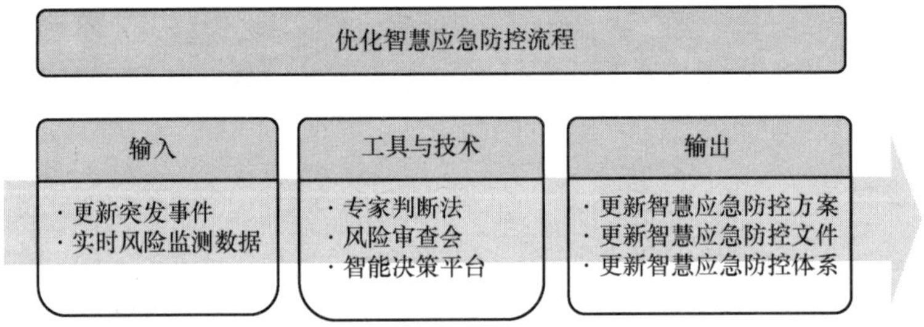

图 6-10 优化智慧应急防控流程的输入、工具与技术、输出

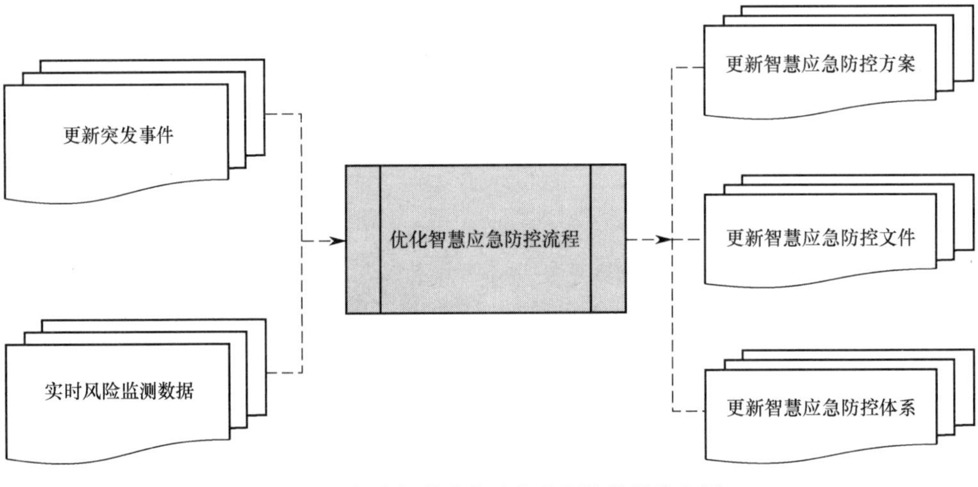

图 6-11 优化智慧应急防控流程的数据流向图

在智慧应急防控过程中，根据突发事件态势和智慧应急防控效果等情况对防控全流程进行动态调整。最终的智慧应急防控相关文件都将以历史数据的形式输入各个环节中，实现智慧应急防控的闭环式优化。

6.5.1 优化智慧应急防控流程：输入

1. 更新突发事件

请参见 6.4.3 节中的“1. 更新突发事件”。

2. 实时风险监测数据

请参见 6.4.3 节中的“2. 实时风险监测数据”。

6.5.2 优化智慧应急防控流程：工具与技术

1. 专家判断法

请参见 6.3.2 节中的“1. 专家判断法”。

2. 风险审查会

请参见 6.3.2 节中的“2. 风险审查会”。

3. 智能决策平台

基于物联网、大数据、人工智能等信息化、智能化技术的决策平台给防控主体提供快速且科学的决策建议，与突发事件的特定原因、性质、时空特征、扩散形势、影响后果等相匹配。

6.5.3 优化智慧应急防控流程：输出

1. 更新智慧应急防控方案

请参见 6.1.3 节中的“1. 智慧应急防控方案”。

2. 更新智慧应急防控文件

请参见 6.1.3 节中的“2. 智慧应急防控文件”。

3. 更新智慧应急防控体系

请参见 6.2.3 节中的“智慧应急防控体系”。

6.6 发布智慧应急防控信息

发布智慧应急防控信息是按照有关规定定向发布有关突发事件事态发展和应急处置工作信息的行为和过程。该过程的主要作用是满足公众对突发事件和应急防控的知情权、参与权、表达权和监督权，体现政府的公信力和现代政府的透明度。图 6-12 所示为发布智慧应急防控信息的输入、工具与技术、输出。图 6-13 所示为发布智慧应急防控信息的数据流向图。

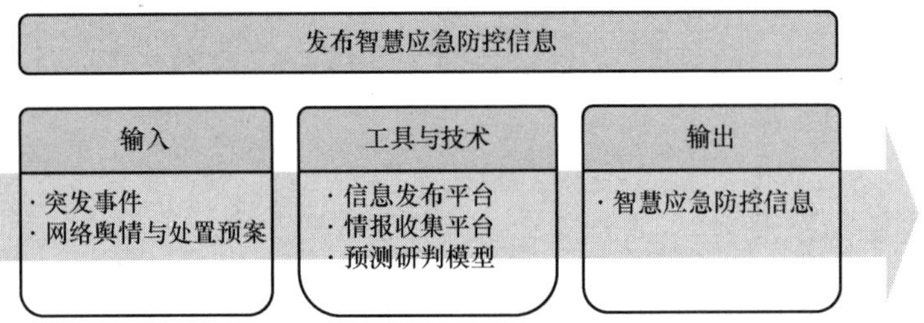

图 6-12　发布智慧应急防控信息的输入、工具与技术、输出

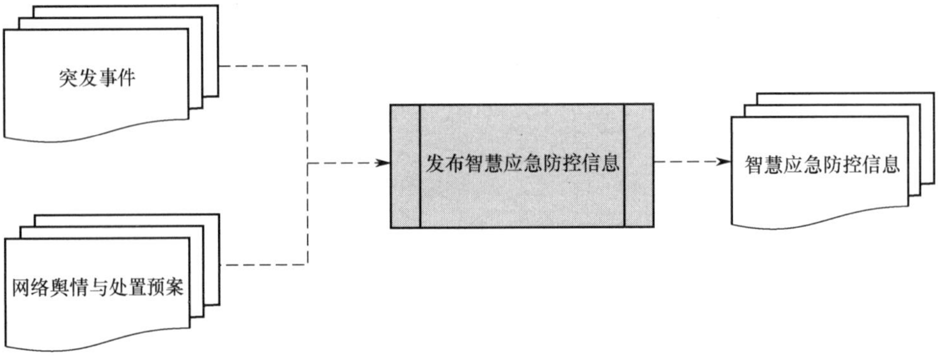

图 6-13　发布智慧应急防控信息的数据流向图

发布智慧应急防控信息这一过程贯穿于智慧应急防控全过程。在智慧应急防控过程中，根据突发事件态势和智慧应急防控效果等情况在关键时间点及时发布智慧应急防控信息。

6.6.1　发布智慧应急防控信息：输入

1. 突发事件

请参见 6.4.1 节中的“3. 突发事件”。

2. 网络舆情与处置预案

监测并收集突发事件网络舆情，制定网络舆情的处置预案。

6.6.2　发布智慧应急防控信息：工具与技术

1. 信息发布平台

利用线下通告和线上信息平台发布突发事件及动态更新的防控信息。

2. 情报收集平台

情报收集平台是系统数据的资源中心，利用多种方式实时采集、抽取、挖掘各种信息系统提供的数据资料，过滤虚假信息，整合并储存数据。

3. 预测研判模型

结合预测研判模型利用数据实现对事件的预测研判、复盘分析等，提高数据利用率，以支持防控主体的科学决策，有利于进一步规避风险。

6.6.3 发布智慧应急防控信息：输出

智慧应急防控信息

主要对外发布真实可靠的智慧应急防控信息，如突发事件状态更新通报、防控过程和结果汇报、防控意见建议等。

7 智慧应急预案

智慧应急预案包括应急预案体系设计、应急预案管理、应急预案业务模型设计、应急预案生成、应急预案验证、应急预案执行监控、应急预案绩效评估七个过程，目的在于提供预案体系设计、预案模型管理、预案模型推演，为开展智慧应急预案工作提供一套科学合理的智慧应急预案管理工具，提高智慧应急预案管理水平。

图 7-1 所示为智慧应急预案框架。虽然在本指南中，智慧应急预案过程以界限分明和相互独立的形式出现，但在实践中均会以本指南无法全面详述的方式相互交叠和相互作用。智慧应急预案具体包括：从应急预案体系设计开始，就纳入了智慧化内容，将传统的依靠人的个人经验与能力的应急知识用体系设计的规范化、数字化管理手段进行归集管理；将应急预案管理从传统的文件式管理模式转换到基于规则的数字化管理模式，并引入人工智能等信息化手段进行基于知识图谱的预案自动化管理；根据应急预案业务模型设计，提出全息一体化的应急预案业务模型设计方法，用业务流程设计、数据元设计与应急预案建模等方法与工具对应急预案进行体系化建模，形成应急预案的知识数据库；应急预案生成的智能化工具能实现应急预案的自动化生成，实现应急预案的自动化、智能化，进而升级到智慧化的全要素、全流程、全过程的可视化展现，体现应急预案的智慧化功能；应急预案验证是虚实结合的应急预案仿真，是体现智慧应急预案的重要手段，通过应急预案的协同仿真，能缩短应急预案的编制周期，提高应急预案的效能；应急预案执行监控既是对应急预案的验证，又是对应急预案执行过程中发现的问题进行补充完善，更好地对应急预案进行迭代升级的有效手段；应急预案绩效评估既是应急预案管理的需要，也是体现智慧应急预案的智慧化程度，展现智慧应急预案生态体系建设、生命周期管理的重要考核评价手段。

智慧应急预案的实施，可为编制联合应急预案，建立健全联合指挥、灾情通报、资源共享、跨域救援等机制，组织综合应急演练，强化互助调配衔接，发挥智慧应急预案带来的预案管理能力提升提供有效的技术参考。此外，智慧应急预案的实施，对完善突发事件分类与分级标准，规范预警等级和应急响应分级，加强应急预案的统一规划、衔接协调和分级分类管理，完善应急预案定期评估和动态修订机制，强化预案的刚性约束，根据突发事件类别和级别明确各方职责任务，强化上下级、同级别、军队与地方、政府与企业、相邻地区等相关预案之间的有效衔接，建设基于智慧应急预案标准的应急预案数字化管理平台，加强预案配套支撑性文件的编制和管理，实现我国应急预案的管理水平提升有重大意义。同时，智慧应急预案的实施，为指导基层组织和单位修订完善应急预案提供了重要的技术支撑工具。

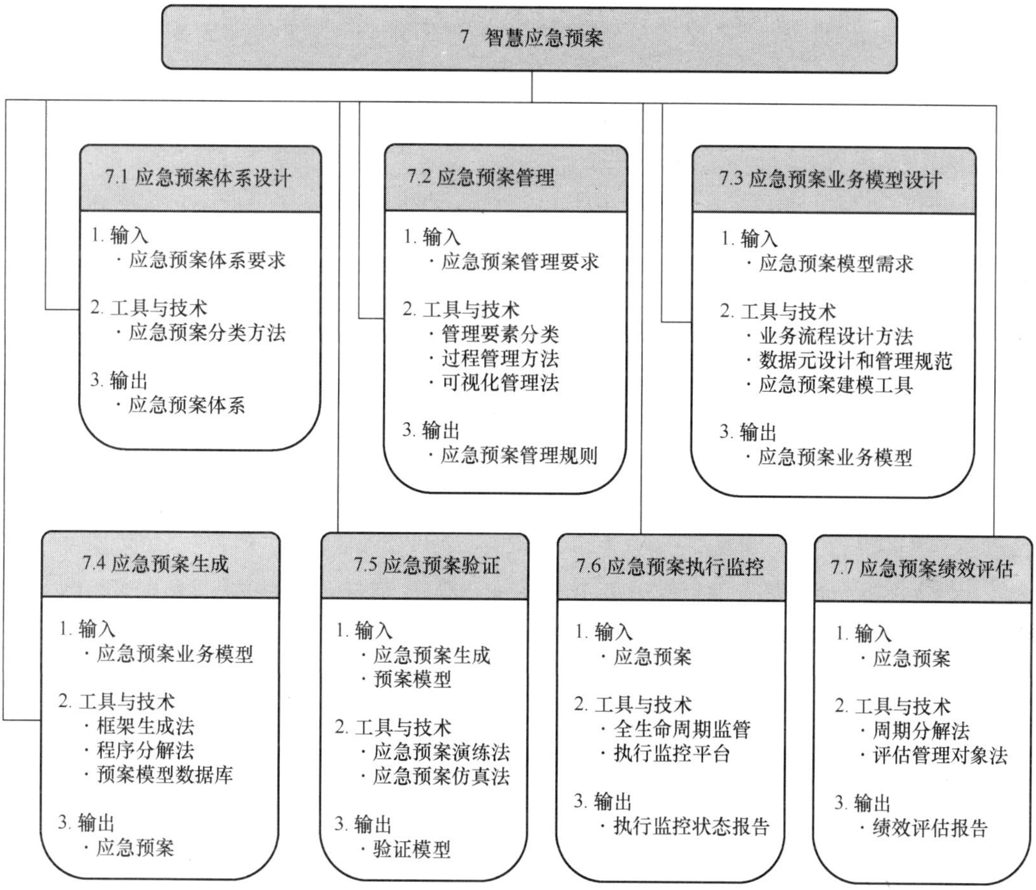

图 7-1 智慧应急预案框架

智慧应急预案的应用：应急预案是我国“一案三制”应急体系中的关键组成内容。但应急预案在实战中的价值与其地位长期不匹配，其中关键是当前的文本化预案本质是由人学习、解读和应用的，并未与信息化系统形成有效互动。智慧应急预案是解决这个问题的关键。智慧应急预案是基于模型的表达方式，模型表达是指基于数学语言的表达方式，其特点是规范、精确、无歧义，适合信息化系统的描述、开发和验证。语义网络、知识图谱都是形式化表达的具体手段。智慧应急预案，相比用自然语言表达的文本预案，更准确、更易懂、更具操作性，也更能与信息化系统联动。智慧应急预案需要与应急管理的体制机制、灾害和情景专题、应急能力和资源等相匹配，为预案编制者提供标准化、结构化、智能化、协同式的编制能力，最终形成像计算机程序那样严谨的应急响应程序，帮助应急处置人员做出全面、有效和及时的决策。

智慧应急预案的核心观点：

《礼记·中庸》："凡事豫则立，不豫则废。言前定则不跲，事前定则不困，行前定则不疚，道前定则不穷。"豫，亦作"预"。毛泽东在《论持久战》中说："'凡事预则立，不预则废'，没有事先的计划和准备，就不能获得战争的胜利。"从古至今，凡事都需要做好预案才能有效应对，将智慧应急预案纳入政府的核心管理体系是中国特色的应对世界变局的有效手段，也是实现中国式现代化的必然选择。智慧应急预案又称应急救援预案或应急计划，是政府为了提高保障公共安全和处置突发事件的能力，最大限度地预防和减少突发事件及其造成的损害，保障公众的生命财产安全，维护国家安全和社会稳定，促进经济社会全面、协调、可持续发展，依据宪法及有关法律法规，制定突发事件应对的原则性方案。它提供突发事件应对的标准化反应程序，是突发事件处置的基本规则和应急响应的操作指南。

智慧应急预案作为突发事件的应对方案，具有以下四个特点。

（1）全面性。智慧应急预案囊括事前预测预警、事发识别控制、事中应急处置和事后恢复重建，贯穿突发事件智慧应急管理全过程。

（2）系统性。智慧应急预案本身作为应急管理工作中的重要组成部分，是突发事件应对处置的操作指南，包括应对工作的各个环节。各个智慧应急预案之间相互衔接，形成智慧预案体系。

（3）权威性。智慧应急预案一般由各级政府及其部门等行政机关颁布施行，是政府的施政措施，体现法律法规要求。

（4）实用性。智慧应急预案中所规定的预防应对处置的计划和方法，既有历史经验和理论概括，又有科学分析和成功做法，通用性、操作性强。

智慧应急预案的意义：智慧应急预案有助于识别风险隐患，了解突发事件的发生机理，明确智慧应急救援的范围和体系，使突发事件应对处置的各个环节有章可循。具体来讲，主要有以下三个方面的意义。

（1）有利于对突发事件及时做出响应和处置。

（2）有利于避免突发事件扩大或升级，最大限度地减少突发事件造成的损失。

（3）有利于提高全社会居安思危、积极防范社会风险的意识。

智慧应急预案的作用：建立覆盖全国各地区、各行业、各单位的智慧应急预案体系，在应对突发事件的过程中发挥着极为重要的作用。

（1）可以科学规范突发事件应对处置工作。明确各级政府、各个部门及各个组织在应急体系中的职能，以便形成精简、统一、高效和协调的突发事件应急处置体制机制。

（2）可以合理配置应对突发事件的相关资源。利用智慧应急预案，通过事先合理规划、储备和管理各类应急资源，在突发事件发生时，按照预案明确的程序，保证资源尽快投入使用。

（3）可以提高应急决策的科学性和时效性。突发事件的紧迫性、信息的不对称性和资源的有限性要求应急部门快速做出应急决策，精准研判突发事件的规模、性质、程度，并就合理决策应对措施提供科学的思路和方法，从而减轻其危害程度。

智慧应急预案基于应急预案，根据全息系统论的理论指导，利用全息一体化建模工具，提供了一套科学合理、不断优化更新迭代的预案管理方法和工具。

智慧应急预案结合应急预案的各种需求，实现应急预案由人工编制、手工管理向模型管理、自动执行转化。应急管理领域的“智慧应急预案”成为智慧应急的重要组成部分。在应急预案管理中引入预案模型驱动的应急预案编制与管理成为必然。

智慧应急预案的发展趋势：

（1）应急预案数字化。将文本预案进行结构化分解。将事件信息、事件分级、组织机构与职责（制作职责分配表）、监测预警、应急响应、应急资源、应急通信录等要素，开发成既相对独立又相互关联的程序模块；分析应急预案流程图，根据突发事件的演化过程分析，将文本预案进行流程化分解，分析每个关键节点，如信息接收、信息传达、预案启动、预警级别判断、响应级别判断、召开紧急会议、根据职责分配表关联具体的应急行动等，从而得到详细的预案流程图，并开发能够自动分析执行的预案流程模块；将各种信息和资源与预案流程图关联，包括各预案结构要素模块、突发事件演化分析信息、现场设备与环境信息、现场视频监控数据、应急资源信息等；开发应急预案专家系统模块，收集突发事件的应急知识和同类事件的典型案例，开发应急知识和案例库；制定应急策略和处置方案的推理规则，实现应急响应过程中关键节点应急处置方案的智能化分析和评估。

（2）应急预案智能化。针对某一典型突发事件，通过建立完备的应急知识和应急案例数据库，将应急处置常识按照突发事件发生演化的时间顺序和不同应急阶段的特征进行顺序分条存储。运用人工智能与大数据技术建立智慧应急处置生态体系，分析突发事件发展的某个阶段所应采取的应急处置措施，形成高度智能化、智慧化的突发事件应急处置智慧大脑，实现应急预案智能化管理。

（3）应急预案实时化。综合运用5G通信、卫星通信、数字水声通信、大数据技术、GPS技术、物联网技术等现代化通信及定位跟踪技术，实现应急预案各种相关资源信息的实时动态跟踪；利用更加精确的突发事件监测和参数提取技术手段，使应用系统中的突发事件模拟更加贴近其真实演化过程。实现数字化预案的高度实时化，确保分析结果的准确性。结合数据采集、数据传输、数据处理、数字分析等工具，实现应急预案实时处理、智慧化决策。

智慧应急预案的编制依据：

智慧应急预案主要依据国家现行的法律法规进行编制，其主要依据为《中华人民共和国突发事件应对法》《中华人民共和国安全生产法》等，并根据相关标准如《生产经营单位生产安全事故应急预案编制导则》（GB/T 29639—2020）等，确定应急预案编制内容。

7.1　应急预案体系设计

应急预案按照不同的责任主体，将突发事件应急预案体系设计分为总体应急预案、专项应急预案、部门应急预案、地方应急预案、企事业单位应急预案、重大活动应急预案六个层次，县级以上政府预案体系均是这六个层次。

应急预案体系设计是对应急预案编制内容进行编制设计的过程。该过程的主要作用是：首先，应急预案对应急预案体系设计所包括的内容进行界定；其次，设计体系内容，给出各级体系的说明。图 7-2 所示为应急预案体系设计的输入、工具与技术、输出。图 7-3 所示为应急预案体系设计的数据流向图。

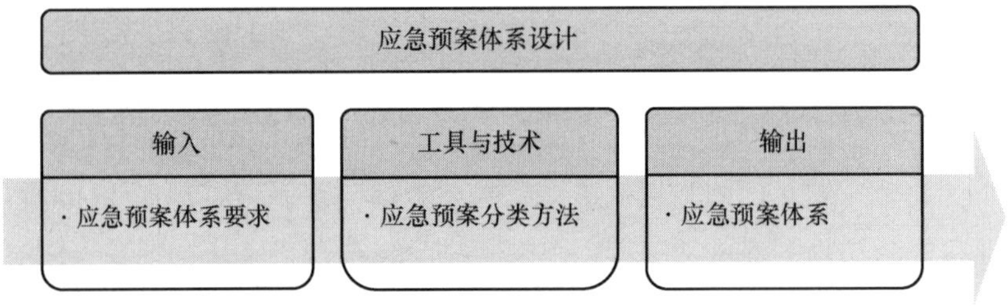

图 7-2　应急预案体系设计的输入、工具与技术、输出

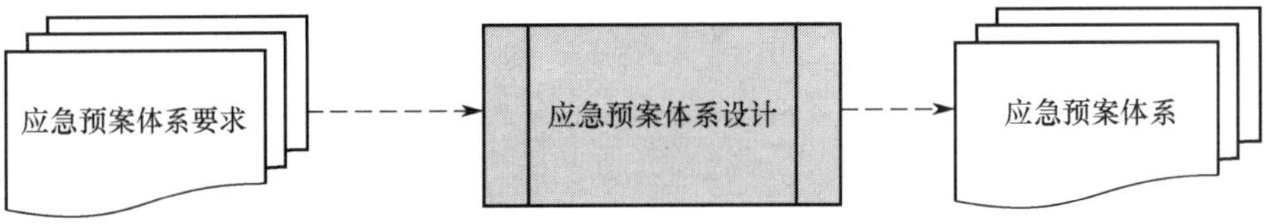

图 7-3　应急预案体系设计的数据流向图

应急预案体系设计这一过程在选定应急预案编制内容后开始。在应急预案编制过程中，根据不同的应急预案编制要求，确定应急预案体系。

7.1.1　应急预案体系设计：输入

应急预案体系要求

突发事件应急预案体系设计的六个层次。

7.1.2　应急预案体系设计：工具与技术

应急预案分类方法

1）总体应急预案

总体应急预案是各级人民政府突发事件应急预案体系的总纲，明确各类突发事件分级分类和应急预案框架体系，规定各级政府应对特别重大突发事件的组织指挥体系、工作机制等内容，是指导预防和处置各类突发事件的总体规范性文件。

编制总体应急预案的目的是提高政府保障公共安全和处置突发事件的能力，最大限度地预防和减少突发事件及其造成的损害，保障公众的生命财产安全，维护国家安全和社会稳定，促进经济社会全面、协调、可持续发展。总体应急预案由各级人民政府制定发布，本级政府办公室（厅）组织实施。

2）专项应急预案

突发事件种类多样、复杂，应对处置需要相应的专业知识和技术，而总体应急预案是对应急响应、应对措施和保障条件等的原则性、概括性规定，单靠总体应急预案，无法保证突发事件的有效处置。根据应对突发事件“横向到边、纵向到底”的要求，专项应急预案是总体应急预案的横向展开，是总体应急预案的专业化和具体化。

专项应急预案主要是各级人民政府及其相关部门为应对某一类型或某几种类型突发事件而制定的涉及数个政府部门职责的应急预案，目的是规范某一类型或某几种类型突发事件的应急管理和应急响应程序，及时有效地实施应急救援，最大限度地减少人员伤亡、财产损失，维护人民群众生命财产安全和社会稳定。

专项应急预案分为自然灾害、事故灾难、公共卫生事件、社会安全事件应急预案四类。专项应急预案由各级人民政府有关部门牵头制定，报本级人民政府批准后，由本级人民政府办公厅（室）印发实施。

各级各类专项应急预案依据国家相关法律法规和各级人民政府总体应急预案编制而成，有各自的适用范围和启动条件，不同专项应急预案对于响应程序、预防预警机制、响应措施、后期处置、保障措施等也有不同的要求和规定。不同类型的专项应急预案对于预案的监督管理，如评估、奖惩、宣传、培训和演练等相关内容的规定也不尽相同，有的放在“后期处理”中，有的放在“应急保障”中，还有的放在“附则”中进行明确的规定，但不管是何种表述结构，有关内容的论述是必需的。

3）部门应急预案

部门应急预案是各级人民政府有关部门根据总体应急预案、专项应急预案和自身职责，为应对某一类型或某几种类型突发事件而制定的涉及单个政府部门职责的应急预案。部门应急预案和总体应急预案、专项应急预案一样，同样包括总则、应急指挥体系及职责、预防预警机制、应急响应、善后工作、应急保障、监督管理、附件等方面。部门应急预案由各级人民政府有关部门制定印发，报本级人民政府备案，由制定部门负责实施。

部门应急预案和专项应急预案的区别主要有以下三点。

（1）制定主体不同：专项应急预案由各级人民政府的综合部门牵头制定，政府办公厅（室）印发，涉及多个相关部门的工作职责；而部门应急预案由各级人民政府的职能部门自己制定，只涉及自身的工作职责。

（2）法定效力不同：专项应急预案由多个政府部门共同承担应急职责，由各级人民政府印发实施，体现着一级政府的意志；而部门应急预案由政府某个部门编制并负责印发实施，只体现了一个政府部门的意志，其法定效力相对较低。

（3）适用范围不同：有的专项应急预案对于编制部门来说，相当于这一大类突发事件的“总体应急预案”，如由国家卫生健康委员会编制、国务院办公厅印发公布的《国家突发公共卫生事件应急预案》，其适用范围为“重大传染病、群体性不明原因疾病、重大食物和职业中毒以及因自然灾害、事故灾难或社会安全等事件引起的严重影响公众身心健康的公共卫生事件”，涵盖了所有突发公共卫生事件，预案的指向性和针对性仍不够具体，需要编制一些部门应急预案，以更加专业的应对措施和明确规定，应对某种具体类型突发公共卫生事件，如国家卫生和计划生育委员会编制并负责实施的《人感染高致病性禽流感应急预案》《非职业性一氧化碳中毒事件应急预案》《群体性不明原因疾病应急处置方案》等部门应急预案。部门应急预案对组织机构的规定是“部门性”的，一般不涉及政府其他部门，如在应急管理部发布的《尾矿库事故灾难应急预案》中规定：应急管理部成立尾矿库事故应急工作领导小组（以下简称“领导小组”），在国务院及国务院安全委员会统一领导下，负责统一指导、协调特别重大尾矿库事故灾难应急救援工作。国家安全生产应急救援指挥中心具体承办有关工作。应急管理部国家矿山安全监察局局长任组长、分管副局长任副组长，并明确了相关职责。当然，有一些部门应急预案也会涉及政府其他部门相关职责，但预案中所规定的职责即这些部门所应承担的法定职责，并事先征求意见。

4）地方应急预案

地方应急预案是下级人民政府根据上级人民政府的总体应急预案、专项应急预案而制定的相应应急预案，具体包括省级政府的突发事件总体应急预案、专项应急预案和部门应急预案；各市州、县市区政府及其基层政府组织的突发事件应急预案。其基本构成如下。

（1）省总体应急预案。省应急预案体系的总纲，是省政府应对特别重大、重大突发事件的规范性文件。

（2）省专项应急预案。省政府及其有关部门为应对某一类型或某几种类型突发事件而制定的涉及多个部门职责的应急预案。

（3）省级部门应急预案。省政府有关部门根据总体应急预案、专项应急预案和部门职责为应对突发事件制定的预案。

（4）市州、县市区应急预案。在上级政府的领导下，按照分类管理、分级负责的原则，由市州、县市区政府及其有关部门分别制定。

（5）基层组织应急预案。在上级政府的领导下，根据辖区特点和实际需要，由乡镇、街道制定的应急预案。如有必要，村委会、居委会等基层群众性自治组织，也应制定有关应急预案。

这些地方应急预案在上级人民政府的领导下，按照分类管理、分级负责的原则由各地政府及其有关部门分别制定，其中总体应急预案编制（修订）完成后报上级人民政府备案，省总体应急预案报国务院备案。

地方应急预案与国家应急预案在基本构成、编制依据、工作原则、组织机构、应急响应、善后处置等方面的规定基本相同。例如，在组织机构方面，许多省级应急预案的规定基本上是相同的，以省总体应急预案为例，一般规定如下。

（1）领导机构。省人民政府是全省突发事件应急管理工作的行政领导机构。在省长领导下，通过省政府常务会议研究、决定和部署本省突发事件应急管理工作，统一领导和组织指挥突发事件的应急处置工作。

（2）办事机构。省人民政府办公厅是突发事件应急管理的办事机构，设省政府应急管理办公室，履行应急值守、信息汇总、综合协调职责，发挥运转枢纽作用。

（3）工作机构。省有关部门（单位）依据法律法规、规章和各自职责，承担相关类别突发事件的应急管理工作。

（4）市州、县市区机构。市州、县市区人民政府是本行政区域突发事件应急管理工作的行政领导机构，负责本行政区域各类突发事件的应对工作。乡镇人民政府、街道办事处应当协助上级人民政府做好突发事件应急工作。

（5）专家组。县级以上人民政府和各类专项应急指挥机构根据实际需要建立各类专业人才库，聘请有关专家组成专家组，为应急管理提供决策建议，必要时参加突发事件的应急处置工作。

5）企事业单位应急预案

企事业单位应急预案依照有关法律法规，参照政府应急预案，结合各自特点和实际情况制定。预案明确了企事业单位是其内部发生的突发事件的责任主体，是各单位应对突发事件的操作指南。省、市、县属重点单位的应急预案，报本级有关应急管理部门备案，重点单位由有关应急管理部门确定并实施动态管理。

企事业单位编制应急预案十分必要，矿山、危化、民爆等行业企业生产经营活动具有一定危险性，发生事故灾难的概率较高；大、中、小学校等事业单位人员活动密集，食物中毒和传染性疾病等突发公共卫生事件时有发生。从应急管理实际情况来看，企事业单位也一直都是突发事件的高发区域，如能针对可能发生的突发事件编制预案并适时组织演练，就能将应急管理关口前移，一旦发生突发事件能迅速启动、及时反应，将突发事件控制在萌芽状态，有效减少人员伤亡和财产损失。企事业单位应急预案既可以采用与政府应急预案相同的预案体系，也可以采用其他类型的预案体系，将本单位各种具体应急预案有机组织起来。

企业应急预案的重点：①明确组织机构及其职责；②搞好危害辨识与风险评价；③确定通告程序和报警系统；④明确应急设备与可用设施；⑤评估评价能力与可用资源；⑥明确保护措施程序；⑦信息发布与公众教育；⑧明确事故后的恢复程序；⑨搞好培训与演练；⑩做好应急预案的动态管理。

事业单位应急预案的编制目的与企业基本相同，都是更好地预防和处置突发事件。事业单位应急预案的构成与政府基本一致，主要包括：①编制目的；②编制依据；③适用范围；④组织机构与职责权限；⑤防范重点、防范设施及防范措施；⑥应急响应；⑦善后处置；⑧保障措施；⑨宣传、培训与学习；⑩附则。

事业单位，特别是学校应急预案编制的原则是：①学校应急预案要囊括学校安全管理的主要内容，原则上参照学校安全应急预案参考样本进行编制；②预案编制要体现简洁性和实用性特点，按照符合实际、职责清晰、简明扼要、可操作性强的要求进行编写，语言表达要求通俗易懂，开门见山。

6）重大活动应急预案

举办较大规模的集会、庆典、会展和文化体育等重大活动，主办单位应按照“谁主办、谁负责”的原则，根据有关法律法规和政府相关应急预案，结合自身实际制定应急预案，报公安机关批准后实施，并报当地人民政府备案。

重大活动期间，在相对较小空间、较短时间内聚集了大量的人流、物流和现金流，卫生防疫、交通事故、恐怖袭击、火灾爆炸、刑事案件、群体性事件等各类突发事件的发生概率骤然上升，编制重大活动应急预案的目的在于预防和处置重大活动中可能出现的突发事件，最大限度地保护人民群众生命财产安全，维护社会和谐稳定。

重大活动极容易引发重大突发事件，如发生重大突发事件，可按照预案确定的处置流程，采取相应的应急处置措施予以处置，预案应体现以下内容。

（1）及时确定事故的原因和危害程度。

事故发生后，事发地人民政府应迅速判断事故的原因和严重程度，立即采取应急措施，同时报告上级人民政府指挥部。上级人民政府在接到上报信息后，应根据管理权限确定事故级别，提出相应处置建议，并建立或责成下级人民政府建立相应指挥机构。

（2）制止混乱，及时疏散群众。

指挥部迅速发布通告，通报公众紧急危险情况，告知公众要保持冷静，及时打开疏散通道，迅速、有序地疏散现场群众。

（3）根据情况实行区域性交通管制，分流无关车辆、行人，确保救援通道畅通。

根据事故严重程度和人员拥挤程度，实行区域交通管制，防止人员过度拥挤，确保人员安全疏散和救援通道畅通。

（4）及时救护、救援。

迅速组织力量对受伤人员进行现场救护或送往医院救治。对处于危险境地的人员组织力量全力解救。

（5）维护社会秩序。

设置警戒带，划定警戒区域，维护社会秩序，确保社会稳定。

（6）做好新闻报道工作。

在指挥部统一领导下，由新闻宣传组提出新闻报道意见，拟定宣传报道口径，协调解决新闻报道中遇到的问题。宣传报道要及时主动，准确把握，本着有利于维护人民群众切身利益、有利于事件妥善处理的原则，注重社会效果，正确引导舆论。

7.1.3 应急预案体系设计：输出

应急预案体系

应急预案体系总体框架如图 7-4 所示。

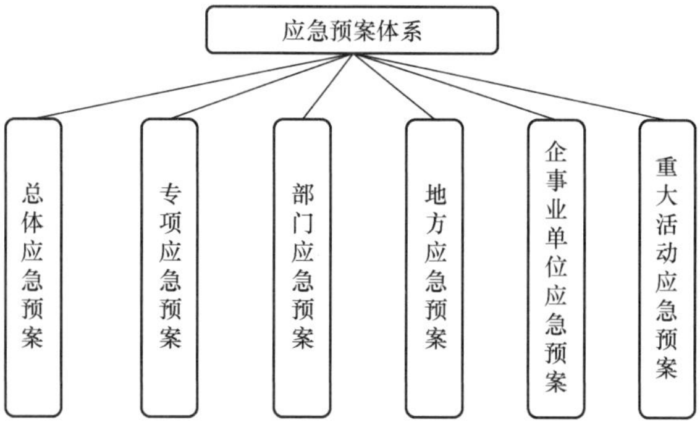

图 7-4　应急预案体系总体框架

7.2　应急预案管理

应急预案印发和公布实施并不代表应急预案编制工作的结束，相反还有大量的工作需要去做，如动态管理工作。事实证明，坚持不懈地抓好应急预案的动态管理工作，是预案能否发挥应有作用、达到预期效果的保证。智慧应急预案动态管理主要包括预案评估、修订、宣传、培训、演练、数字化、管理考核七个方面。

应急预案管理是编制预案、评估预案体系的过程。该过程的主要作用是通过应急预案动态管理，解决预案编制、预案体系具体实施过程中存在的问题。图 7-5 所示为应急预案管理的输入、工具与技术、输出。图 7-6 所示为应急预案管理的数据流向图。

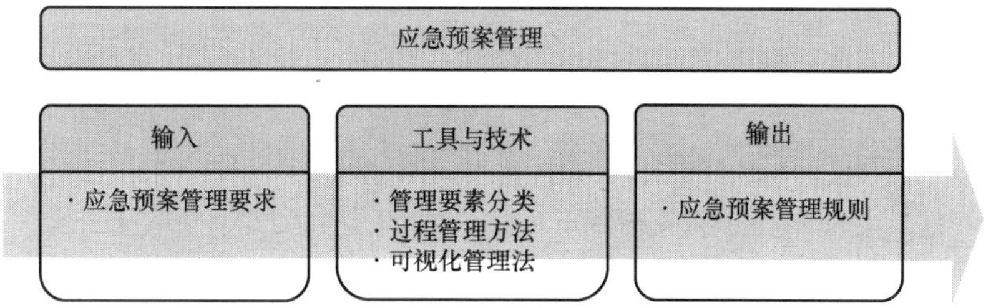

图 7-5　应急预案管理的输入、工具与技术、输出

图 7-6　应急预案管理的数据流向图

7.2.1　应急预案管理：输入

应急预案管理要求

在应急预案编制及应急预案体系建设完成后，需要对应急预案全过程进行管理，根

据应急预案编制内容及应急预案体系，对应急预案进行管理，评估应急预案执行情况，完善应急预案。

7.2.2 应急预案管理：工具与技术

1. 管理要素分类

依据应急预案的管理特性，将应急预案管理要素分为应急预案评估、应急预案修订、应急预案宣传、应急预案培训、应急预案演练、应急预案管理考核、应急预案数字化七大类。

2. 过程管理方法

1）应急预案评估

应急预案是根据突发事件一般特点和经验教训事前编制的，带有主观性，与事实可能存在差距，因此需要定期对应急预案进行评估、做出修订，使之更加完善，符合实际工作要求。

（1）制定评估方案。

在制定评估方案时，要确定评估目的，评估组牵头部门、参加部门和专家，以及评估工作的原则、重点、方法、时间等，并在实施过程中根据需要进行调整。

（2）开展调查研究。

根据应急预案所管理的突发事件种类，选择具有针对性、实用性和操作性的评估方法。例如，实地考察，阅读资料，召开不同形式、不同类型、不同层面的座谈会，问卷调查或抽样调查，自下而上或自上而下、点面结合等。上述方法既可以单独使用，也可以结合使用。

（3）全面分析评估。

结合具体的事例，对应急措施逐项进行分析，要有针对性、说服力，符合逻辑，用事实说话。评估要客观、公正和全面，既要对应急措施做出总体评价，又要对重点应急措施做出评价。评估既要肯定成绩，又要指出问题，还要提出改进建议和意见。

（4）撰写评估报告。

评估报告主要内容包括：①事实信息。突发事件发生原因、升级过程、涉及范围、关键事实、损失数额、应对措施等。②事实分析。深层次原因、发展过程影响因素、潜在影响因素等。③结论。对突发事件发生的原因、影响及责任承担者的总体判断。④建议。针对发现的问题及分析结论提出预防和解决方法。

2）应急预案修订

应急预案制定机关或者单位应当按照有关法规，定期或适时修订应急预案，一般来说，至少每三年修订一次。在突发事件应急处置或者应急演练结束后，也应及时对应急预案进行评估，总结经验教训，提出修订建议。修订应急预案时，应当在风险分析和应急能力评估后，按照制定程序重新进行编制、审议、批准、备案和公布。各级人民政府应急管理办事机构应当对有关应急预案的修订情况进行监督检查，对没有按要求定期或适时修订应急预案的情况及时提出纠正建议。

3）应急预案宣传

应急预案操作性、实用性很强，很多预案的应急响应行动都需要广大公众大力支持和积极参与。因此，要利用多种方式广泛公布应急预案，开展应急预案宣传解读。对于要求公众了解和参与的应急预案，要全面公布，广而告之，使公众做到应知应会，积极参与；对预案中涉及公众生命安全保障的部分应当作为宣传、普及的重点内容；对涉及需要保密的内容，可印发应急预案简本，公布部分内容。

4）应急预案培训

应急预案培训是应急管理队伍建设的基础性工作，也是提高各级领导干部、专兼职应急管理工作人员和广大公务员应对突发事件的整体素质和业务能力的重要途径。应急预案的主责单位每年应组织 1～2 次应急预案培训，相关责任单位也应组织其职责范围内的业务培训。各级人民政府应急管理办事机构应当制定应急预案培训大纲，定期组织党政领导和应急管理人员，学校、企业等基层单位负责人，专业救援人员等开展培训。同时，可根据不同的培训目标、对象和内容，分别研究制定培训质量评估和考核制度，纳入现行的干部教育培训考核体系，并适时开展检查。

5）应急预案演练

应急预案演练可以验证预案的整体或关键部分的科学性和合理性，检验应急响应行动的可行性和有效性，检查各项应急工作的准备情况。应急预案的主要责任单位每年应根据行业特点，组织 1～2 次应急预案演练。编制应急演练策划指南，研究制定应急演练管理办法，提出应急演练频次、组织策划、现场控制、演练效果评价等方面的总体要求，指导开展应急演练工作。在应急演练结束后，及时对应急预案进行评估，总结经验教训，提出修订建议。

6）应急预案数字化

应急预案数字化可以有效实现应急预案的动态管理，提高信息化管理水平。数字化的核心是建立应急预案基本情况数据库，包括预案本身和与之相关的周边数据信息。在数字化基础上，形成交互式平台，可及时了解预案的最新数据和变化情况。除此以外，还可通过数字化实现应急预案的评审、培训、模拟演练和审查工作，更好地衔接应急预案管理部门和应急管理具体工作，增强应急预案的实用性和有效性，提高工作效率。

7）应急预案管理考核

开展应急预案管理考核工作，建立目标管理责任制，各级应急管理办事机构会同预案主要责任单位开展检查，对预案执行情况予以奖励或责任追究，以有效推进工作的进行，加强相互联系，落实预案中规定的各项内容。应急预案管理工作的考核，既可与应急管理综合考核结合进行，也可由主要责任单位对各责任部门进行单独考核。

3. 可视化管理法

1）应急预案编制可视化

建设可视化应急预案编制系统，采用虚拟现实技术，根据应急预案编制过程，基于云平台一体化应急预案编制可视化模拟技术，构建应急预案编制知识库，开发基于三维场景的应急预案方案可视化系统，提高应急预案编制的科学性及编制过程的直观可靠性，从整体上提高应急预案的编制水平。

（1）构建应急预案编制知识库。

通过收集、整理并剖析已有应急预案，借鉴其他行业的应急预案编制及应急预案管理办法，构建适合各地实际的应急预案编制知识库，并建立基于云平台的协同一体化协作式编制方法，实现应急预案的编制工作与应急预案知识库自动匹配；依据国家行业标准、相关法律法规，归纳常用应急预案模型，构建应急预案编制知识库。

（2）构建应急预案编制工作流模型。

面向参与应急预案编制的所有人员，根据协同编制可视化技术，通过定义应急预案编制活动模块，构建应急预案编制工作流模型。通过拖曳方式自定义工作流，以流程图形化方式呈现编制过程。

（3）引入三维展示计算机辅助软件。

引入三维可视化展示引擎，将应急预案的编制过程及要素以图形化方式展现。实现应急预案编制的三维可视化互动，提高应急预案编制的可视化效果。

（4）编制结果可视化。

通过应急预案编制可视化、过程可视化、结果可视化，实现应急预案编制知识库、交互式三维模型、工作流环境等的可视化展示。通过协同编制技术、三维场景搭建技术，实现编制结果的可视化展示。

2）应急预案修订过程可视化

建立应急预案编制知识库及编制工作数据库，所有应急预案的编制及修订都要依据应急预案数据库来进行，实现应急预案修改过程的可视化及可追溯。

3）应急预案文档可视化

将应急预案编制从传统的基于文件的模式转换为数据库模式，实现应急预案文档的可视化管理，应急预案编制过程、应急预案的编制文档都基于编制数据库实时生成。通过应急预案编制数据库可汇总并实时统计应急预案编制过程的人员数量、成本状态、管理状态、编制时间、协同效率等多维度的应急预案编制管理指标，并生成分析图形。

7.2.3 应急预案管理：输出

应急预案管理规则

根据应急预案编制内容、应急预案体系，确定应急管理规则，并根据制定的应急预案管理规则进行应急预案管理。

应急预案管理规则包括应急预案的内容及管理要素，如预案评估、修订、宣传、培训、演练、管理考核、数字化的内容，以及自然灾害、事故灾难、公共卫生事件、社会安全事件等突发公共事件，还有国家总体应急预案、专项应急预案、部门预案、地方预案、企事业单位预案、大型活动预案六层级的应急预案内容。

7.3 应急预案业务模型设计

1. 应急预案业务模型设计与应急预案的关系

首先，应急预案业务模型设计技术提供了一个一致的应急业务表现形式，提供了不同领域、行业应急知识交流的手段，使参与应急预案编制的人员能更好地描述业务与表达需求，使相关参与人员更容易理解应急预案。其次，应急预案业务模型设计技术实现了应急预案流程分析和可视化，为规范与改进应急预案流程提供基础素材，降低应急预案实施成本，提高应急预案效益。

2. 参加应急预案业务模型设计的人员

无论是对现有应急预案进行建模，还是对新的应急预案进行建模，涉及的主要人员可分为应急业务领域专家、应急业务分析员和应急业务软件开发人员。其中，应急业务领域专家具备一定应急业务管理知识与应急管理实践经验；应急业务分析员进行应急业务建模工作，整理应急业务对应急领域信息化的需求，形成建模文档；应急业务软件开发人员以上述建模文档为依据进行软件设计、软件编程等工作。

3. 应急预案业务模型设计的主要环节

应急预案业务模型设计就是根据建模过程，通过结合实际的应急预案应用，从应急预案分工、应急预案过程和应急预案信息等方面构造面向应急预案领域专家和应急业务软件开发人员的模型。

在建模之前，可以先给出应急预案原理示意图，以辅助理解现有流程和明确应急预案需求，应急预案原理示意图没有固定形式，但应当包含以下要素：应急预案的最终目标、流程中的重要活动、重要活动的执行者与控制者、对重要活动的指标要求和其他必要的说明等。图 7-7 描述了应急预案建模主要环节。

4. 应急预案建模过程

在收集到足够的应急预案素材后，就可以进行建模工作，形成由建模图组成的应急预案模型。常用的建模过程有三种：以应急预案分工分析为出发点进行建模、以应急预案流程分析为出发点进行建模和以应急预案信息分析为出发点进行建模。每种建模过程都是由描述应急预案分工、描述应急预案流程、描述应急预案信息等基本建模活动组成的，并在建模过程中对主要指标和主要文档做出要求。

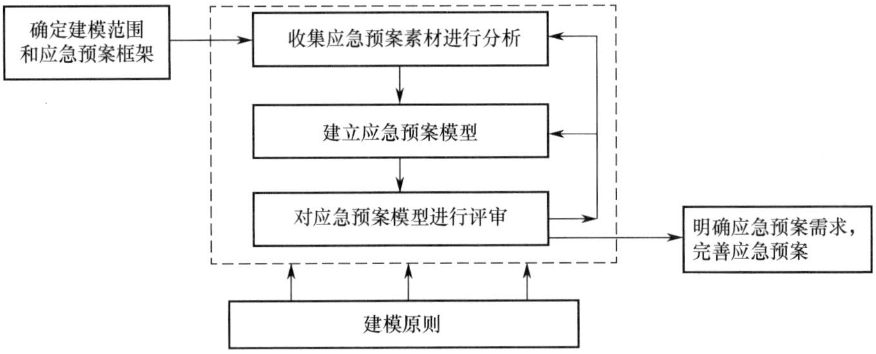

图 7-7　应急预案建模主要环节

5. 应急预案业务模型设计

在突发事件应急管理工作中，应急预案业务模型设计非常重要，是进行应急预案编制工作的基础。应急预案业务模型设计必须充分研究和把握突发事件的共性和个性及内在普遍联系的规律。

以现有能力和资源为基础，围绕突发事件的预防、响应、处置、恢复认真做好业务模型设计，最大限度地控制突发事件的破坏力和影响范围。应急预案业务模型设计是定义如何对应急预案进行预案管理的过程。该过程的主要作用是明确应急预案的预防、响应、处置、恢复的业务模型设计过程。图 7-8 所示为应急预案业务模型设计的输入、工具与技术、输出。图 7-9 所示为应急预案业务模型设计的数据流向图。

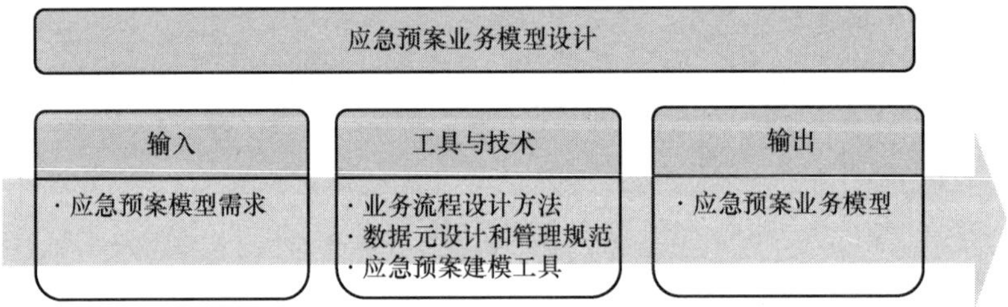

图 7-8　应急预案业务模型设计的输入、工具与技术、输出

图 7-9　应急预案业务模型设计的数据流向图

应急预案业务模型设计在预案编制需求提出阶段就应开始。在应急预案编制过程中，根据应急预案编制及预案应用效果、预案执行、技术、环境变化等情况进行及时修订。

7.3.1 应急预案业务模型设计：输入

应急预案模型需求

预案模型需求包括预案需求，以及预案的预防、响应、处置、恢复的业务模型需求。

7.3.2 应急预案业务模型设计：工具与技术

1. 业务流程设计方法

在应急预案业务模型设计过程中，准确描述并规范业务流程是十分重要的基础工作，在很大程度上决定了整个预案编制工作的成败。为此，参与应急预案编制的全体人员必须统一对这项任务的基本原则、工作步骤、表述方法、成果形式的认识和理解。

根据《电子政务业务流程设计方法 通用范围》（GB/T 19487—2004）规定业务流程描述手段，便于应急业务领域专家和应急业务软件开发人员表达与理解应急业务流程，使应急业务领域专家能够理解用此方法描述的应急业务流程，并通过阅读本标准相关内容和接受相关培训，能够描述相应的应急业务流程，提出应急信息化的功能需求，使应急业务软件开发人员能够与应急业务领域专家进行有效的交流，理解应急业务用户需求并进行软件设计。

描述应急业务流程的主要方法是建立可视化应急业务模型，因此《电子政务业务流程设计方法 通用规范》（GB/T 19487—2004）的核心内容为可视化应急业务建模方法，它由业务建模表示法和业务建模过程组成，其中，业务建模表示法包括业务建模符号和业务建模图，具有全程一体化精细建模的特点。

数据标准化已成为信息化关注的重要领域之一，其包括业务建模、数据规范化、文档规范化等阶段。数据标准化是一个庞大的、长期的、基础的系统工程，需要各方面专业人员按照系统化的规范流程开展实施。应急预案涉及的数据众多，其数据规范也是一个长期迭代的过程。

在应急预案编制过程中，业务模型的具体设计方法见《电子政务业务流程设计方法 通用规范》（GB/T 19487—2004），本指南不展开说明。

2. 数据元设计和管理规范

应急预案数据元管理可以参考《电子政务数据元 第1部分：设计和管理规范》（GB/T 19488.1—2004）。GB/T 19488.1—2004 规定了电子政务数据元的基本概念和结构、电子政务数据元的表示规范，以及特定属性的设计规则和方法，并给出了电子政务数据元的动态维护管理机制。

GB/T 19488.1—2004 适用于政府部门编制各种通用的或专用的数据元目录，并为建立数据元的注册和维护管理机制提供了指导。在应急预案编制过程中，相关数据及内容可参考此规范进行编制。具体内容本指南不展开说明。

3．应急预案建模工具

应急预案模型是应急预案流程设计结果的体现，包括基本建模图和由之导出的派生建模图，其中基本建模图包括分工组成树、应急预案协作流程图、职责执行/操作流程图、应急预案信息关系图，表示了分工、协作和信息等管理要素；派生建模图包括数据接口图、数据流图、应急预案信息操作权限图、应急预案信息共享图，表示了应急预案信息与组织单元之间的关系，如图 7-10 所示。

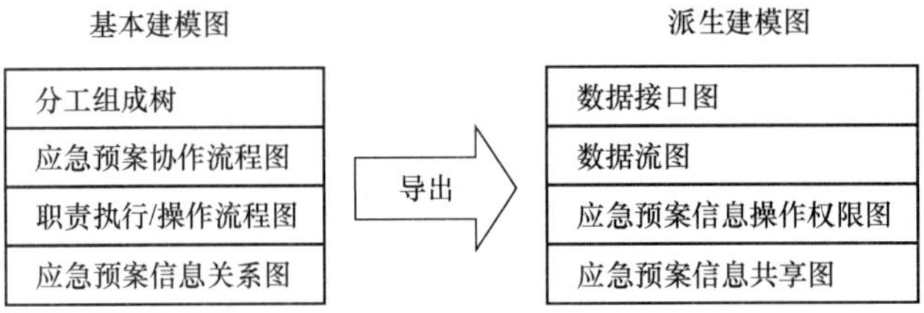

图 7-10　应急预案模型的构成

应急预案建模工具的具体内容如下。

1）构建一树三图的应急预案模型

（1）建设应急预案模型组织结构树（见图 7-11），实现集中管理、统一名称、角色唯一。

图 7-11　应急预案模型组织结构树

（2）制作应急预案模型协作流程图（见图 7-12），规范化表达。

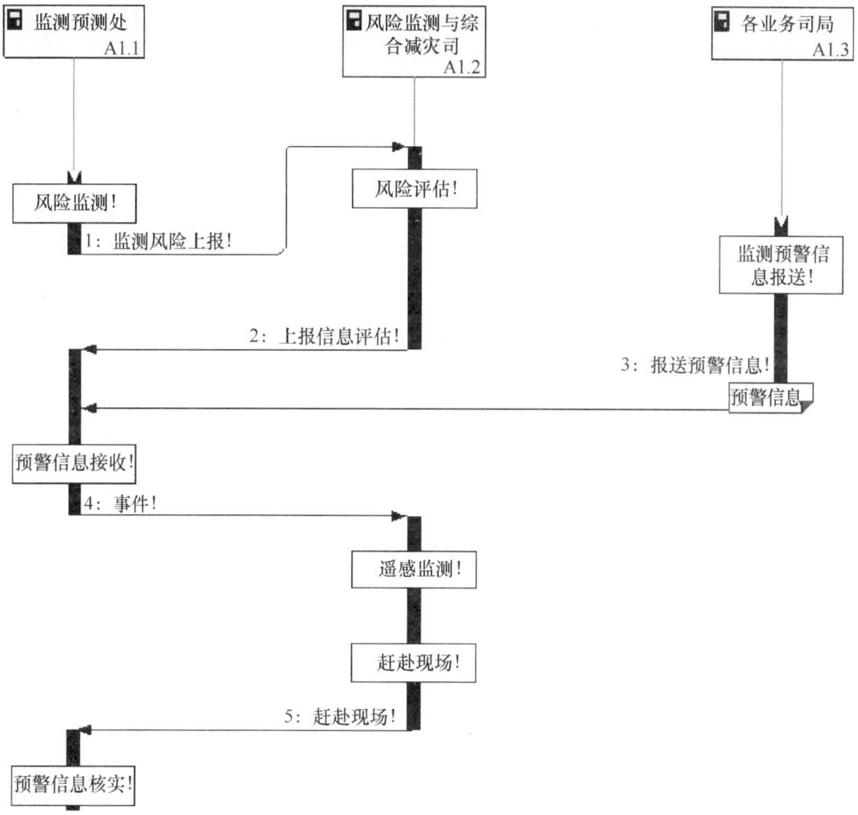

图 7-12　应急预案模型协作流程图

（3）绘制应急预案模型数据表单图（见图 7-13），关联应急预案业务与数据。

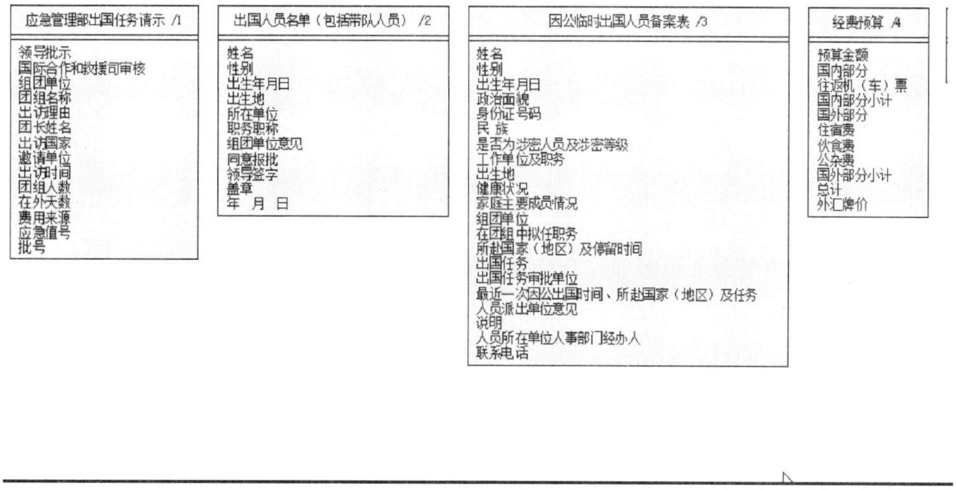

图 7-13　应急预案模型数据表单图

（4）绘制应急预案模型职责执行图（见图 7-14）。

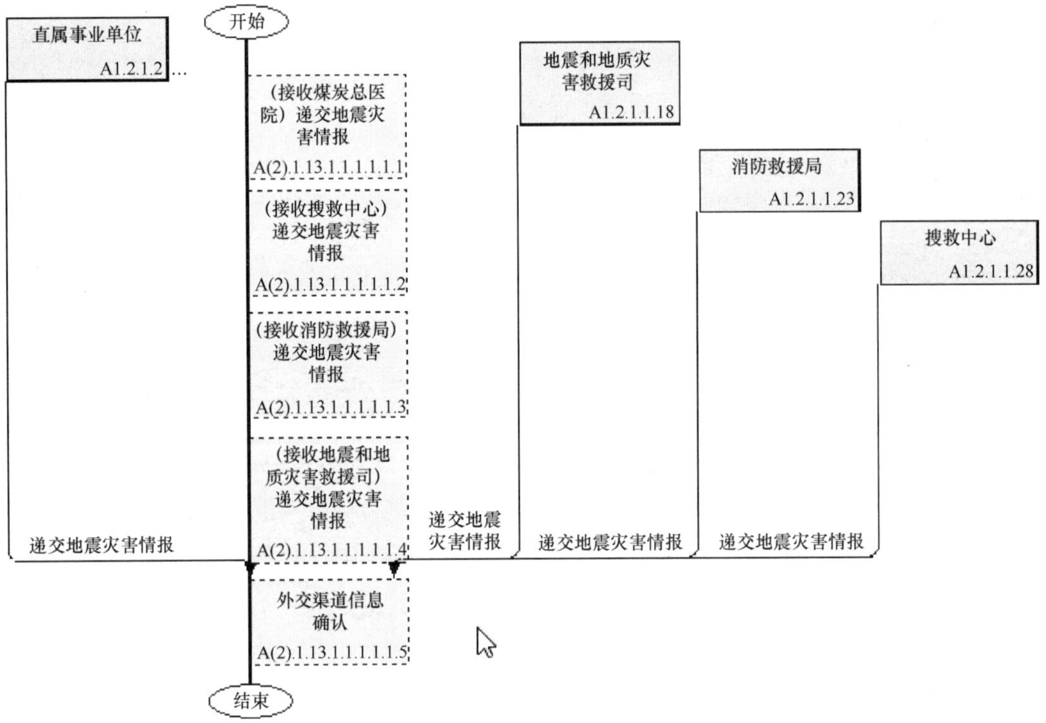

图 7-14　应急预案模型职责执行图

2）应急预案全息一体化与精细化建模

图 7-15 形象地给出了分工组成结构树、职责执行/操作流程图、业务协作流程图和业务数据关系图之间的一体化（集成）关系，以及职责执行/操作流程图对应急业务信息精细化操作处理的特点。

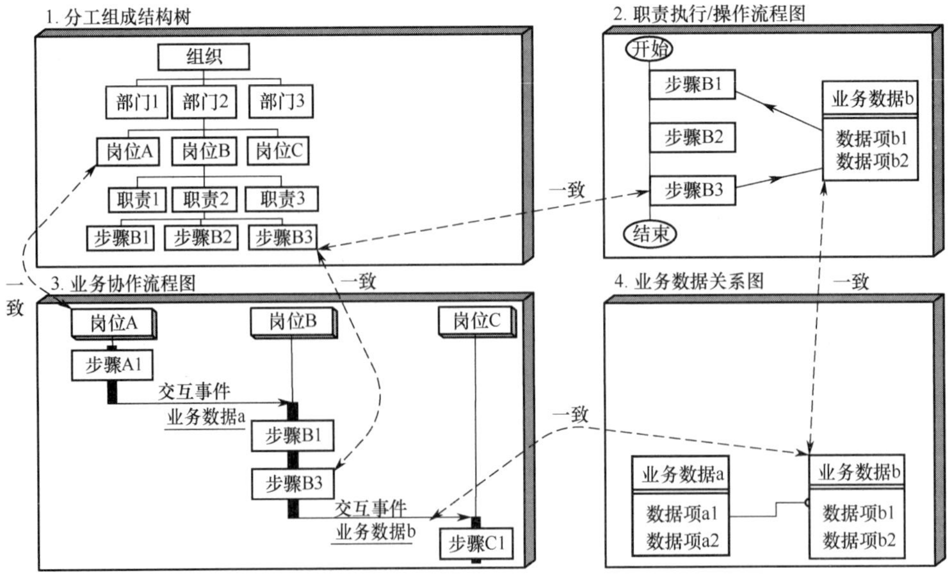

图 7-15　应急预案模型的一树三图

其中，职责执行/操作流程图中的活动步骤是分工组成结构树中某一具体职责的活动步骤流程化的具体体现，描述了这一职责的哪些活动步骤与其他活动主体之间存在工作交互事件，同时精细刻画了对业务信息的操作方式，这样形成了分工组成结构树、职责执行/操作流程图和业务数据关系图之间的关联关系。

业务协作流程图把在某一具体业务涉及的分工组成结构树中活动主体之间存在的工作交互事件及其携带的业务信息有序地排列开来，用以全面描述业务协作关系，其中业务协作流程图中的工作交互事件与职责执行/操作流程图中的工作交互事件是完全一致的，这样就形成了分工组成结构树、职责执行/操作流程图和业务数据关系图之间的关联关系。

分工组成结构树、职责执行/操作流程图、业务协作流程图和业务数据关系图之间，以一致性关联和精细化处理操作两种方式形成了紧密的关系，实现了在业务建模阶段基本建模图之间的一体化（集成）。

全息建模工具为应急预案建模技术提供技术支持，说明建模图在应急预案编制过程中保证了全过程一体化的模式，实现了全息业务与数据的一体化，实现了应急预案业务、数据之间的耦合与统一。

7.3.3 应急预案业务模型设计：输出

应急预案业务模型

根据应急预案业务模型设计过程和编制过程，形成各层级、各行业的应急预案业务模型。

具体的应急预案业务模型包括基于一树三图的某应急预案组织结构树模型、某应急预案协作流程图模型、某应急预案数据关系图模型。这些应急预案模型都是模块化的，可以进行拆分、组合，见《电子政务业务流程设计方法 通用规范》（GB/T 19487—2004）及《信息技术 一体化系统建模方法》（SJ/T 11675—2017），具体内容不在本指南中详细描述。

7.4 应急预案生成

根据已有的应急预案模型，生成各种应急预案，指导突发事件应急管理工作。

应急预案业务模型设计非常重要，是进行应急预案编制工作的基础。应急预案业务模型设计必须充分研究和把握突发事件的共性和个性，以及内在普遍联系的规律。

图 7-16 所示为应急预案生成的输入、工具与技术、输出。图 7-17 所示为应急预案生成的数据流向图。

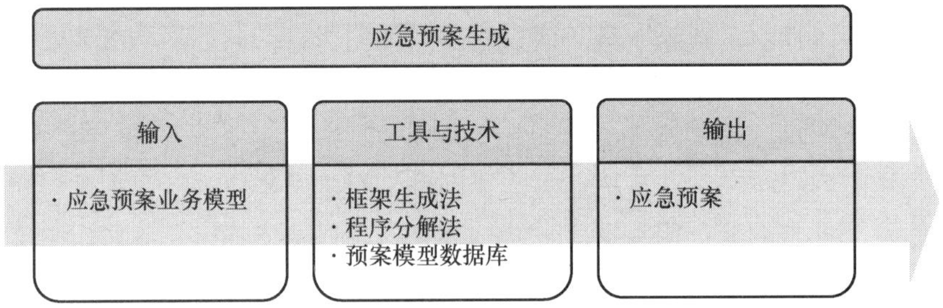

图 7-16　应急预案生成的输入、工具与技术、输出

图 7-17　应急预案生成的数据流向图

7.4.1　应急预案生成：输入

应急预案业务模型

根据应急预案模型需求设计的各种应急预案业务模型，包括应急预案需求、预防、响应、处置、恢复的业务模型。

7.4.2　应急预案生成：工具与技术

1. 框架生成法

根据应急预案框架，利用智慧应急预案业务模型设计数据，生成各种应急预案，应急预案框架如下。

1）总则

（1）编制目的。简要阐述编制应急预案的重要意义和作用，如加强和规范管理、提高保障和处置能力、有效预防和应对突发事件、减少危害及保障安全等。

（2）编制依据。主要依据国家相关法律法规、政策规定和应急预案。

（3）适用范围。应急预案针对某一区域内某种类型突发事件做出反应，应急预案只在指定单位管辖地域和职责范围内适用，要级别明确、针对性强。

（4）工作原则。要求明确具体，如统一领导、分级管理，条块结合、以块为主，职责明确、规范有序，反应灵敏、运转高效，整合资源、信息共享，预防为主、快速处置等原则。

2）应急组织机构与职责

组织指挥是应急预案的重点内容，应急预案的主要功能就是建立统一、有序、高效的指挥和运行机制。

（1）要设立应急指挥机构，明确主要负责人、组成人员及相应职权。

（2）应急指挥机构涉及的部门（单位）及其相应的职权和义务。

（3）以突发事件应急响应过程为主线，明确突发事件发生、报告、响应、结束、善后处置等各环节的主管与协作联动部门；以应急准备及保障机构为支线，明确参与部门的职责。

3）预防预警机制

应急预案的对象就是假定发生突发事件，并有针对性地做好应急准备，因此，预防预警机制是应急预案的关键内容。

（1）信息监测。确定预警信息监测、收集、报告和发布的方法、程序，建立信息来源与分析、常规数据监测、风险分析与分级等制度。

（2）预警行动。明确预警方法、渠道及监督检查措施和信息交流与通报程序，以及预警期间采取的应急措施及有关应急准备。

（3）预警支持系统。建立预警体系和相关技术支持平台，明确使用、维护、改进系统的要求。

（4）预警级别发布。明确预警级别的确定原则、信息确认与发布程序等。

4）应急响应

应急响应是应急预案的核心内容，即应急指挥机构应用反馈机制，合理应用应急力量和资源，把握时机强化控制力度，防止事态恶化；对已发生的事件，将其破坏力和影响范围控制在最低级别。一般包括以下 7 个方面。

（1）应急响应级别。根据突发事件确定科学的分级标准，按照突发事件可控性、严重程度和影响范围，分为一般（Ⅳ级）、较大（Ⅲ级）、重大（Ⅱ级）、特别重大（Ⅰ级）4 级，颜色分别为蓝色、黄色、橙色和红色。启动相应级别的应急响应行动。突发事件的响应级别与预警级别密切相关，但也有所不同，可根据实际情况确定。

（2）应急响应行动。根据突发事件级别明确预案启动级别和条件，明确响应主体、指挥机构的工作职责、权限和要求，阐明应急响应及处置过程等。对于跨国（境）、跨区域、跨部门的突发事件，可针对实际情况列举不同措施，同时避免可能造成的次生、衍生和耦合事件。

（3）信息报送和处理。明确信息采集的范围、内容、方法、报送程序和时限，要求符合政府信息公开的有关规定。

（4）指挥和协调。现场指挥遵循属地为主的原则，建立党委政府统一领导、突发事件主管部门为主、各相关部门参与的应急救援协调机制。明确指挥机构的职能和任务。建立决策机制，报告、请示等制度，信息分析、专家咨询、损失评估等程序。

（5）应急处置。制定详细、科学的突发事件应对处置方案、处置措施，明确各级指挥机构调派应急队伍的数量及处置措施，队伍集中部署的方式，设备器材、物资药品的调用程序，各应急队伍之间的协作程序，等等。

（6）信息发布。按照突发事件新闻发布的有关规定，遵循实事求是、及时准确的原则，明确信息发布的内容、方式、机构及程序。

（7）应急结束。明确应急状态解除或紧急响应措施终止的发布机构及程序，并注意与现场抢救活动的结束区别开来。

5）善后工作

（1）善后处置。明确人员安置、补偿，物资和劳务征用补偿，灾后重建政策措施。做好卫生防疫、保险理赔工作等。

（2）社会救助。明确社会、个人或国内外机构组织协调、捐赠款物的管理与监督等事项。

（3）后果评估。突发事件分析评估、调查报告和经验教训总结及改进建议。

6）应急保障

（1）人力资源保障。列出各类应急响应的人力资源，包括政府、军队、武警、机关团体、企事业单位、公益团体和志愿者队伍等。明确社会动员条件、范围、程序和必要的保障制度。

（2）财力保障。明确应急经费来源、使用范围、数量和管理监督措施，提供应急状态时政府经费的保障措施。

（3）物资保障。包括物资调拨和组织生产方案。根据具体情况和需要，明确具体的物资储备、生产及加工能力储备、生产流程技术方案储备。

（4）通信保障。建立通信系统维护及信息采集等制度，确保应急期间信息通畅；明确参与应急处置各部门单位的通信方式和确保应急期间党、政、军领导机关及现场指挥的通信方案。

（5）交通运输保障。包括各类交通运输工具数量、分布、功能、使用状态等信息，驾驶员的应急准备措施，征用单位的启用方案，交通管制方案和线路规划，等等。

（6）医疗卫生保障。包括医疗救治资源分布、救治能力与专长、卫生疾病控制机构能力与分布、各单位的应急准备保障措施、被调用方案等。

（7）人员防护。制定应急避险、人员疏散及救援人员安全措施等，规划和建立基本满足突发事件的人员避难场所。

（8）技术装备保障。包括技术系统及储备，应急设施设备，突发事件现场可供使用的应急设备类型、数量、性能和位置，备用措施及相应的制度，等等。

（9）治安维护。制定应急状态下治安秩序的各项准备方案，包括警力培训、布局、调度和工作方案等。

7）监督管理

应急预案的监督管理，即强调应急预案的演练、宣传和培训，明确应急预案不仅是让人看，更重要的是在实践中应用，在培训和演练中发现的问题可以成为应急预案修改更新的参考。

（1）预案演练。明确应急演练的范围、内容、组织及工作要求等。

（2）宣传和培训。包括应急预案、应急法规和预防避险、自救互救的应急常识宣传，各级领导、应急管理和救援人员的常规性和专业性培训及培训的工作要求等。

（3）奖惩和责任。明确监督主体和罚则，明确奖励对象、方式及责任追究程序等。

8）附则

（1）对预案中的专用名词、术语、缩写语和编码进行定义。

（2）明确应急预案制定、监督管理及实施部门，规定应急预案评审与更新方式。

（3）明确预案批准、印发机关和解释部门。

（4）明确应急预案实施或生效时间，一般从印发之日起施行。

9）附件

各种表单和说明文件，包括操作手册、指挥机构组织结构图、通信方式、人员疏散地图、资源位置图、紧急设备使用说明等。

2. 程序分解法

确定应急预案的生成程序分解方法，不同类型和级别的应急预案，编制程序也不尽相同。一般来说，编制级别越高、管辖范围越大、启动级别越高、体系结构越完整的应急预案，编制程序越正式、规范，过程也相对较复杂；编制部门级别低、管辖范围小、管理对象少、面对单一类突发事件的应急预案，编制程序也较简单，如企事业单位内部安全应急预案、某一个重大活动专项应急预案等，一般没有规定程序，一切以预案实用性为标准。因此，预案编制并没有所谓的标准程序，按照《中华人民共和国突发事件应对法》的相关要求和实际预案编制工作需要，一般包括应急预案立项、应急预案起草、应急预案审批、应急预案印发公布与备案、应急预案动态管理 5 个环节。

1）立项

应急预案制定部门（单位）应当根据突发事件性质、特点和可能造成的危害，组织有关部门和人员，成立应急预案编制小组，指定专人负责；制定编制计划和管理办法；根据具体情况布置编制工作；做好预案起草、评审、审核、报批、发布工作；对预案编制工作加强检查、指导、督促。

2）起草

应急预案立项后，主办部门（单位）应组织专门的起草班子，认真开展调查研究，扎实做好预案（草案）编制工作。在预案（草案）编制过程中，要认真对照上级预案，借鉴外地同类型预案，广泛听取各方面意见和建议，召开专家评估会论证。预案（草案）经主办部门（单位）领导班子集体审定后，正式上报同级政府。

3）审批

政府办公厅（室）（应急管理办公室具体负责）对主办部门（单位）报送的预案（草案）要认真审核。在审核过程中，应会同主办部门（单位）征求相关部门（单位）意见，对相关部门（单位）的意见进行综合协调。预案（草案）审核完毕后，按程序报送政府办公厅（室）分管负责人、政府秘书长、政府分管负责人、政府常务负责人审批。

4）印发公布与备案

预案经政府批准后实施，由政府办公厅（室）印发，由主办部门（单位）负责解释。政府办公厅（室）（应急管理办公室具体负责）应会同主办部门（单位）及时向社会发布，并报同级政府备案。

以省专项应急预案为例，编制程序为：主责部门立项→成立专门小组起草→起草单位报省政府办公厅（应急管理办公室）初审→征求相关成员单位意见→组织专家评审→报省政府办公厅（应急管理办公室）复审→报省政府按程序报批印发→由省相关部门公布施行。

5）动态管理

应急预案编制单位应当建立定期评估制度，分析评价预案内容的针对性、实用性和可操作性，实现应急预案的动态优化和科学规范管理。

各个环节都能利用程序分解法的系统工具生成相应的应急预案阶段性文件，实现应急预案的动态管理。

3. 预案模型数据库

建立预案模型数据库，将现有的各类各层级的应急预案导入预案模型数据库，同时建立预案模型数据管理系统，具体包括如下内容。

（1）信息记录模块，用于接收并保存用户录入的当前事件信息。

（2）预案存储模块，用于存储预案数据库。

（3）预案提取模块，用于根据所述当前事件信息在预案数据库中检索与所述当前事件匹配的至少一组应急预案。

（4）案例存储模块，用于存储各类应急预案的案例数据库。

（5）预案分析模块，用于根据所述至少一组应急预案从应急事件数据库中提取所有关联的次生与衍生事件，并在案例数据库中检索与所述当前事件相似的典型案例，对所述至少一组应急预案进行修正，形成应急行动方案。

（6）方案生成模块，用于根据当前事件中的应急能力和物资需求，分析应急行动方案的不足，不断形成修正的应急行动方案。

（7）知识存储模块，用于存储与应急预案相关的知识数据库。

（8）知识提取模块，用于根据所述当前事件信息从知识数据库中提取与所述当前事件关联的常识性知识。

（9）方案修正模块，用于在所述当前应急行动方案中增加与所述当前事件关联的常识性知识供用户参考，形成修正的方案。

（10）模型存储模块，用于存储应急预案模型数据库。

（11）模型提取模块，用于根据所述当前事件信息从模型数据库中提取与所述当前事件关联的各类模型。

（12）方案修正模块，用于通过所述模型信息分析当前应急行动方案中的应急能力、物资需求数量及事件现场的基础决策数据，获取当前应急行动方案的不足，形成修正的方案，利用应急预案模型数据及人工智能技术形成优化的各类应急行动方案。

（13）应急预案算法数据库，利用最新的机器学习、神经网络等人工智能算法为预案模型数据库提供算法支撑。

预案模型数据库集成了应急预案模型的自然语言理解、机器学习等人工智能算法和模型。利用深度学习通过对应急预案的数据进行不断训练提高算法的精度，从而使应急预案模型得到进一步优化。随着应急预案数据库及应急管理系统的日益完善，对各类突发事件进行评价和“训练”，进而为事前预警系统提供更为准确的事件分析能力，提高应急预案数据库的知识图谱建设能力，从而提高整个应急管理系统的应急反应能力，提高应急预案的执行效果。

7.4.3 应急预案生成：输出

应急预案

根据应急预案生成工具，形成各层级、各行业的应急预案。应急预案的一个例子的开始部分如下文所示。

某县突发环境事件应急预案

1 总则（框架）

1.1 编制目的（框架，根据模型抽取填制）

规范和强化全县突发环境事件的应急处置工作，健全突发环境事件应对工作机制，科学有序高效地应对突发环境事件，最大限度地控制、减轻和消除突发环境事件风险和危害，保障人民群众生命财产安全和环境安全。

1.2 编制依据（框架，根据模型抽取填制）

依据《中华人民共和国环境保护法》《中华人民共和国突发事件应对法》《国家突发环境事件应急预案》《突发环境事件应急管理办法》《××省环境保护条例》《××省突发事件应对条例》《××省突发事件总体应急预案》《××省突发环境事件应急预案》《××市突发公共事件总体应急预案》《××市突发环境事件应急预案》《××县突发公共事件总体应急预案》及相关法律法规等，结合××县实际，制定本预案。

1.3 适用范围（框架，根据模型抽取填制）

本预案适用于发生在××县境内或发生在县外，但对××县有较大影响需要采取紧急应对措施的突发环境事件应对工作。

突发环境事件是指由于污染物排放或自然灾害、生产安全事故等因素，导致污染物或放射性物质等有毒有害物质进入大气、水体、土壤等环境介质，突然造成或可能造成环境质量下降，危及公众身体健康和财产安全，或造成生态环境破坏，或造成重大社会影响，需要采取紧急措施予以应对的事件，主要包括大气污染、水体污染、土壤污染等突发性环境污染事件和辐射污染事件。

放射源和射线装置生产、销售、运输和使用过程中造成的辐射事故、重污染天气的应对工作按照相应专项应急预案及规定执行，其他突发环境事件应对工作按照本预案执行。

……

7.5 应急预案验证

应急预案验证是对应急预案进行检验的过程。该过程的主要作用是对应急预案实例化，通过应急预案实例化对应急预案进行仿真、评估，不断优化、完善应急预案，重新审视应急预案的效能。图 7-18 所示为应急预案验证的输入、工具与技术、输出。图 7-19 所示为应急预案验证的数据流向图。

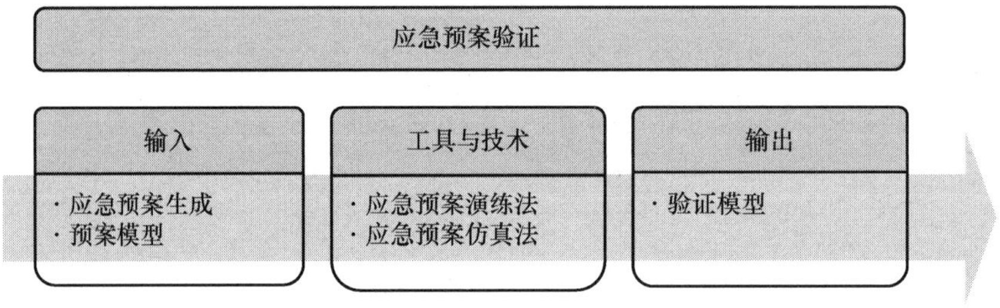

图 7-18　应急预案验证的输入、工具与技术、输出

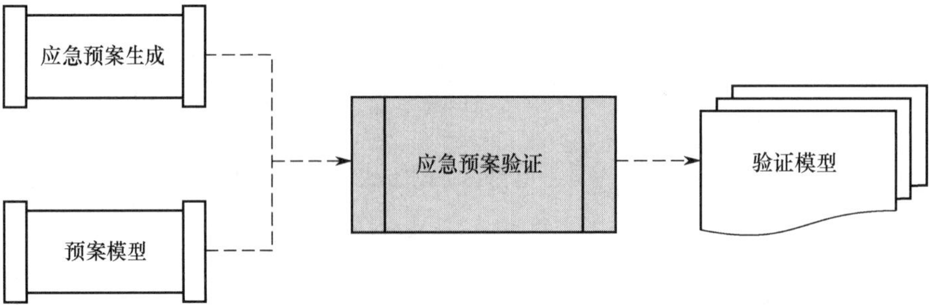

图 7-19　应急预案验证的数据流向图

应急预案验证这一过程在应急预案生成过程就可以开始。在应急预案生成过程中可以实时验证，确保预案的可实施性。

7.5.1 应急预案验证：输入

1. 应急预案生成

利用应急预案生成工具实时生成应急预案进行验证。

2. 预案模型

参考应急预案业务模型设计阶段形成的预案模型。

7.5.2 应急预案验证：工具与技术

1. 应急预案演练法

应急预案演练不限于基本应急培训和演习，其中应急培训包括以下四个方面：①报警；②疏散；③火灾应急培训；④不同水平应急者培训。

在具体培训中，通常将应急者分为五种水平，即初级意识水平应急者；初级操作水平应急者；危险物质专业水平应急者；危险物质专家水平应急者；事故指挥者水平应急者。

根据演习规模可以将演习分为桌面演习、功能演习和全面演习。根据演习的基本内容可以将演习分为基础训练、专业训练、战术训练和自选科目训练。

2. 应急预案仿真法

通过对各类灾害事故数据模拟和人员行为数据模拟的数字仿真，在数字空间中仿真灾害发生、发展的过程，以及人们在灾害环境中可能做出的各种反应，并在仿真演练平台上，在最大限度仿真实际灾害条件下，开展应急演练与训练。在此基础上，制定各类政府、企事业单位的数字化应急预案。

应急预案仿真可以用来训练各级决策与指挥人员、事故处置人员，发现应急处置过程中存在的问题，检验和评估应急预案的可操作性和实用性，提高应急能力。可以使政府、企事业单位能够运用现代化手段，加强协调能力和应急能力，使应急仿真演练科学化、智能化、虚拟化。

7.5.3 应急预案验证：输出

验证模型

经过应急预案验证，形成各种应急预案验证模型，为完善应急预案提供数据支撑。

应急预案验证模型与应急预案的内容一致，只是根据验证算法对模型进行检验，根据检验的内容完善应急预案，如对预案的一些数据进行数据质量检查、预案要素检查等。

基于应急预案的生成工具可以进行检查，如模型完整性验证（见图 7-20）。

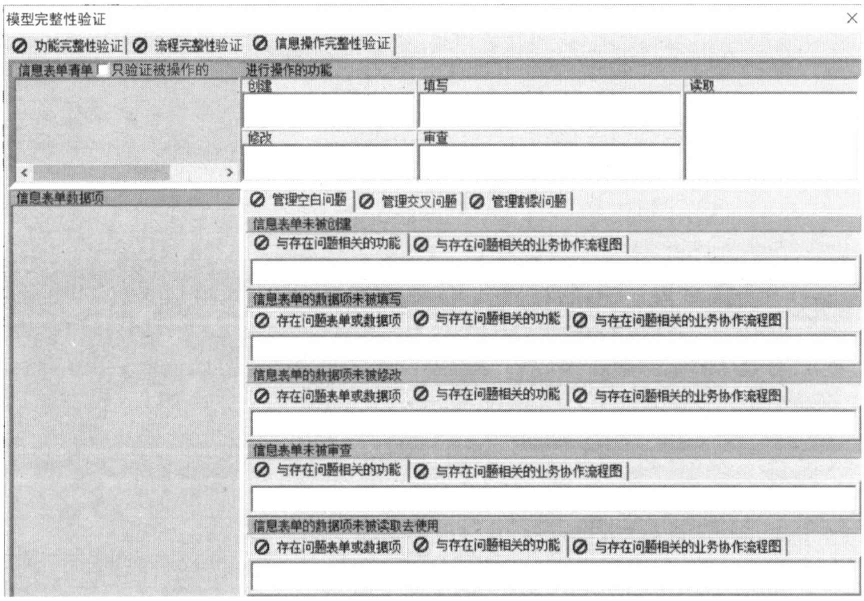

图 7-20　应急预案模型完整性验证

7.6　应急预案执行监控

依据应急预案管理相关法规，以及本系统、本领域、本地区应急预案管理办法，定期检查应急预案工作落实情况。

应急预案执行监控的内容包括：

（1）“横向到边、纵向到底”的应急管理预案体系；

（2）“政府统筹协调、群众广泛参与、防范严密到位、处置快捷有效”的应急管理工作机制。

在突发事件应急管理工作中，应急预案执行监控工作非常重要，是进行应急预案管理的重要环节。

图 7-21 所示为应急预案执行监控的输入、工具与技术、输出。图 7-22 所示为应急预案执行监控的数据流向图。

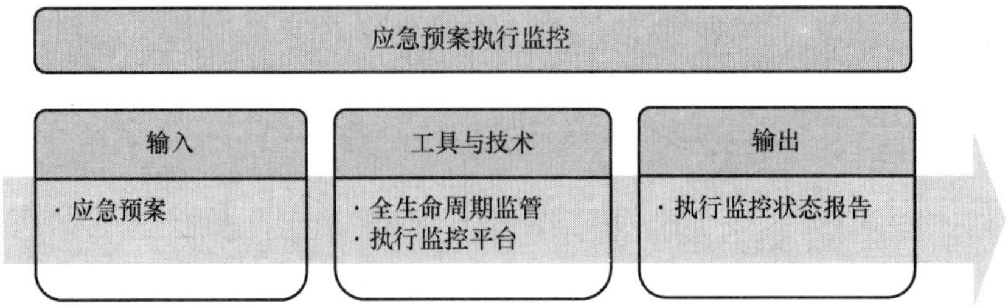

图 7-21　应急预案执行监控的输入、工具与技术、输出

图 7-22 应急预案执行监控的数据流向图

应急预案是突发公共事件的核心部分，是整个指挥决策的“大脑”，其在使用过程中效果的好坏直接关系到应急指挥管理成败。为了做好应急预案执行监控，通过执行监控发现应急预案存在的问题，不断优化应急预案，改进应急预案及应急管理的水平。智慧应急预案的执行监控是强化应急预案的闭环管理、提高应急预案的智慧化水平的有效手段。

7.6.1 应急预案执行监控：输入

应急预案

根据编制的应急预案，对应急预案中的预防、响应、处置、恢复的业务过程执行情况进行监督控制。

7.6.2 应急预案执行监控：工具与技术

1. 全生命周期监管

要构建“统一指挥、专常兼备、反应灵敏、上下联动”的应急管理体制，优化国家应急管理体系和管理能力现代化建设，提高减灾防灾救灾能力。

从应急预案的应急要素、结构功能、运行机制、过程结果等层面进行全周期统筹和全过程整合，确保整个应急预案管理体系能从预防、响应、处置、恢复的全生命周期处置过程进行执行监控。

应急预案的执行监控将对配置的物流、人员流、资金流、信息流进行全面监控，同时把应急物资保障作为国家应急管理体系建设的重要内容，按照集中管理、统一调拨、平时服务、灾时应急、采储结合、节约高效的原则，全面监控相关工作机制和应急预案。全生命周期监管注重将管理对象视为动态可变的，在全生命周期的不同阶段实施科学化管控，形成一个有机的闭环，真正做到环环相扣、协同配合、权责清晰、系统有序、运转高效。

利用全息一体化系统论方法，借鉴 ISO 55000《资产管理　综述、原理与术语》、ISO 55001《资产管理体系　要求》、ISO 55002《资产管理体系　ISO 55001 应用指南》等国际标准，从全息一体化资产完整性管理的视角对应急预案全生命周期的执行监控进行有效监管。

2. 执行监控平台

通过“统一领导、权责一致、权威高效”的应急能力建设完善应急预案的执行监控过程，搭建应急预案执行监控平台。

应急预案执行监控平台提供“一呼百应”功能，实现“全灾种、大应急”综合应急预案执行任务的一体化、跨部门、跨区域协同，整合各地基础数据，同时为省、市、县三级应急管理部门和各类应急救援力量部署终端设备，实时采集前端数据，同步构建后台研判系统，建立起以预防、预测、预警、预备为链条的执行监控响应机制，实现应急预案执行监控信息化。

通过智慧应急预案执行监控平台的建设，实现应急预案与实际执行的有效对接，让应急预案变成智慧应急管理的核心工程。

7.6.3 应急预案执行监控：输出

执行监控状态报告

根据应急预案执行管理过程，形成各层级、各行业的应急预案执行监控报告。

应急预案执行监控报告包括：应急管理预案体系执行情况，应急管理机制到位情况，突发事件预防、响应、处置、恢复四个环节执行情况，等等。

7.7 应急预案绩效评估

应急预案绩效评估与传统绩效评估不同，依据标准和参考数据都不一样，需根据应急预案模型、应急预案验证结果综合考量。

应急预案绩效评估内容如下。

（1）应急准备。主要包括应急体系建设规划、应急管理组织体系建设、应急预案及演练、值守应急、监测预警、应急保障、宣教培训等。

（2）应急处置。主要包括响应速度、指挥协调、信息公开、处置效果等。

（3）善后处理。主要包括调查评估、恢复重建、事后评估等。

（4）社会评价。主要包括社会公众对应急管理工作的满意度、改进度评价等。

在突发事件应急管理工作中，应急预案绩效评估工作非常重要，是进行应急预案管理的重要环节。

应急预案绩效评估以现有能力和资源为基础，围绕突发事件预防、响应、处置、恢复四个环节认真做好绩效评估，最大限度地发挥评估作用，为控制突发事件的破坏力和影响范围提供科学参考。其主要作用是明确应急预案的预防、响应、处置、恢复的绩效评估过程。图 7-23 所示为应急预案绩效评估的输入、工具与技术、输出。图 7-24 所示为应急预案绩效评估的数据流向图。

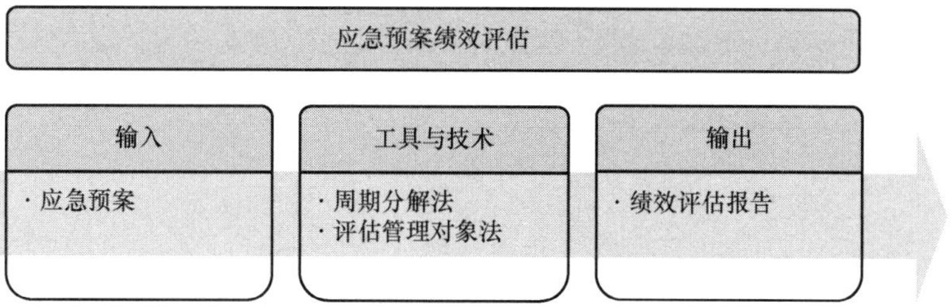

图 7-23 应急预案绩效评估的输入、工具与技术、输出

图 7-24 应急预案绩效评估的数据流向图

根据相关标准，重大突发事件和特别重大突发事件应急处置结束后，由处置主责部门牵头，针对事发地（单位）应急体系建设情况、监测预警与风险防范、指挥处置与救援救助等工作，开展突发事件应对总结评估工作，形成总结评估报告。一般突发事件和较大突发事件应急处置结束后，根据需要，由处置主责部门或相关区牵头组织开展应对工作总结评估工作。

7.7.1 应急预案绩效评估：输入

应急预案

编制的应急预案。

7.7.2 应急预案绩效评估：工具与技术

1. 周期分解法

应急预案绩效评估包括“执行前”评估、“执行中”评估和“执行后”评估三部分。

（1）“执行前”评估多为假设和预估的情况，评估结果作为执行中评估的参考。

（2）“执行中”评估是为控制重要政策执行情形而做的评估，可及早发现问题，可通过问卷调查的方式了解并适度修正执行过程中出现的偏差。

（3）“执行后”评估是事后评估，是针对应急预案计划效益及执行绩效所做的评估。

在绩效评估过程中，进行全过程管理，有序推进。通过评估及时发现问题并予以改正，保证评估结果的科学性、客观性，将突发公共事件给人民群众生命财产安全带来的损失降到最低。

2. 评估管理对象法

应急预案绩效评估根据应急预案管理对象分成三部分。

（1）各级政府、企事业单位完成绩效评估后的经验总结，可以作为日后相关政府及下辖市县与企事业单位应对突发公共事件绩效评估的方法、项目和相关法规修改的依据。

（2）在评估过程中如果发现现有组织机构不利于应急管理指挥中的信息传递，可以改变信息传递的通路，保证信息传递快速、准确。

（3）可依此建立完整且实用的各个部门应对突发公共事件的知识资料库，作为各级政府部门、企事业单位应对下一年度突发公共事件工作计划的准备依据。

7.7.3 应急预案绩效评估：输出

绩效评估报告

根据应急预案绩效评估过程，形成各层级、各行业的应急预案绩效评估报告。智慧应急预案绩效评估报告包括（但不限于）如下内容：应急预案的合法性、完整性、针对性、实用性、科学性、操作性、衔接性等。对编制过程、执行过程等各环节进行评估，对应急体系建设规划、应急管理组织体系建设、应急预案及演练、值守应急、监测预警、应急保障、宣教培训等进行评估；对应急处置的响应速度、指挥协调、信息公开、处置效果等进行评估；对善后处理的调查评估、恢复重建、事后评估等进行评估；对社会公众对应急管理工作的满意度、改进度评价等进行评估，形成系统性的应急预案绩效评估报告。

8 智慧应急救援与处置

本章一方面从顶层设计考虑，在组织管理方面践行领导指挥体制、协同机制；另一方面在救援处置实施流程中考虑应急队伍建设以提高应急保障能力，在应急物资储备与运输等方面优化、协调资源配置，提高智能技术的应用，并且在社会动员、维护社会稳定等方面践行以人为本的思想。

在突发事件发生过程中，需要迅速做出反应，并采取相应应急救援和处置措施，这是应急管理的核心环节之一。此外，加强应急救援力量、增强全社会应对处置灾害事故的能力是中国特色现代化应急体系建设的主要目标之一。

“智慧”意味着“对事物能迅速、灵活、正确地理解和解决的能力”。在应急救援与处置阶段，智能感知依靠物联网、地理信息系统等技术，实现各个渠道信息互联互通，并通过监测监控等实时了解和模拟突发事件发展态势；智能分析依靠云平台、大数据、人工智能等技术，评估应对突发事件的能力及损失情况；智能处置统筹协调多方救援队伍和应急资源，快速生成应对方案，实现对应急处置过程的全程监控，并综合现场情况、救援力量等进行动态调整，以便提高应急处置效率，控制事态发展，最大限度地减少突发事件造成的损失。

图 8-1 介绍了智慧应急救援与处置的框架。

8.1 成立现场指挥部

现场指挥部是在应急救援与处置过程中指挥与协调的组织机构。成立现场指挥部的作用是明确现场指挥部的组织结构及权责关系等，以便保障在应急救援与处置过程中制定和实施有效的方案，并且调动相关资源，协调、指挥有关单位及组织等参加现场救援，控制突发事件发展态势，确保应急救援任务顺利有效地执行，尽快恢复正常社会秩序。图 8-2 所示为成立现场指挥部的输入、工具与技术、输出。图 8-3 所示为成立现场指挥部的数据流向图。

8 智慧应急救援与处置

8.1 成立现场指挥部

1. 输入
 · 应急预案
 · 相关法规条例
2. 工具与技术
 · 组织管理理论
3. 输出
 · 现场指挥部

8.2 前期评估

1. 输入
 · 现场指挥部
 · 历史情况
2. 工具与技术
 · 事故分析方法
 · 监测技术
 · 数据库技术
 · 数字孪生技术
 · 损失评估方法
3. 输出
 · 前期评估结果

8.3 智慧应急救援与处置方案制定 8.3.1 人员搜寻与营救方案制定

1. 输入
 · 现场指挥部
 · 应急预案
 · 前期评估结果
2. 工具与技术
 · 专家知识
3. 输出
 · 搜寻与营救方案

8.3 智慧应急救援与处置方案制定 8.3.2 人员疏散与安置方案制定

1. 输入
 · 现场指挥部
 · 应急预案
 · 前期评估结果
2. 工具与技术
 · 地理信息系统技术与遥感技术
 · 仿真模拟技术
 · 运筹优化技术
3. 输出
 · 人员疏散与安置方案

8.3 智慧应急救援与处置方案制定 8.3.3 现场医疗救助方案制定

1. 输入
 · 现场指挥部
 · 应急预案
 · 前期评估结果
 · 检伤分类原则及要求
2. 工具与技术
 · 专家知识
 · 运筹优化方法
 · 灾难医学理论
3. 输出
 · 现场医疗救助方案

8.3 智慧应急救援与处置方案制定 8.3.4 伤员转运方案制定

1. 输入
 · 现场指挥部
 · 应急预案
 · 前期评估结果
2. 工具与技术
 · 专家判断法
 · 运筹优化方法
3. 输出
 · 伤员转运方案

8.3 智慧应急救援与处置方案制定 8.3.5 心理救助方案制定

1. 输入
 · 现场指挥部
 · 应急预案
 · 前期评估结果
2. 工具与技术
 · 灾害心理学
 · 心理危机干预技术
3. 输出
 · 心理救助方案

8.3 智慧应急救援与处置方案制定 8.3.6 应急物资筹集方案制定

1. 输入
 · 现场指挥部
 · 应急预案
 · 前期评估结果
 · 应急物资筹集渠道
2. 工具与技术
 · 专家判断法
3. 输出
 · 应急物资筹集方案

8.3 智慧应急救援与处置方案制定 8.3.7 应急物资运输与分配方案制定

1. 输入
 · 现场指挥部
 · 应急预案
 · 前期评估结果
2. 工具与技术
 · 专家判断法
 · 运筹优化技术
 · 仿真模拟技术
 · 智能技术
3. 输出
 · 应急物资运输与分配方案

8.3 智慧应急救援与处置方案制定 8.3.8 基础设施与公共服务设施抢修与保护方案制定

1. 输入
 · 现场指挥部
 · 应急预案
 · 前期评估结果
 · 应急救援与处置其他方案的需求
2. 工具与技术
 · 专家知识
 · 工程技术
3. 输出
 · 基础设施与公共服务设施抢修与保护方案

8.3 智慧应急救援与处置方案制定 8.3.9 公共卫生管理方案制定

1. 输入
 · 现场指挥部
 · 应急预案
 · 前期评估结果
 · 公共卫生管理方式
2. 工具与技术
 · 灾难医学理论
 · 灾害流行病学
3. 输出
 · 公共卫生管理方案

图 8-1　智慧应急救援与处置的框架

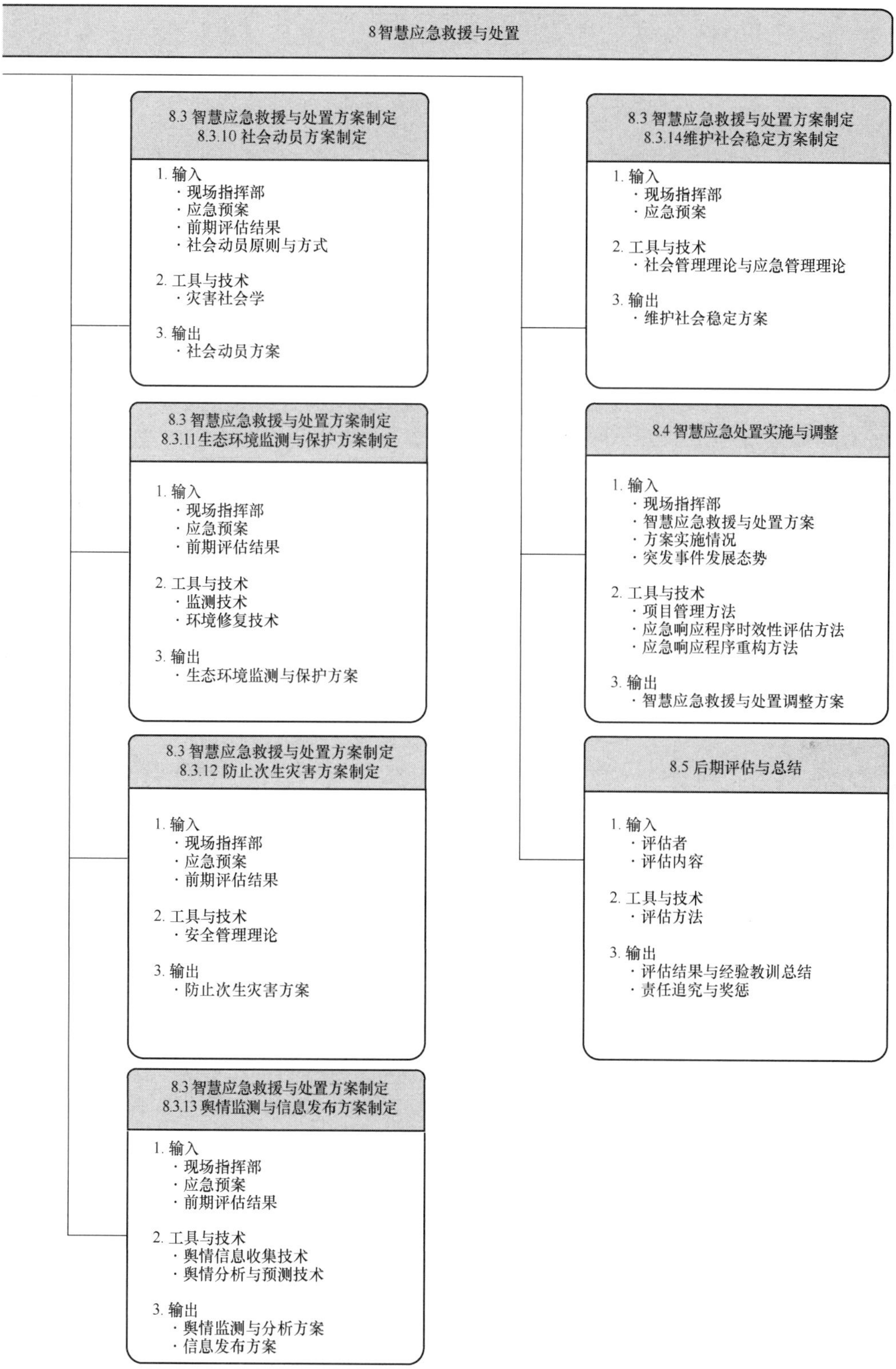

图 8-1　智慧应急救援与处置的框架（续）

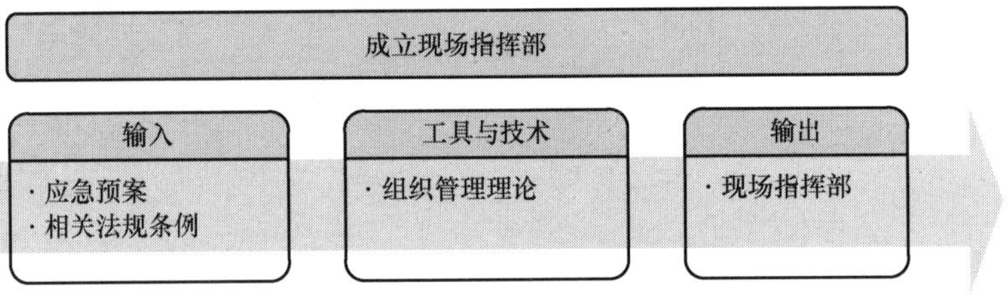

图 8-2　成立现场指挥部的输入、工具与技术、输出

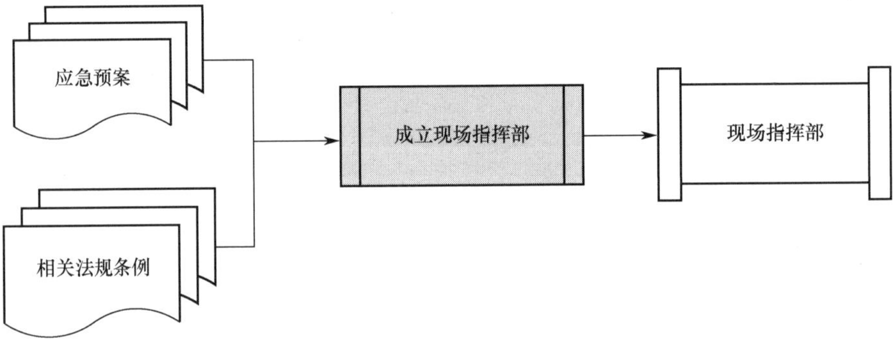

图 8-3　成立现场指挥部的数据流向图

8.1.1　成立现场指挥部：输入

1．应急预案

根据实际情况，启动应急预案，成立现场指挥部，负责指挥和协调救援与处置行动。

预案表达方式有文字、流程图、项目管理网络计划、Petri 网、本体论等。应急响应程序是应急预案的核心内容，包含反映突发事件演变过程的关键场景和一系列具有逻辑顺序的处置动作。在智慧应急过程中，为了更好地利用已有应急预案所包含的知识信息，便于计算机存储和运算及提升在实际应急处置中的可操作性，应急响应程序需要通过数字化、模块化、可视化来表达。

应急响应程序的数字化和存储是指借鉴网络计划技术中的有向图的表达方式，将关键场景、各个处置动作及其逻辑关系用图形化来表示，进而用邻接矩阵的方式来存储应急响应程序。此外，还可以借助网络计划为响应程序赋予时间、资源、成本等属性，为进一步智能化奠定基础。

应急响应程序模块化是指在已有预案的基础上，将能够实现一定功能的且在多个程序中共有的子程序提取出来，作为响应程序的模块，在之后的应用中，可以根据实际需求直接调用模块，通过模块之间的重新组合，增加调整或提高新的响应程序的效率。在模块化过程中，在给定模块数量的情况下，需要尽可能最大化模块内行动间紧密度之和及模块代表性之和。

在智慧应急框架下，后文所涉及救援处置阶段及恢复重建阶段的内容以数字化和模块化的应急预案为基础。

2. 相关法规条例

根据《中华人民共和国突发事件应对法》《国家突发公共事件总体应急预案》《中华人民共和国安全生产法》等相关法律条例，在突发事件发生后根据需要成立现场指挥部，负责指挥协调应急处置与救援行动。

8.1.2 成立现场指挥部：工具与技术

组织管理理论

组织管理理论的具体内容是设计、建立并保持一种组织结构，包括组织设计、组织运作、组织调整三个方面的内容。根据组织管理理论，通过建立应急组织结构、规定职务或职位、明确责权关系等，来有效实现应急救援与处置。

8.1.3 成立现场指挥部：输出

现场指挥部

根据应急预案及相关法规条例，建立应对突发事件的应急现场指挥部，明确组织结构、权责关系等，强化部门协同、区域协同等，以践行具有中国特色的统一指挥、专常兼备、反应灵敏和上下联动的机制。在现场指挥部下设置工作组，包括搜寻营救组、医疗救治组、后勤保障组、事故调查组、专家咨询组、安全保卫组、舆情信息组、新闻发布组、调查监测组、总结评估组等，并明确相应的人员组成和职责。

8.2 前期评估

前期评估是在成立现场指挥部后对突发事件发展态势及造成的影响等进行研判的过程。该过程的主要作用是通过调查、汇总，分析事态发展信息、造成的影响及可调度的资源信息等，为制定相应的现场处置与救援方案提供决策支持。图 8-4 所示为前期评估的输入、工具与技术、输出。图 8-5 所示为前期评估的数据流向图。

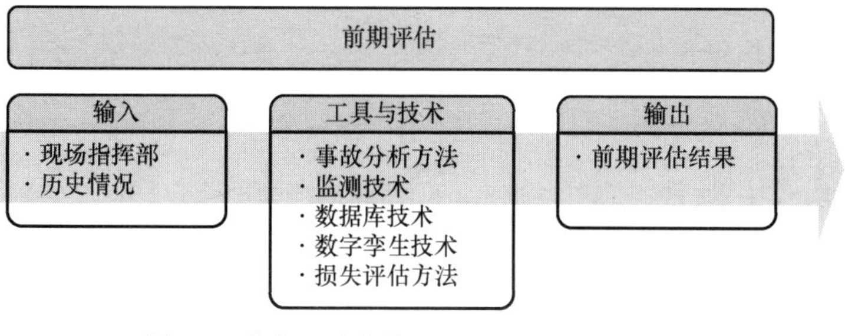

图 8-4 前期评估的输入、工具与技术、输出

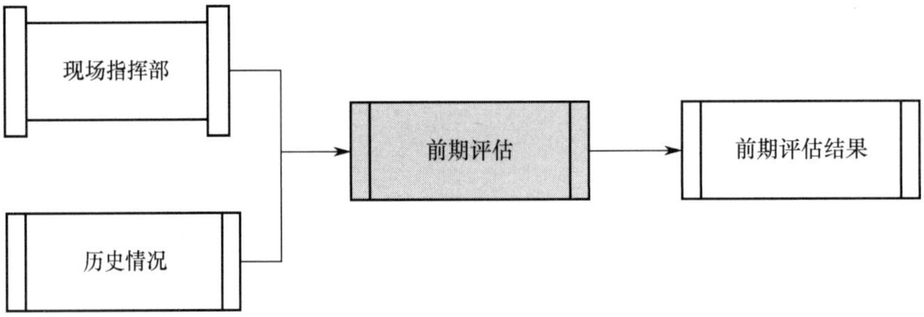

图 8-5 前期评估的数据流向图

8.2.1 前期评估：输入

1. 现场指挥部

现场指挥部及评估组、事故调查组等，指挥协调前期评估工作。

2. 历史情况

受突发事件影响地区的历史情况，包括区域分布、人口分布、各种基础设施数量及分布、各种公共服务设施数量及分布、产业分布、生态状况等。

8.2.2 前期评估：工具与技术

1. 事故分析方法

事故分析方法主要包括事故树分析、事件树分析、时间和事件序列图、事件与原因因素图表分析和屏障分析等。

（1）事故树分析，也称故障树分析，该分析方法从结果到原因找出与突发事件有关的各种因素之间的因果关系和逻辑关系，可以进行定性分析，也可以进行定量分析。按照事故树结构，通过定性分析，求取事故树的最小割集或最小径集，以及基本事件的结构重要度，从而可以根据定性分析的结果确定对各基本事件进行安全控制所应采取措施的优先顺序，为制定科学、合理的安全控制措施提供基本依据。通过定量分析，根据引起事故发生的各基本事件的发生概率，计算事故树顶上事件发生的概率，计算各基本事件的概率重要度。根据定量分析的结果及事故发生以后可能造成的危害，对系统进行风险分析，以确定安全投入方向。当事故树中各事件的故障数据不准确或不完备时，定量分析就不可进行。

（2）事件树分析，起源于决策树分析，是一种从原因到结果的自下而上的分析方法，按事故发展的时间顺序由初始事件出发，按每一事件的后继事件只能取完全对立的两种状态（正常或故障等）之一的原则，逐步向事故方面发展，直至分析出可能发生的事故为止，从而展示出事故发生的原因和条件。

（3）时间和事件序列图，该分析方法以事件和时间序列图构建事故发生时的情景，回溯事故中的异常事物，强调人与事件的关联性。

（4）事件与原因因素图表分析，最初由美国原子能委员会采用，该分析方法以检查表的形式全面分析导致事故发生的因素，通过对证据的组织和整理来描述事故中各事件发生的次序。

（5）屏障分析，可追溯至 20 世纪 30 年代的 Heinrich 骨牌理论，通过鉴别危险源并对其设置屏障以防止事故发生，屏障通常分为物理屏障和管理屏障。屏障分析适用于调查者对屏障信息十分了解的情况，缺点是通常需要借助其他方法找到屏障失效的原因。

2. 监测技术

通过构建空、天、地、海一体化全域覆盖的灾害事故监测网络，来获取突发事件影响下气象、环境及其他实体的数据，来表征突发事件后目标事物的状态变化情况，为评估突发事件带来的影响提供数据基础。相关智能技术包含射频识别（Radio Frequency Identification，RFID）技术、智能机器人技术、物联网技术、遥感技术、地理信息系统技术（GIS）、工业互联网技术等。

3. 数据库技术

数据库技术用于存储和处理与突发事件相关的环境、气象、建筑等监测数据，并推进跨部门、跨区域、跨层级数据联通、融合共享，加强应急基础信息统一管理和互联共享，为进行损失评估奠定基础。

4. 数字孪生技术

在智慧应急救援与处置中，数字孪生技术利用物理模型和物联网传感器采集的地理信息、建筑、基础设施、实体对象、突发事件等相关数据，在虚拟空间中完成映射，并模拟、验证、预测、控制对应实体对象的全生命周期过程；通过物理空间与虚拟空间的虚实交融、智能操控，复现突发事件影响下的系统运行态势，实现对应急信息、应急资源配置的评估。

5. 损失评估方法

损失评估方法包括全面调查法、抽样分析法、投入产出法、财产损失率模型、可计算一般均衡模型、历史事件类比法、模拟仿真法、专家判断法、心理评估方法、深度学习方法等。

（1）全面调查法：在受突发事件影响的范围比较小、灾害程度比较低时，可以采用该方法，对受影响区域所有受损的资产、资源等进行全面调查，并逐类逐项统计损失情况。

（2）抽样分析法：在受突发事件影响范围较大、影响程度较深时，可以运用该方法，选取样本进行全面调查评估，并根据样本的调查评估情况来估计受影响区域的损失情况，该方法节省时间、人力、物力和财力。

（3）投入产出法：是由美国华西里 • 列昂惕夫（Wassily W. Leontief）教授创立的，研究经济体系（国民经济、地区经济、产业经济等）中各个部分之间投入与产出的相互依存关系的数量分析方法。可用该方法从供给和需求的角度对突发事件造成的直接和间接损失进行评估，并构建供给需求影响矩阵，定量分析产业等方面的损失。

（4）财产损失率模型：财产损失率是描述突发事件直接经济损失的一个相对指标，通常指各类承灾体遭受损失的价值量与突发事件前或正常年份各类承灾体原有价值量之比，简称财产损失率。目前，国内外比较通用的是参数统计模型，建立某些突发事件特征因素与损失率之间的关系，并且定义直接经济损失等于承灾体的价值乘以损失率。

（5）可计算一般均衡模型（Computable General Equilibrium，CGE）：反映经济因素和活动的相互依赖关系，突发事件发生前后两个均衡状态下经济变量的变化可用来评估损失，但是该模型对基础数据要求较高。

（6）历史事件类比法：利用历史上类似事件或者案例进行类比，进而根据历史事件的相关数据推断出本次突发事件带来的影响。

（7）模拟仿真法：利用计算机技术等模拟突发事件的情况，估计突发事件造成的影响。

（8）专家判断法：结合专家知识分析突发事件的成因、机理及评估带来的损失等。

（9）心理评估方法：在突发事件发生后需要基于灾害心理学等理论，利用心理评估方法来分析突发事件对群众心理方面的影响。《灾后社会心理需求评估工具手册》列举了多种评估工具，主要包括《自然灾害中灾难人群感知需求状况评定表》《世界卫生组织——联合国难民署自然灾害受灾民众严重症状评定表》等。

（10）深度学习方法：通过目标检测方法并对突发事件影响前后的图像进行对比，利用深度学习方法并结合众包受灾标注法等，分析建筑物的受损程度。

除以上方法外，还包括比例系数法、计量经济模型等。

8.2.3 前期评估：输出

前期评估结果

1）突发事件的起因及发展态势

前期评估调查结果包括突发事件的起因、波及范围、性质、人员伤亡情况等，确认应急响应级别。

2）突发事件的影响

突发事件的影响主要考虑对人员、城乡住房、基础设施、公共服务设施、生态环境等带来的损失。损失的分类主要包括经济损失和非经济损失，其中经济损失包括直接经济损失和间接经济损失。直接经济损失指社会财富的减少，包括各个产业、企业、个人的财产损失，自然资源的减少等。间接经济损失是由直接经济损失波及的损失，不表现为实物形态的损失，揭示了未来社会生产力的下降程度。非经济损失包括突发事件带来的政治社会、生态环境的影响等。

损失情况具体包括统计和评估城镇和乡村受损程度和数量；人员伤亡情况，需要安置的人口数量，需要帮助的孤寡老人、伤残人员、未成年人等具有特殊需求的人员数量；各个产业关联的损失，以及企业层面的损失；房屋破坏程度和数量，基础设施、公共服务设施等受损程度和数量，农用地毁损程度和数量等；需要提供的房屋的数量，需要恢复重建的基础设施、公共服务设施和生产设施；环境污染、生态损害及自然和历史文化遗产毁损等情况；水文地质、工程地质、地形地貌、河势及重大水利水电工程受影响情况；社会影响方面包括公众情绪、公众心理状况；突发事件带来的安全隐患；等等。

3）可利用的资源

可利用的资源包括人力资源、物力资源和财力资源等，以及资源的来源、数量、分布情况及承载力，其中人力资源包括搜救队伍、医疗救护队伍等，物力资源包括应急物资等，财力资源包括可用于支持应急响应行动的资金等。

此外，根据调查评估情况，设置救援队伍集结点、物资接收分发点、新闻发布中心等，以便后续处置与救援工作的顺利开展。

8.3　智慧应急救援与处置方案制定

突发事件后，需要根据应急预案及评估情况尽快制定相关的智慧应急救援与处置方案，主要包括救助性方案、保障性方案、控制性方案和稳定性方案等，控制突发事件态势的进一步扩大和发展，减少生命和财产的损失。

其中，救助性方案主要包括对受到突发事件影响的公众进行搜寻与营救、安全疏散及妥善安置、对伤者进行现场救治或转运到医院进行治疗，以及进行心理方面的安抚与干预。保障性方案是对应急处置与救援提供人力、物力、财力方面的支持，具体包括筹集、运输和分配应急物资；抢修基础设施和公共服务设施，保障交通、通信、供水、供电、供热、供气等；对公共卫生进行管理，防止流行病或传染病的暴发；进行社会动员；对环境进行监测与保护等。控制性方案主要防止突发事件态势发展扩大而引发次生灾害。稳定性方案主要包括舆情监测与信息发布及维护社会稳定措施等。

8.3.1　人员搜寻与营救方案制定

人员搜寻与营救是现场指挥部组织协调消防、公安等各方面救援力量对受突发事件影响的人员进行搜索与营救，并使其脱离险境的过程。该过程的主要作用是减小突发事件对公众生命的影响。图 8-6 所示为人员搜寻与营救方案制定的输入、工具与技术、输出。图 8-7 所示为人员搜寻与营救方案制定的数据流向图。

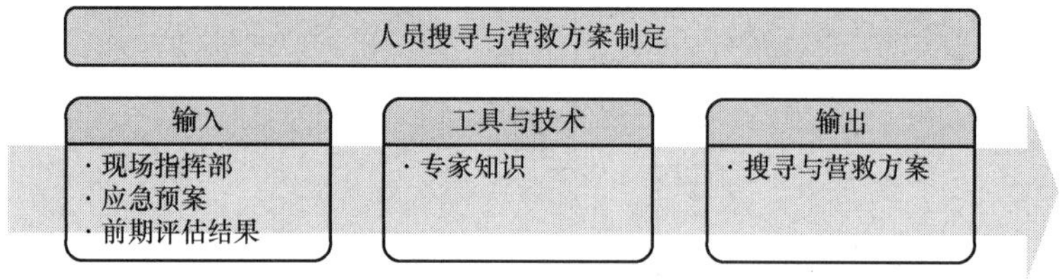

图 8-6 人员搜寻与营救方案制定的输入、工具与技术、输出

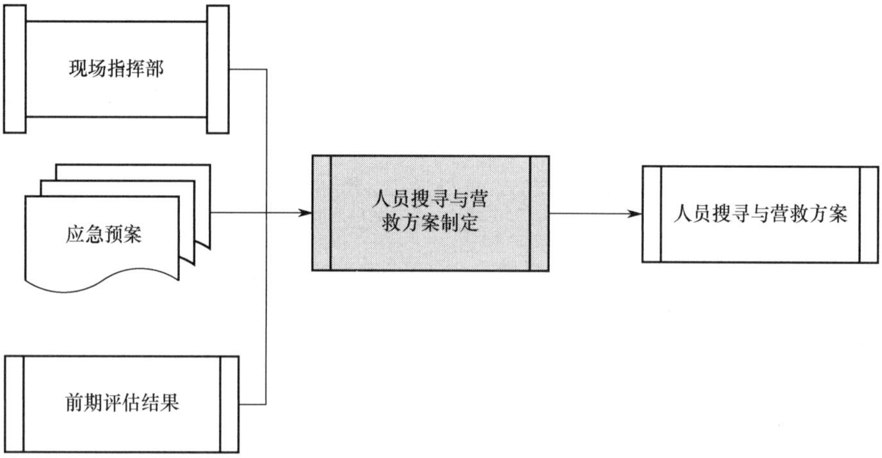

图 8-7 人员搜寻与营救方案制定的数据流向图

1. 人员搜寻与营救方案制定：输入

1）现场指挥部

现场指挥部指导组织人员进行搜寻与形成营救方案。

2）应急预案

启动相应的应急预案，并以此为依据结合现实情况制定人员搜寻与营救方案。

3）前期评估结果

根据评估结果可以明确突发事件的性质，可以调度相应的救援队伍资源及相关装备资源，受突发事件影响区域的状况等。

救援队伍依靠以国家综合性消防救援队伍为主力、专业救援队伍为协同、军队应急力量为突击、社会力量为辅助的中国特色应急救援力量。其中，社会力量包括专家救援队伍、企事业单位或社会团体组建的专职或兼职的救援队伍等。

装备包括检测装备、通信与防护装备、搜救装备等。其中，检测装备包括有毒气体检测仪等；通信与防护装备用于保持联系、个体防护等，通信工具包括 GPS、卫星电话等，防护装备包括防毒面具、防护服等；搜救装备包括搜索装备和营救装备。搜索装备包括人工装备、巡检机器人、大载荷无人机及其他仪器、生物设备等，其中人工装备是指搜救人员利用喊话、敲击等方式搜索受困者时使用的装备；仪器是指利用声波、光学、电磁波或热成像来搜救的设备（如雷达生命探测仪、可视生命探测仪等）；生物设备是指搜救犬及其相关装备。营救装备包括在搜救过程中通过凿钻、牵拉、剪切、顶撑、搬运等用到的设备及救援机器人等。

受突发事件影响区域的状况包括地形、道路交通情况、天气变化等。

2. 人员搜寻与营救方案制定：工具与技术

专家知识

根据专家应急处置的经验及对现实情况的分析，确定搜寻与营救方案。

3. 人员搜寻与营救方案制定：输出

搜寻与营救方案

制定搜寻与营救方案，明确救援队伍人员、携带装备、搜寻路线、搜寻方式等，其中搜寻方式主要包括现场询问及调查、人工搜索、仪器搜索、搜救犬搜索等。

8.3.2 人员疏散与安置方案制定

人员疏散与安置是当突发事件使民众的生命健康受到影响时，将受突发事件影响的民众疏散和转移到避难所或者安全地带，并妥善安置的过程。该过程的主要作用是最大限度地减少人员伤亡，稳定社会秩序。图 8-8 所示为人员疏散与安置方案制定的输入、工具与技术、输出。图 8-9 所示为人员疏散与安置方案制定的数据流向图。

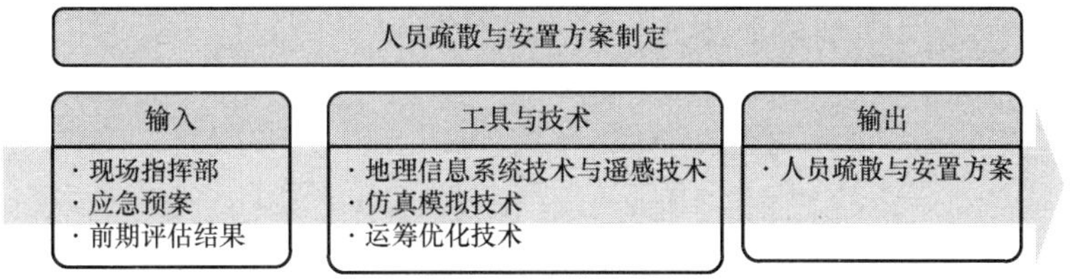

图 8-8 人员疏散与安置方案制定的输入、工具与技术、输出

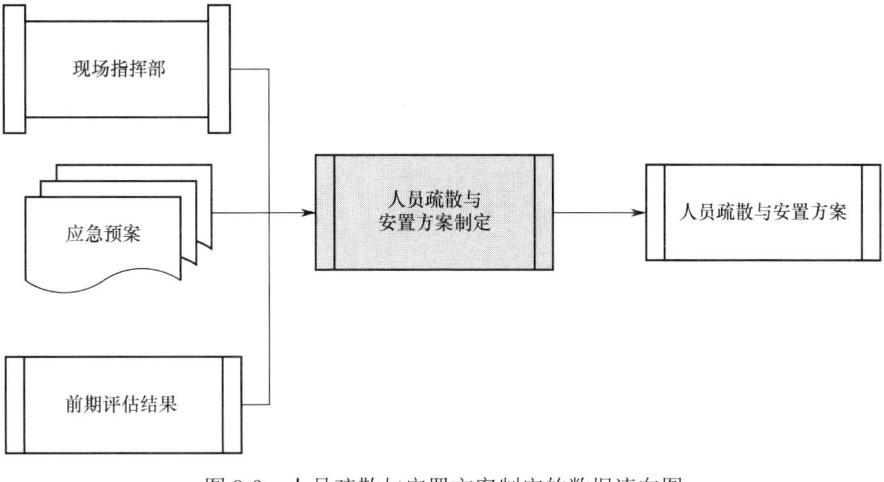

图 8-9 人员疏散与安置方案制定的数据流向图

1．人员疏散与安置方案制定：输入

1）现场指挥部

现场指挥部指导组织人员进行疏散与安置方案的制定。

2）应急预案

启动相应的应急预案，并以此为依据结合现实情况制定人员疏散与安置方案。

3）前期评估结果

根据前期评估结果，明确受突发事件影响的民众区域分布情况，地形和道路交通情况，安置点或避难场所的位置及容量，疏散转移工具种类、数目及相应的容量等。

2．人员疏散与安置方案制定：工具与技术

1）地理信息系统技术与遥感技术

提供地理环境信息，包括路网、土地利用和人口分布等环境要素。

2）仿真模拟技术

包括流体力学仿真模型、格子气模型、元胞自动机、社会力模型、Agent-based 模型等。

（1）流体力学仿真模型：用于在宏观层面上模拟大规模的人群运动情况。该模型将人群运动过程中速度变量、密度、移动位置等宏观量，转化成为流体连续介质的密度、速度、流量，进而对人群运动的动力学行为进行描述。

（2）格子气模型：刻画在时间和空间上都是离散的人群运动行为，从个体的角度建模，不过多考虑个体之间的相互作用。

（3）元胞自动机：在 20 世纪 50 年代初由“计算机之父”约翰·冯·诺依曼提出。它是一种在时间、空间、状态上都离散，以空间相互作用和时间因果关系为局部的网格动力学模型，具有模拟复杂系统时空演化过程的能力。利用元胞自动机技术可以从微观层面模拟人员疏散场景，并分析相关参数与策略对于疏散结果的影响。

（4）社会力模型：由德国学者赫尔宾于 2000 年提出。该模型是基于物理力的人群疏散模型，从自驱动力、朋友间影响力、周围障碍物对人的影响来刻画人的受力，模拟人群疏散的状态。

（5）Agent-based 模型：Agent 是仿真模型的基本单位，具有主观决策能力，能够感知环境信息，并根据自身属性和外部信息按照一定的规则进行决策。

此外，国际上应用比较广泛的人员疏散模拟仿真软件还有 STEPS、EXODUS、Pathfinder、EVACNET、Simulex 等。

3）运筹优化技术

根据已知的受突发事件影响的人员数目及分布信息、各个安置点位置及容量信息、转移工具数目及容量信息、交通状况等，并且考虑周围环境等情况，构建数学规划模型，寻找最优疏散路径，力求在尽量短的时间内疏散与安置较多的民众。

3. 人员疏散与安置方案制定：输出

人员疏散与安置方案

方案明确疏散人员、疏散时间、疏散工具、安置点及疏散路径的对应关系。

8.3.3 现场医疗救助方案制定

现场医疗救助是突发事件后对伤员进行分诊及救援的过程。该过程的主要作用是通过对救援现场的伤员进行检伤分类及对伤员进行生命体征和伤情的检查，从而有计划地进行针对性的救治及安排后续的转运与救治方案，以便最大限度地提高生存率，降低死亡率和伤残率。图 8-10 所示为现场医疗求助方案制定的输入、工具与技术、输出。图 8-11 所示为现场医疗求助方案制定的数据流向图。

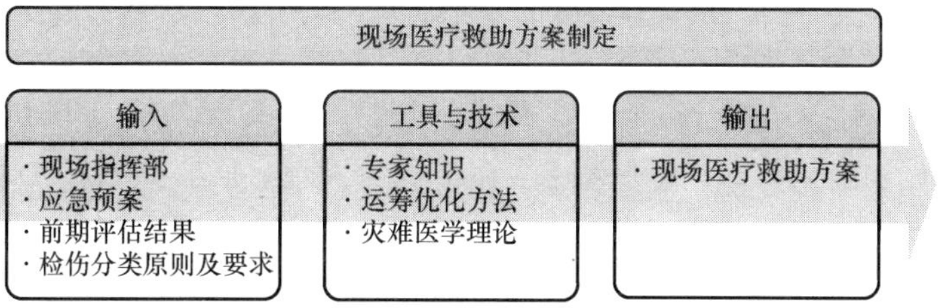

图 8-10　现场医疗救助方案制定的输入、工具与技术、输出

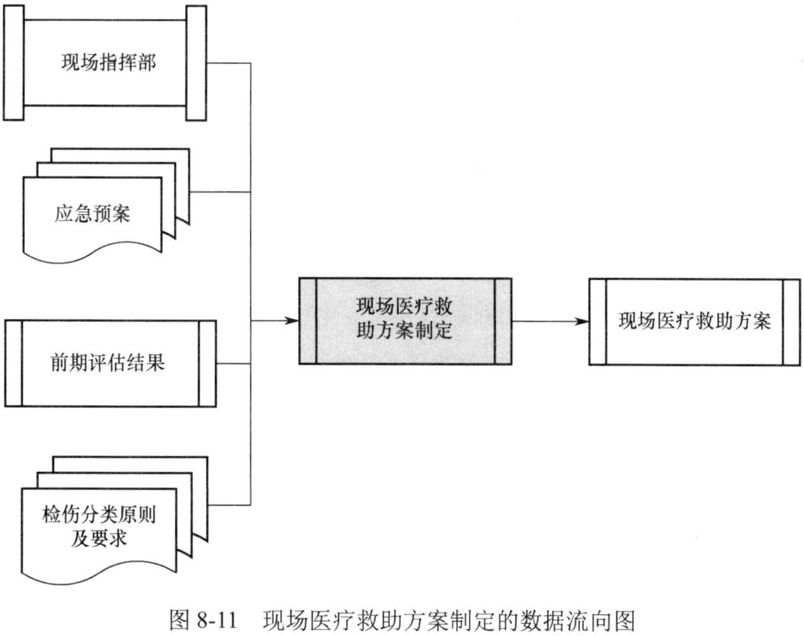

图 8-11　现场医疗救助方案制定的数据流向图

1. 现场医疗救助方案制定：输入

1）现场指挥部

现场指挥部指导现场医疗救助方案的制定。

2）应急预案

启动相应的应急预案，以此为依据并结合现实情况制定现场医疗救助方案。

3）前期评估结果

根据前期评估结果，明确受突发事件影响的伤员区域分布情况、伤情分布及受伤部位情况等；可调度的医疗资源，包括人员和相关设备，其中医疗救援人员包括指挥人员、外科医生、内科医生、妇产科医生、护士等。

4）检伤分类原则及要求

检伤分类依据“先救命后治伤、先救重后救轻”的原则开展工作，分别用绿、黄、红、黑四种颜色对轻、中、重伤病员和死亡人员进行标记，认真记录检伤分类结果，并按优先顺序开展现场救治工作。

（1）危重患者：为第一优先，有危及生命的严重创伤，及时治疗能够获救，应立即标示红标，优先给予护理及转运。先简单处理致命伤、控制大出血、支持呼吸等。

（2）重症患者：为第二优先，有严重损伤，但经急救处理后生命体征或伤情暂时稳定，可在现场短暂等候，而不危及生命或导致肢体残缺，应标示黄标，给予次优先转运。

（3）轻症患者：为第三优先，可自行行走，无严重损伤，其损伤可适当延迟转运和治疗，应标示绿标。可将伤者先引导到轻伤接收站。

（4）死亡或濒死者：为第四优先，已死亡或无法挽救的致命性创伤造成的濒死状态，如呼吸、心跳停止，且超过 12 分钟未给予心肺复苏救治，或头、胸、腹严重外伤而无法实施心肺复苏救治者，应标示黑标，停放在特定区域。

根据《灾害事故医疗救援工作管理办法》，在现场医疗救护中，依据受害者的伤病情况，按轻、中、重、死亡分类，分别以红、黄、蓝、黑的伤病卡做出标志（伤病卡以 5cm×3cm 的不干胶材料做成），置于伤病员的左胸部或其他明显部位，便于医疗救护人员辨认并采取相应的急救措施。

2. 现场医疗救助方案制定：工具与技术

工具与技术包括专家知识、运筹优化方法、灾难医学理论等。

1）专家知识

根据专家经验及对突发事件现场情况的分析，为医疗救助方案的形成提供决策支持。

2）运筹优化方法

如结合排队论等，通过构建数学模型优化现场医疗救援人员、医疗设备、伤员之间的匹配及救治安排，提高救治效率。

3）灾难医学理论

主要包括现代灾难救援理论、组织管理和专门技术等，如检伤分类方法和二级分类法等。其中，常用的检伤分类方法包括简明检伤分类法（Simple Triage And Rapid Treatment，START）、SALT（分类，评估，紧急干预，治疗/分诊；Sort，Assess，Lifesaving interventions，

Treatment/triage）方法、STM（萨科伤员分类法，Sacco Triage Method）等。伤员分类是一个动态过程，因为伤员的病情是不断变化的，需要反复对伤员进行评估，以做出适当调整。

简明检伤分类法是目前国际通用的一种快速的、简单的检伤分类方法，具体步骤如下：①行动检查。行动自如的伤病员为轻伤患者，标示绿标；不能行走的患者检查第②步。②呼吸检查。无呼吸者，标示黑标；呼吸频率大于 30 次/分或者小于 6 次/分，为危重患者，标示红标；每分钟呼吸 6～30 次者，检查第③步。③循环检查。桡动脉搏动不存在或甲床毛细血管充盈时间大于 2 秒者，或脉搏大于 120 次/分，为危重患者，标示红标；甲床毛细血管充盈时间小于 2 秒者，或脉搏小于 120 次/分，检查第④步。④清醒程度。不能回答问题或者执行指令者，标示红标；能够正确回答问题和执行指令者，标示黄标或绿标。

二级分类法：检伤分类之后进行二级分类，一般在伤员收集区进行。在现场检伤分类的基础上，医务人员根据伤员的伤情进行分类，判断具体受伤部位及受伤程度，确定医护级别，包括 SAVE Triage 方法、Triage Sort 方法等。其中 SAVE Triage 方法是将伤员分为三类：即使治疗存活率也较低的、有无治疗都会存活的、治疗会存活否则会死亡的。Triage Sort 方法是根据伤员的呼吸频率、收缩压和 Glasgow 评分进行量化。

3．现场医疗救助方案制定：输出

现场医疗救助方案

明确医疗救援现场分区、医疗救援人员与设备分配及救治安排等。

1）医疗救援现场分区

开展紧急医学救援现场分区管理，充分利用现场条件设立特定功能分区，将不同级别的伤病员分区、分级进行急救处理。特定功能分区包括初检分类区、重伤病员处理区、轻伤病员接收区、急救车辆待命区、临时停尸区等。

2）医疗救援人员与设备分配及救治安排

对伤员及时进行现场救治，并且要本着先救命后治伤、先治重伤后治轻伤的原则。明确各个救援现场分区中各类医疗救援人员数目、各类医疗设备数目等，以及伤员现场检伤分类和救治安排。

8.3.4　伤员转运方案制定

伤员转运是在对伤员经过现场检伤分类与基本救治后，根据伤员病情、附近医院救治能力等，将伤员转移到附近医疗机构进行治疗的过程。医疗急救机构不得以任何理由拒诊、拒收伤员，应及时启动应急机制，建立伤员院前院内衔接及院内救治的“绿色通道”。该过程坚持“先重后轻”的转运规则，优先转运危重和重伤病员，目的是高效地利用医疗资源，有计划有效率地对伤员进行转运，减小对伤员生命健康的影响。图 8-12 所示为伤员转运方案制定的输入、工具与技术、输出。图 8-13 所示为伤员转运方案制定的数据流向图。

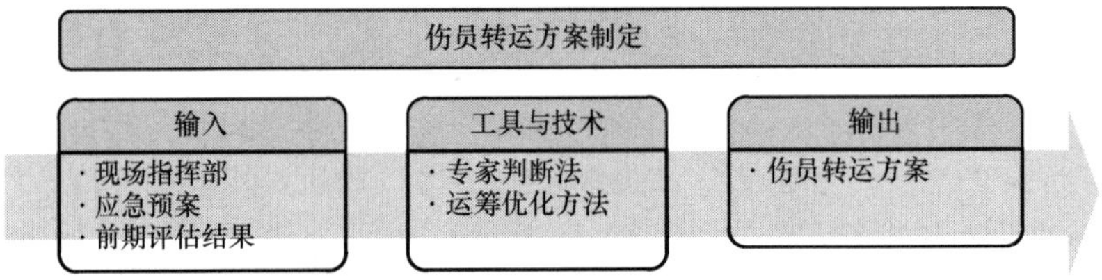

图 8-12　伤员转运方案制定的输入、工具与技术、输出

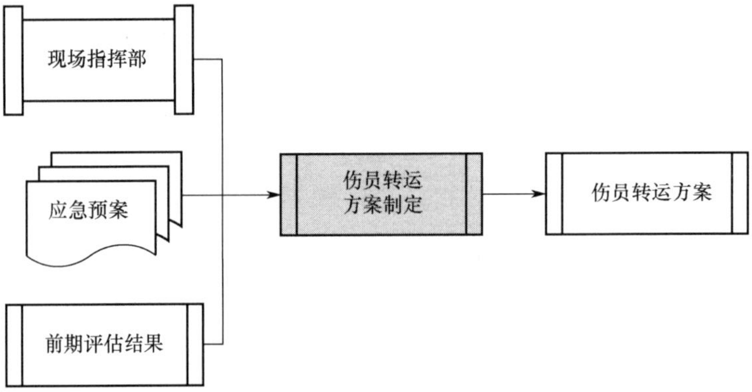

图 8-13　伤员转运方案制定的数据流向图

1. 伤员转运方案制定：输入

1）现场指挥部

现场指挥部指导伤员转运方案的制定。

2）应急预案

启动相应的应急预案，以此为依据并结合现实情况制定伤员转运方案。

3）前期评估结果

根据前期评估结果，明确医疗救援队伍、伤员情况、医疗设备、转运工具信息、交通状况、医疗机构的信息等。

（1）医疗救援队伍是伤员转运过程中协同的医护人员。

（2）伤员情况包括检伤分类后需要转运的伤员数量、基本伤情、所处的位置等。

（3）医疗设备是转运途中所需的基础治疗和急救药品、器材等，明确可调用的种类和数量及其分布。

（4）转运工具信息包括各类转运工具（救护车、火车、船、直升机等），明确各类转运工具的数量、位置、容量等。

（5）交通状况是指受突发事件影响，需要了解公路、水路等交通状况，如行驶时间、道路连通性等。

（6）医疗机构的信息是指各个收治转运伤员的医疗机构的位置、专业特长、容量等。

2. 伤员转运方案制定：工具与技术

1）专家判断法

根据专家经验或参照历史救援方案，制定伤员转运方案。

2）运筹优化方法

在已知医疗救援队、伤员情况、转运工具信息、交通状况、医疗机构的信息后，通过建立数学规划模型获得伤员转运安排。

3. 伤员转运方案制定：输出

伤员转运方案

根据地理条件和伤员的伤病情况，将伤员、医护人员、转运工具、转运路径、转运时间、对应的医疗机构进行有效合理的分配，以便在转运途中有效地对伤员进行伤情监测与医护处置，到达目的地后完成交接。方案应尽可能节省转运时间，减小伤亡率。

8.3.5 心理救助方案制定

突发事件会对人造成心理上的冲击及产生负面影响，一些受影响的民众会出现不同程度的应激症状，心理救助是利用心理干预方法等帮助受影响的民众逐渐恢复心理健康的过程。心理救助是应急救援与处置中的重要工作。该过程的主要目的是通过对受影响的民众进行分类干预和针对性干预，及时控制和减缓突发事件带来的心理社会影响，维护社会稳定。图 8-14 所示为心理救助方案制定的输入、工具与技术、输出。图 8-15 所示为心理救助方案制定的数据流向图。

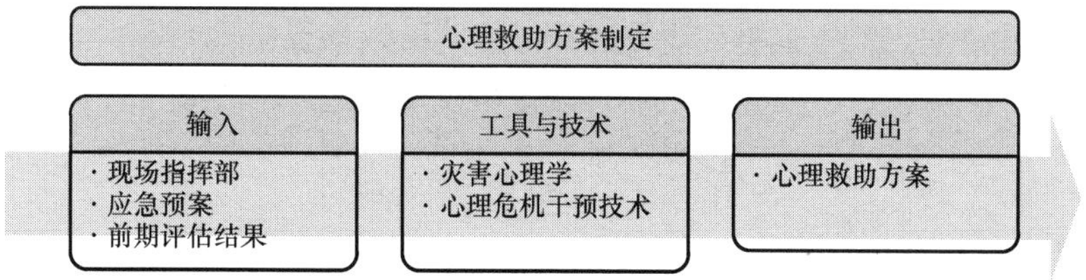

图 8-14 心理救助方案制定的输入、工具与技术、输出

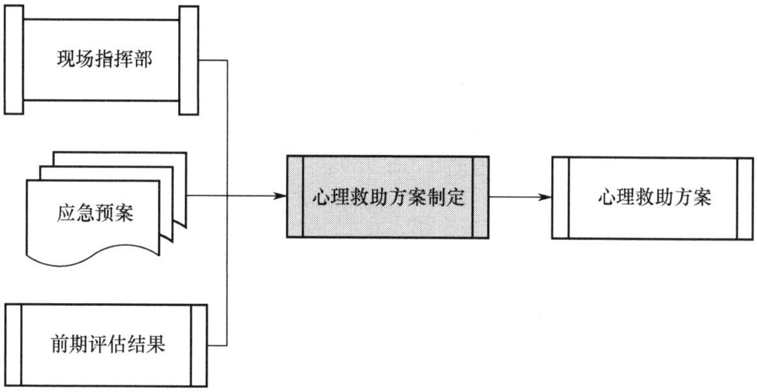

图 8-15 心理救助方案制定的数据流向图

1. 心理救助：输入

1）现场指挥部

现场指挥部指导心理救助方案的制定。

2）应急预案

启动相应的应急预案，并以此为依据结合现实情况制定心理救助方案。

3）前期评估结果

根据前期评估结果，明确心理救助队伍、目标人群分类及数量等基本情况。

心理救助队伍以心理卫生专业人员为主，包括心理医生、精神科医生及其他与心理卫生相关的具有专业背景的人员。

目标人群分类原则：心理危机干预人群分为五级，干预重点从第一级人群开始，逐步扩展。一般宣传性教育要覆盖到第五级人群。第一级人群为直接卷入突发事件的人员、死难者家属及伤员。第二级人群为与第一级人群有密切联系的个人和家属，可能有严重的悲哀和内疚反应，需要缓解继发的应激反应，如现场救护人员（消防、武警官兵、120救护人员、其他救护人员），以及灾难幸存者。该级人群为高危人群，是干预工作的重点，如不进行心理干预，其中部分人员可能发生长期的、严重的心理障碍。第三级人群为从事救援或搜寻的非现场工作人员（后援）、志愿者等。第四级人群为受灾地区以外的社区成员，向受灾者提供物资与援助，对灾难可能负有一定责任的组织。第五级人群为在临近灾难场景时心理失控的个体，易感性强，可能表现心理病态的征象。在医院，建议采用线索调查和跟随各科医生查房的方法发现心理创伤较重者。在将灾民转移到集中安置点的过程中，建议采用线索调查和现场巡查的方式发现需要干预的对象，同时发放心理救援宣传资料。在突发事件发生的现场，在抢救生命的过程中发现心理创伤较重者并随时干预。

2. 心理救助：工具与技术

1）灾害心理学

灾害心理学主要研究各类灾害发生及救灾过程中心理现象及其规律，可用于指导心理干预。

2）心理危机干预技术

根据国家卫生健康委员会发布的救灾心理危机干预修改方案，常用的干预技术如下。

（1）针对普通人群。对突发事件中的普通人群进行妥善安置，避免过于集中。在集中安置的情况下建议实施分组管理，最好由熟悉的人员组成，并在每个小组中选派小组长，作为与心理救援协调组的联络人。对各小组长进行必要的危机管理培训，让其负责本小组的心理危机管理，以建立起新的社区心理社会互助网络，及时发现可能出现严重应激症状的人员。依靠各方力量参与。建立与当地民政部门、学校、社区工作者或志愿者组织等负责灾民安置与服务的部门/组织的联系，并对他们开展必要的培训，让他们协助参与、支持心理危机管理工作。利用大众媒体向其他群众宣传心理应激和心理健康知识，宣传应对灾难的有效方法。心理救援协调组应该积极与救灾指挥部保持密切联系与沟通，协调好与各个救灾部门的关系，保证心理危机管理工作顺利进行。对在心理危机管理中发现的问题，应及时向救灾指挥部汇报并提出对策，以使问题得到及时解决。

（2）针对重点人群。重点人群是指目标人群中经过评估有严重应激症状的人群。对重点人群采用“稳定情绪”“放松训练”“心理辅导”技术开展心理危机救助。稳定情绪的要点包括倾听与理解、增强安全感、适度的情绪释放、释疑解惑、实际协助、重建支持系统、提供心理健康教育、联系其他服务部门。放松训练的要点包括呼吸放松、肌肉放松、想象放松。分离反应明显者不适合学习放松技术。分离反应表现为：对过去的记忆、对身份的觉察、即刻的感觉乃至身体运动控制之间的正常的整合出现部分或完全丧失。心理辅导的要点是通过交谈来减轻灾难对重点人群造成的精神伤害，个别或者集体进行，自愿参加。

3．心理救助：输出

心理救助方案

根据目标人群的心理健康状况，分为普通人群和重点人群，并考虑各类目标人群的数目、地区分布、心理救助队伍人员人数等，制定心理救助方案，明确心理干预措施及时间安排等。

8.3.6 应急物资筹集方案制定

强化应急物资准备是建立中国特色大国应急体系的重点任务之一。在应急救援与处置中需要通过多种渠道筹集各类应急资源，其中应急物资包括生活类物品、救生类物品、医用物品等。该过程的主要目的是保障处置与救援过程有效顺利进行。图 8-16 所示为应急物资筹集方案制定的输入、工具与技术、输出。图 8-17 所示为应急物资筹集方案制定的数据流向图。

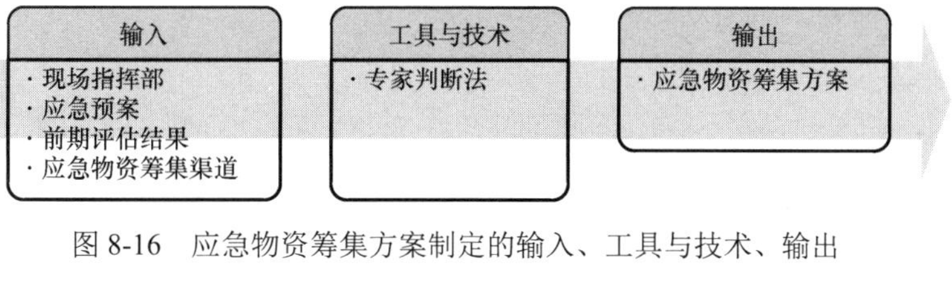

图 8-16 应急物资筹集方案制定的输入、工具与技术、输出

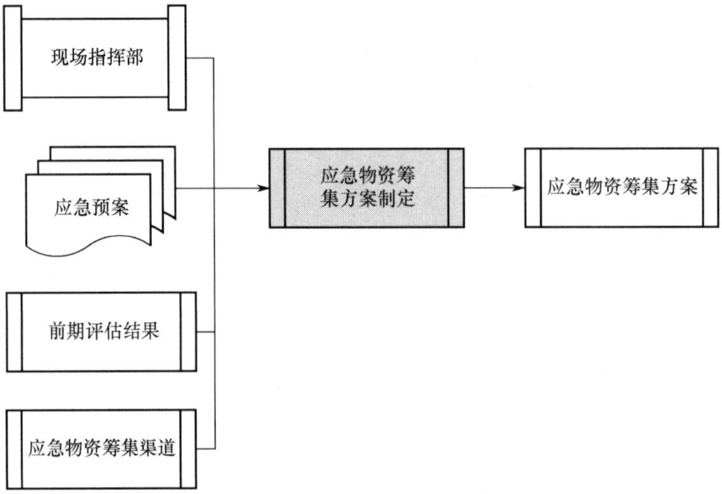

图 8-17　应急物资筹集方案制定的数据流向图

1. 应急物资筹集方案制定：输入

1）现场指挥部

现场指挥部指导物资筹集与管理方案的制定。

2）应急预案

启动相应的应急预案，并以此为依据结合现实情况制定物资筹集与管理方案。

3）前期评估结果

根据前期评估结果了解突发事件的发展态势、突发事件带来的影响及损失，估计各类应急物资的需求量等。

4）应急物资筹集渠道

物资来源包括应急物资储备、社会捐赠、紧急采购与扩产。在突发事件响应阶段，一方面可以直接调用政府应急物资储备、社会捐赠物资，以及在地区间进行物资调拨。另一方面在紧急情况下政府或相关部门可以调用其他急需物资，实行紧急采购，其中资金来源包括政府应对突发事件的储备资金及紧急追加的拨付、社会各界的捐赠。通过紧急扩产，组织突击研制、生产或在已有生产线的基础上快速转产、扩产一些急需的应急物资，以便最大限度地满足突发事件对物资的需求。

2. 应急物资筹集方案制定：工具与技术

专家判断法

根据突发事件的态势发展及受影响情况，结合专家经验，多方筹集应急物资。

3. 应急物资筹集方案制定：输出

应急物资筹集方案

根据需求，明确筹集物资的方式、对象、筹集时间和数目等。

8.3.7 应急物资运输与分配方案制定

应急物资运输与分配需要考虑区域统筹调配，通过多部门联动、多方式协同、多主体参与，运用各种运输工具从各个供应点把救援物资运送到指定需求点，根据物资供应情况和民众实际需求，分级分类对物资进行合理分配。该过程的主要目的是最大限度地减少突发事件带来的后继损失。

在应急物资运输与分配中，首先需要考虑的是时效性，需要在尽量短的时间内实现物资的供给。此外，物资的运输与分配还需要考虑随机性、动态性与阶段性，由于突发事件的态势发展具有多个阶段，且具有不确定性，在应急响应的不同阶段对应急物资的需求会不同，因此，运输与分配策略也应根据更新的实际情况并结合前一阶段的处置结果，进行动态调整。图 8-18 所示为应急物资运输与分配方案制定的输入、工具与技术、输出。图 8-19 所示为应急物资运输与分配方案制定的数据流向图。

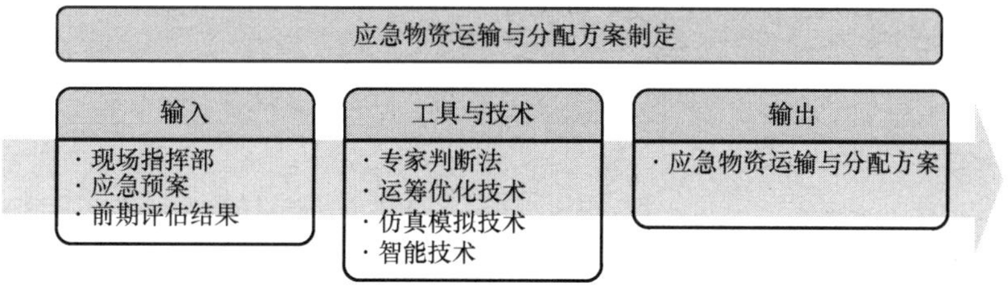

图 8-18 应急物资运输与分配方案制定的输入、工具与技术、输出

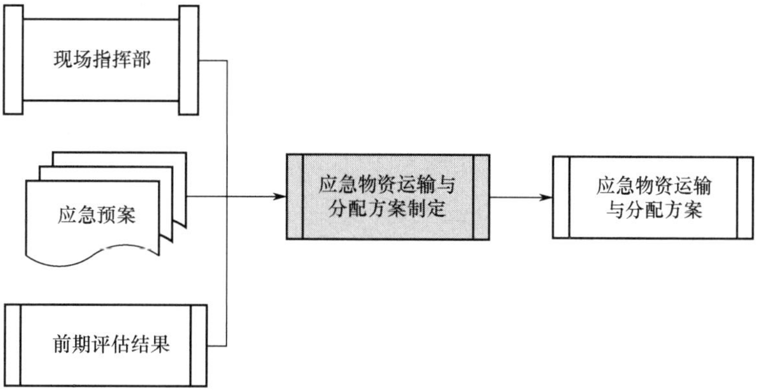

图 8-19 应急物资运输与分配方案制定的数据流向图

1．应急物资运输与分配方案制定：输入

1）现场指挥部

现场指挥部指导应急物资运输与分配方案制定。

2）应急预案

启动相应的应急预案，以此为依据并结合现实情况制定应急物资运输与分配方案。

3）前期评估结果

根据前期评估结果明确受突发事件影响的民众基本情况、物资需求情况、物资筹集情况、运输工具信息、交通状况及供给点与需求点信息等。

（1）民众基本情况：包括受突发事件影响的民众的数量及所在区域分布。

（2）物资需求情况：根据突发事件的发展态势估计应急物资的需求量。

（3）物资筹集情况：各类物资（如食物、医疗用品等）的数量及所在区域分布。

（4）运输工具信息：包括运输工具的种类、数量与容量等，运输方式包括铁路、公路、航空、水路、管道运输等，其中智能运输工具包括无人机、无人车、智能机器人等。

（5）交通状况：了解不同运输方式下的交通状况，如突发事件后路网的联通性等。

（6）供给点与需求点信息：包括供给点与需求点的位置、供给量和需求量等。

2. 应急物资运输与分配方案制定：工具与技术

工具与技术包括专家判断法、运筹优化技术、仿真模拟技术、智能技术等。

1）专家判断法

依靠专家经验等安排应急物资运输与分配方案。

2）运筹优化技术

根据已知的供需信息、突发事件后的环境信息等，考虑突发事件信息的更新、需求的不确定性、物资分配的公平性和社会效益等，以运输路程、运输时间或需求满足度等为目标，建立优化模型，进而求得应急物资调运与分配方案。

3）仿真模拟技术

构建应急物资调运系统中各要素之间的关系，如利用系统动力学对物资调运分配进行仿真模拟，还可以研究不同要素变化对结果的影响。

4）智能技术

智能技术包括区块链技术、物联网技术、北斗定位技术、传感技术等。例如，利用区块链技术实现应急物资信息数据的正向追踪和逆向溯源；利用智能传感器、射频识别、红外线感应等传感技术获得应急物资信息，基于物联网技术实现应急物资的定位、监控、跟踪和管理等；基于云平台和大数据系统，为物流的供需匹配、动态管理、科学决策提供技术支撑，保障应急物资的高效生产、统筹调配与回收管理等。

3. 应急物资运输与分配方案制定：输出

应急物资运输与分配方案

明确各类物资运输数量、运输方式、运输路径、运输时间安排、需求点与供给点的匹配等。

8.3.8 基础设施与公共服务设施抢修与保护方案制定

突发事件会对基础设施与公共服务设施造成影响，严重时会影响正常的交通出行、通信、供电、供热、供水等。因此，需要及时抢修和恢复基础设施与公共服务设施，保障应急处置和救援措施顺利开展。图 8-20 所示为基础设施与公共服务设施抢修与保护方案制定的输入、工具与技术、输出。图 8-21 所示为基础设施与公共服务设施抢修与保护方案制定的数据流向图。

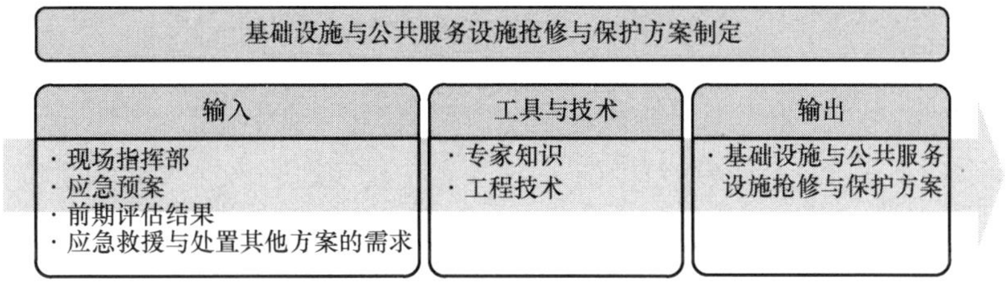

图 8-20　基础设施与公共服务设施抢修与保护方案制定的输入、工具与技术、输出

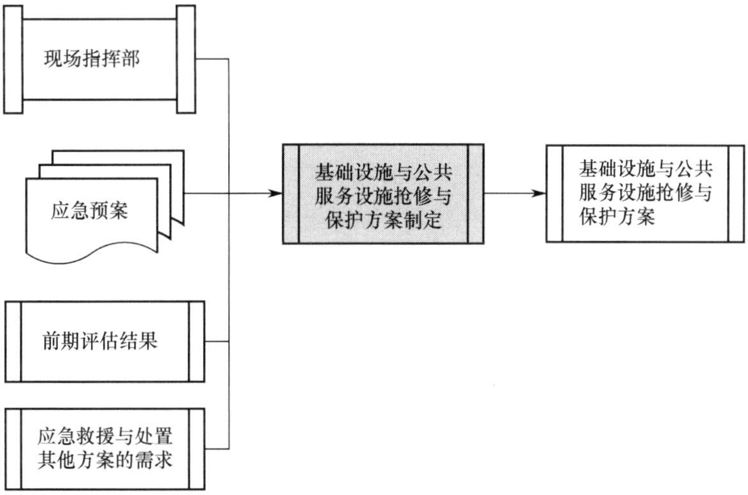

图 8-21　基础设施与公共服务设施抢修与保护方案制定的数据流向图

1．基础设施与公共服务设施抢修与保护方案制定：输入

1）现场指挥部

现场指挥部指导基础设施与公共服务设施抢修与保护方案制定。

2）应急预案

启动相应的应急预案，以此为依据并结合现实情况制定基础设施与公共服务设施抢修与保护方案。

3）前期评估结果

根据前期评估结果，明确受影响区域的地理信息、受突发事件影响的交通、通信等基础设施损坏情况、各类设施维护抢修队伍等。

4）应急救援与处置其他方案的需求

结合其他处置方案，明确人员搜救、疏散与安置、伤员转运、应急物资运输与分配等方面对基础设施和公共服务设施的需求。

2．基础设施与公共服务设施抢修与保护方案制定：工具与技术

1）专家知识

将专家经验与现实情况相结合，为基础设施与公共服务设施的抢修与保护提供决策支持。

2）工程技术

工程技术包括抢修与保护基础设施与公共服务设施的电力技术、通信技术等。

3．基础设施与公共服务设施抢修与保护方案制定：输出

基础设施与公共服务设施抢修与保护方案

根据各类设施损坏情况、地理分布、应急救援与处置的需求及可以调用的抢修保护队伍，明确对各类设施抢修维护的时间、人员安排等。

交通设施：考虑加强对重要交通枢纽的监控，抢先修复因突发事件损毁的公路、桥梁、隧道等交通设施，增强交通网络的联通性和可达性，协调运力。此外，可以根据实际情况开设应急救援专用通道，优先保证应急抢险救援人员、应急物资和伤病人员的运输需要，保障民众的基本生活需要和应急工作需要。

通信设施：考虑及时开通应急通信线路，利用公共网络、通信卫星等，实时获得地震灾害现场的情况；尽快采取措施恢复被破坏的通信线路和设备，保障受突发事件影响地区通信畅通。

其他设施：尽快抢修恢复供电、供水、供气、供热、排水等设施。

8.3.9 公共卫生管理方案制定

严重突发事件会对生态系统造成负面影响，使环境卫生情况恶化。此外，突发事件也会对民众的生理与心理造成伤害，进而导致机体抵抗力下降，当医疗卫生系统遭到一定程度的破坏时，民众传染病易感性也会提高。因此，在突发事件发生后，需要加强公共卫生管理，加强对疫病的监测，防止流行病和传染病的暴发。图 8-22 所示为公共卫生管理方案制定的输入、工具与技术、输出。图 8-23 所示为公共卫生管理方案制定的数据流向图。

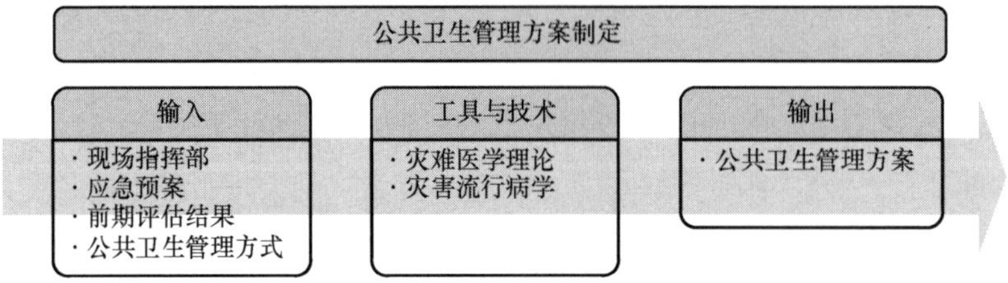

图 8-22　公共卫生管理方案制定的输入、工具与技术、输出

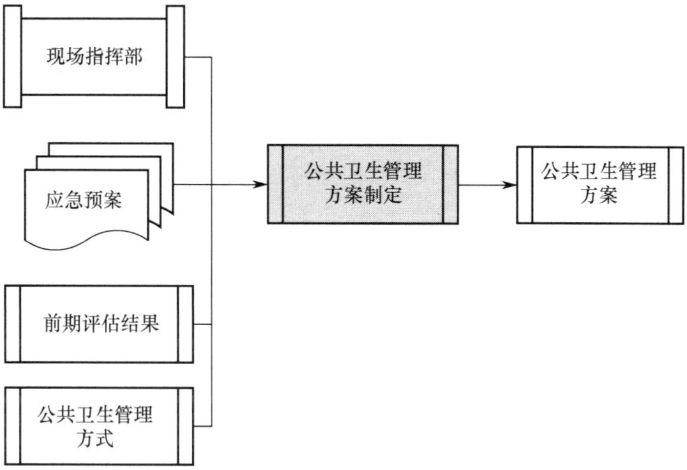

图 8-23 公共卫生管理方案制定的数据流向图

1．公共卫生管理方案制定：输入

1）现场指挥部

现场指挥部指导公共卫生管理方案的制定。

2）应急预案

启动相应的应急预案，并以此为依据结合现实情况制定公共卫生管理方案。

3）前期评估结果

根据前期评估结果，了解受突发事件影响的区域民众的身体健康情况、有害物品存放点等。

4）公共卫生管理方式

公共卫生管理方式包括疾病监测、实行报告制度、进行防疫宣传、分发防疫物资、疫苗接种、废弃物处理与消毒等工作。

2．公共卫生管理：工具与技术

1）灾难医学理论

灾难医学理论是交叉学科，不仅涉及医学理论，还与灾难学、管理学、心理学、气象学和地质学等学科密切相关，可用于指导突发事件后的公共卫生管理。

2）灾害流行病学

灾害流行病学研究受灾人群健康状态、灾难发生原因等，可以用于控制灾难中流行病的暴发，降低灾难对于民众的伤害。

3．公共卫生管理：输出

公共卫生管理方案

公共卫生管理方案包括对疾病监测、报告制度、防疫宣传、防疫物资分发、废弃物处理及消毒要求、疫苗接种工作等的安排，明确相关负责人员、负责区域等。

（1）疾病监测是对受突发事件影响区域的民众的伤情和疾病、可能引发的流行病进行动态监测，及时推行疫苗接种。

（2）报告制度指对相关突发卫生事件及传染病实行及时报告制度，加强对疫病的监测。

（3）防疫宣传是对卫生防疫等知识进行宣传普及。

（4）防疫物资分发是根据突发事件实际情况，对防疫药品及消毒用品等进行分发，保证防疫需要。

（5）废弃物处理及消毒要求：妥善处置遇难者遗体及动物尸体等；生活垃圾及时清理，有效控制运输环节中的二次污染，不得擅自焚烧、向水体倾倒生活垃圾；医疗废弃物包括感染性废物、病理性废物、损伤性废物、药物性废物和化学性废物，在处理时需要遵守《医疗废物管理条例》和《医疗卫生机构医疗废物管理办法》进行分类收集与处理，并消毒灭菌；对受突发事件影响的区域，及时进行水源、建筑物、街道等的监测及消毒，加强饮用水和食品卫生监督。

（6）疫苗接种工作指根据实际情况，有针对性地开展预防服药、疫苗接种等工作。

8.3.10　社会动员方案制定

在应急救援处置中进行社会动员具有重要意义。关于社会动员，《中华人民共和国突发事件应对法》第六条：“国家建立有效的社会动员机制，增强全民的公共安全和防范风险的意识，提高全社会的避险救助能力。”《中华人民共和国突发事件应对法》第十一条：“公民、法人和其他组织有义务参与突发事件应对工作。”因此，坚持以人民为中心的发展思想，一切为了人民，一切依靠人民，在突发事件应急处置与救援中，需要依法依规动员社会力量，整合政府与社会各组织及社会公众资源与力量，加强地域、军民、部门之间的协调，形成自救、互救的局面，以减轻突发事件带来的负面影响。图 8-24 所示为社会动员方案制定的输入、工具与技术、输出。图 8-25 所示为社会动员方案制定的数据流向图。

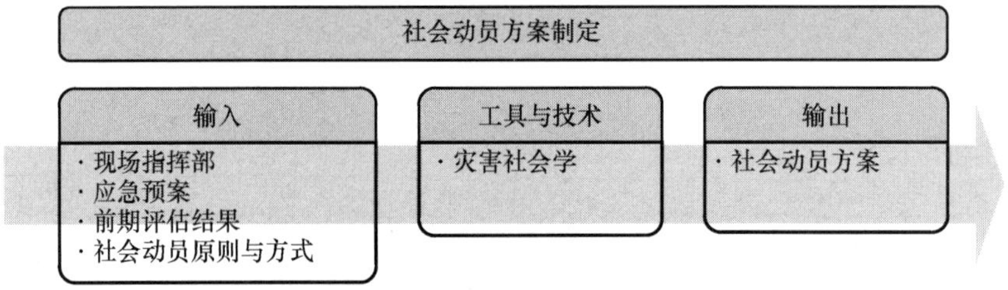

图 8-24　社会动员方案制定的输入、工具与技术、输出

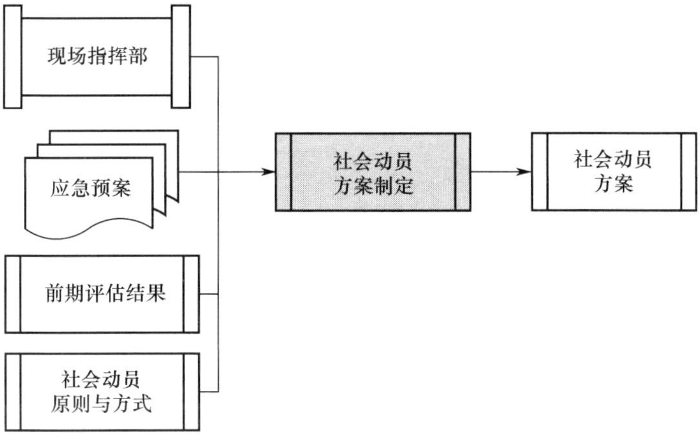

图 8-25　社会动员方案制定的数据流向图

1. 社会动员方案制定：输入

1）现场指挥部

现场指挥部指导社会动员方案的制定。

2）应急预案

启动相应的应急预案，以此为依据并结合现实情况制定社会动员方案。

3）前期评估结果

根据前期评估结果及其他应急处置与救援方案，了解应急处置与救援的需求，包括应急人力、应急物资、应急财力等。应急人力动员即针对突发事件应急处置与救援措施，对社会上可满足应急需求的人力资源进行征集与分配；应急物资动员是对社会上可满足需求的物资进行征收、调配与使用等；应急财力动员是筹集、拨付应急所需资金。

4）社会动员原则与方式

应急社会动员原则是以人为本，依法动员，分级分类分阶段，相对强制，合理补偿，军地结合，平战结合。

应急社会动员方式包括宣传教育、权威领袖动员等。通过媒体等途径宣传突发事件的相关情况及需要的帮助等，或者利用一些权威领袖在社会组织中的作用，鼓励社会群体参与应急响应。

2. 社会动员方案制定：工具与技术

灾害社会学

灾害社会学探究灾害与社会发展之间相互影响、相互作用的过程、特点和规律，并对发挥机构、组织等社会合力进行的救援与处置提供指导。

3. 社会动员方案制定：输出

社会动员方案

社会动员方案的内容主要包括明确社会动员的等级与范围、动员对象、动员方式、负责人员、鼓励与补偿等。

8.3.11 生态环境监测与保护方案制定

在应急救援与处置过程中，需要对生态环境进行监测与保护，防止突发事件对水、土壤、空气等生态环境资源造成破坏。图 8-26 所示为生态环境监测与保护方案制定的输入、工具与技术、输出。图 8-27 所示为生态环境监测与保护方案制定的数据流向图。

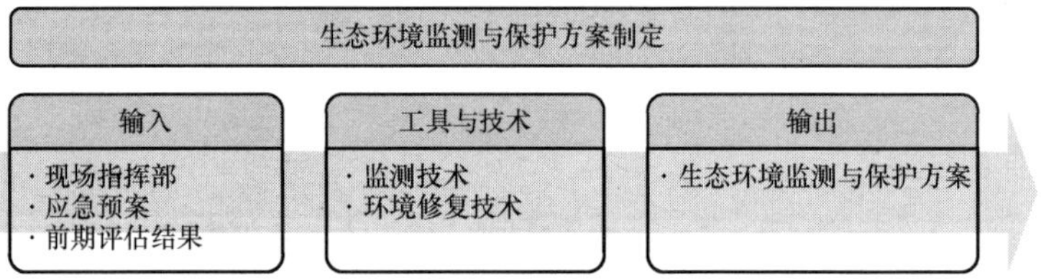

图 8-26 生态环境监测与保护方案制定的输入、工具与技术、输出

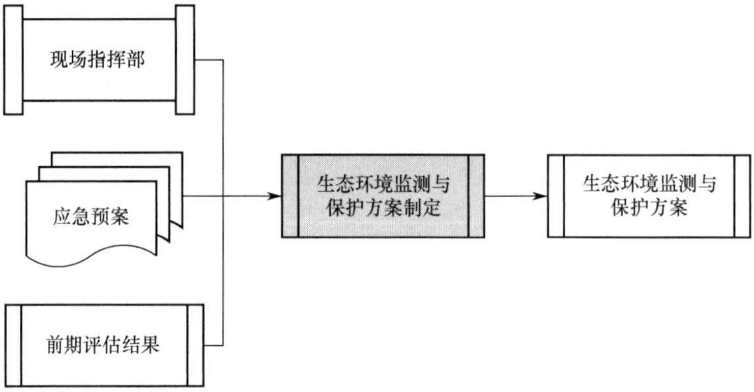

图 8-27 生态环境监测与保护方案制定的数据流向图

1. 生态环境监测与保护方案制定：输入

1）现场指挥部

现场指挥部指导生态环境监测与保护方案的制定。

2）应急预案

启动相应的应急预案，以此为依据并结合现实情况制定生态环境监测与保护方案。

3）前期评估结果

基于前期评估结果，初步了解生态资源分布情况、突发事件对于生态环境造成的影响和损失等。

2. 生态环境监测与保护方案制定：工具与技术

1）监测技术

监测技术包括现场监测与实验室监测，通过布点、采样等，利用监测仪器或试纸等进行监测。

2）环境修复技术

根据修复对象，环境修复可以分为大气环境修复、水体环境修复、土壤环境修复及固体废物环境修复等。根据环境修复所采用的方法，环境修复技术又可分为环境物理修复技术、环境化学修复技术及环境生物修复技术等。

3. 生态环境监测与保护方案制定：输出

生态环境监测与保护方案

可以参照《突发环境事件应急监测技术规范》（HJ 589—2021）等形成生态环境监测与保护方案，明确监测地点、负责人员、监测技术等，防止由突发事件引发的环境污染与破坏，妥善处理废弃物，做好水土保持等。若突发事件已对环境造成影响，则采取环境修复技术，尽可能减小损失。

8.3.12　防止次生灾害方案制定

除通过处置与救援措施降低突发事件的影响外，还应采取方案对危险源和危险区域实施监测，防止突发事件态势进一步发展扩大及次生灾害的发生，减少生命和财产损失。图 8-28 所示为防止次生灾害方案的输入、工具与技术、输出。图 8-29 所示为防止次生灾害方案制定的数据流向图。

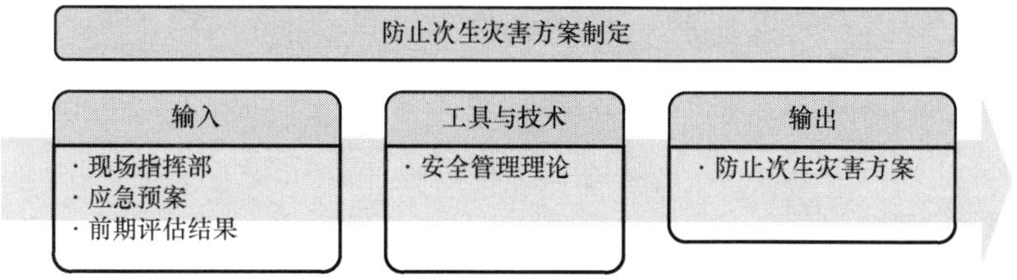

图 8-28　防止次生灾害方案制定的输入、工具与技术、输出

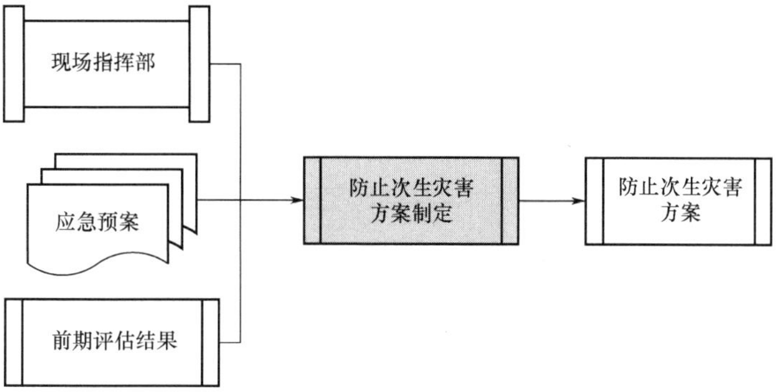

图 8-29　防止次生灾害方案制定的数据流向图

1. 防止次生灾害方案制定：输入

1）现场指挥部

现场指挥部指导制定防止次生灾害的方案。

2）应急预案

启动相应的应急预案，以此为依据并结合现实情况制定防止次生灾害的方案。

3）前期评估结果

根据前期评估结果，了解由突发事件带来的安全隐患。

2. 防止次生灾害方案制定：工具与技术

安全管理理论

利用安全管理理论，指导对安全隐患的监控与治理。

3. 防止次生灾害方案制定：输出

防止次生灾害方案

方案内容包括实施重点监测、控制危险源和控制危险区域等。

（1）实施重点监测是在受突发事件影响的区域，水利、交通、环保等部门对易发生次生灾害的设施加强监控与受损排查，并采取处置防范措施，防止余震、爆炸、放射性污染、坍塌等次生灾害发生。

（2）控制危险源是在控制危险物品大量聚集的地方，探测是否存在危险品泄漏等安全隐患，其中危险物品有危险化学品、放射性物品、受到病原体污染的物品等。

（3）控制危险区域是对危险区域实行警戒线控制、区域控制或封锁，禁止或限制使用有关设备、设施，防止或限定人员出入；并标明危险区域，起到警示与防范作用。

8.3.13 舆情监测与信息发布方案制定

舆情监测与信息发布是在救援与处置过程中，进行舆情信息收集与分析处理，并通过电视、广播、网络等有关媒体，及时、准确、客观、全面地向社会公布信息的过程。该过程的主要目的是通过对舆情的监测与处理及信息公开，发布突发事件相关信息、政府应对措施、公众防范措施等，以便加强正面宣传与引导，保障应急救援与处置工作顺利地开展，并让公众了解和监督政府的行为。此外，有助于驳斥与消除谣言，避免引起群众恐慌。图 8-30 所示为舆情监测与信息发布方案制定的输入、工具与技术、输出。图 8-31 所示为舆情监测与信息发布方案制定的数据流向图。

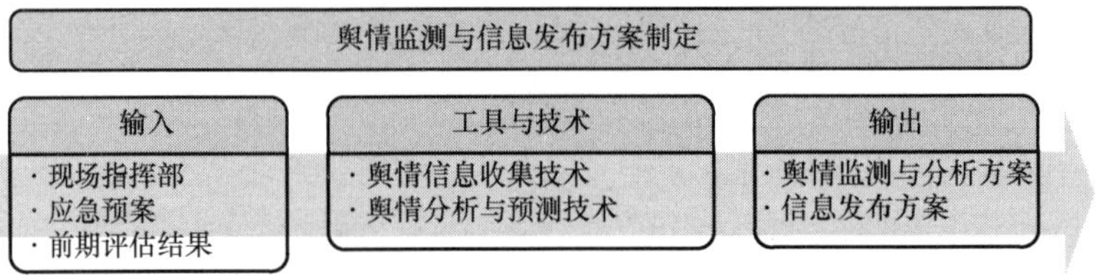

图 8-30　舆情监测与信息发布方案制定的输入、工具与技术、输出

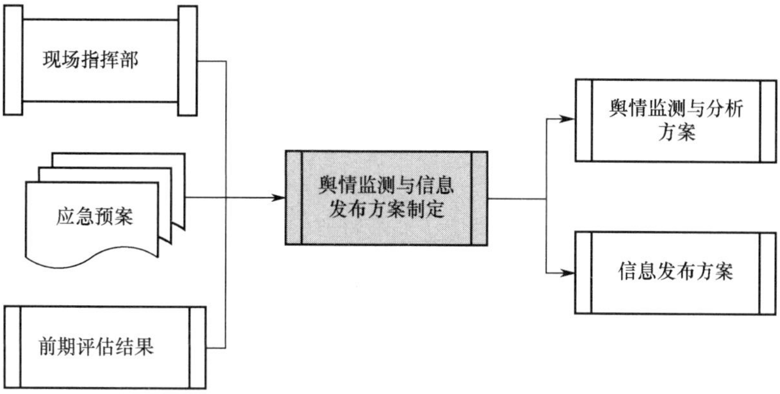

图 8-31 舆情监测与信息发布方案制定的数据流向图

1. 舆情监测与信息发布方案制定：输入

1）现场指挥部

现场指挥部指导制定舆情监测与信息发布方案。

2）应急预案

启动相应的应急预案，并以此为依据结合现实情况制定舆情监测与信息发布方案。

3）前期评估结果

基于前期评估结果，了解突发事件带来的社会影响和公众意见。

2. 舆情监测与信息发布方案制定：工具与技术

1）舆情信息收集技术

舆情信息收集技术包括人工收集、利用舆情监测系统收集、网络爬虫等。网络爬虫是一种借助搜索引擎，按照一定的规则进行信息收集和查找的技术手段，利用这种方法可以快速、高效地从互联网上获取大量文字、语音及视频等多媒体内容。目前常用的网络爬虫技术有 Nutch、Crawler4J、Larbin、Heritrix，数据来源包括主流媒体网站、指定行业网站、大型论坛、微博等。

2）舆情分析与预测技术

通过对获取的数据进行分析，发掘其中的热点话题，并对其传播影响、舆情等级进行评估及对舆论趋势进行预测，以便采用合理的手段对舆论进行引导和管控。

舆情分析与预测技术包括社会网络分析方法、机器学习方法、统计学方法。

（1）社会网络分析方法：社会网络分析是测量与调查社会系统中各部分（点，node）的特征与它们相互之间的关系（连接，tie），将其用网络的形式表示出来，然后分析其关系的模式与特征的一套理论、方法和技术。描述和测量行动者之间的关系或分析通过这些关系流动的各种有形或无形的东西，如信息、资源等方法，主要有图论、社会计量学和代数方法。图论适用于描述小型传播群体的核心关系和团聚力等特征；社会计量学适用于研究结构等价性和“块模型”关系；代数方法适用于对角色和位置关系的分析。可以分析社会行动者的社会联结——密度、中介性、强度、对称性、规模等，以及关注位置联结，不同行为个体在结构地位上是否一致。社会网络分析目前主要使用的是 Gephi、UCInet、Pajek、NETminer、MultiNet、NodeXL 等软件。

（2）机器学习方法：由于舆论是由各类词语构成的信息文本，文本内词的多寡、词与词之间的联系可以凸显信息文本的价值观、语义结构和社会诉求等，因此可以进行词频分析、共词分析、文本情感分析等。可以利用自然语言处理（Natural Language Processing，NLP）、聚类分析、支持向量机、贝叶斯网络等技术，以及知识图谱、深度学习（如图神经网络、循环神经网络等）等方法。

（3）统计学方法：包括时间序列分析等，可以利用舆情时序数据进行分析和外推预测。

3. 舆情监测与信息发布方案制定：输出

1）舆情监测与分析方案

方案包括提取舆情信息的主题、热点，以及情感分析、趋势分析和相应的引导和应对方案等。

2）信息发布方案

信息发布方案需要明确信息受众、信息发布内容、信息发布形式等。

信息受众包括受突发事件直接影响的受众、不受突发事件直接影响的其他受众、国际社会等。

信息发布内容与受众有关，不同受众关心的信息侧重点可能不同。发布内容包括突发事件基本信息及造成的影响、应急处置与救援措施、应急知识宣传等。其中，突发事件基本信息及造成的影响包括突发事件的性质、原因、影响范围、初步造成的损失等；应急处置与救援措施包括救助性措施、保障性措施、控制性措施、稳定性措施等；应急知识宣传包括自救、互救、心理健康、求助方式等。

信息发布形式包括大众传媒方式，电视、广播、报纸、网络、短信、发布会等，以及社区警报、楼宇电视、宣传车等。

8.3.14 维护社会稳定方案制定

维护社会稳定方案制定需要考虑实施有效的稳定性措施，为突发事件的应急处置提供良好的外部环境。图 8-32 所示为维护社会稳定方案制定的输入、工具与技术、输出。图 8-33 所示为维护社会稳定方案制定的数据流向图。

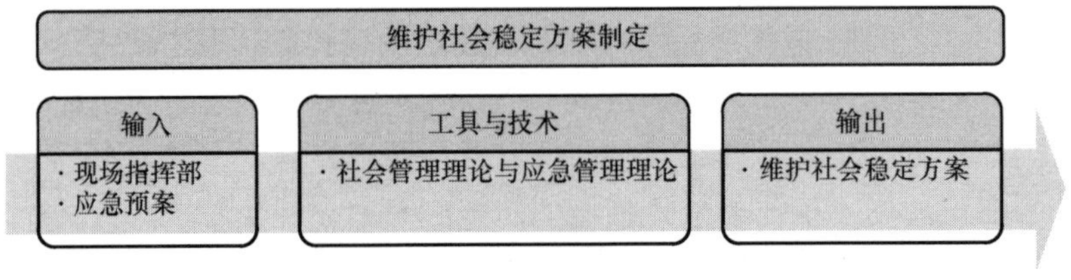

图 8-32 维护社会稳定方案制定的输入、工具与技术、输出

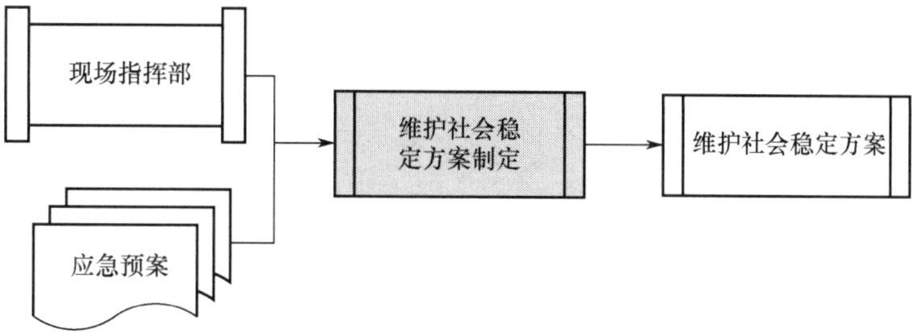

图 8-33 维护社会稳定方案制定的数据流向图

1. 维护社会稳定方案制定：输入

1）现场指挥部

现场指挥部指导制定维护社会稳定方案。

2）应急预案

启动相应的应急预案，以此为依据并结合现实情况制定维护社会稳定方案。

2. 维护社会稳定方案制定：工具与技术

社会管理理论与应急管理理论

基于社会管理理论与应急管理理论，来协调社会关系、规范社会行为，从而维护社会秩序和稳定运行。

3. 维护社会稳定方案制定：输出

维护社会稳定方案

方案主要包括：依法严惩囤积居奇、哄抬物价、制假造假等扰乱市场秩序的行为，稳定市场价格和市场秩序；依法严惩扰乱应急处置工作、哄抢财物等扰乱社会秩序的行为，维护社会治安；在受灾群众安置点、救灾物资存放点等重点地区，增设临时警务站，加强治安巡逻，增强群众的安全感；加强对党政机关、要害部门金融单位、储备仓库、监狱等重要场所的警戒，做好涉灾矛盾纠纷化解和法律服务工作，维护社会稳定。

8.4 智慧应急处置实施与调整

智慧救援处置实施与调整是按照处置方案开展行动，并根据实际情况及时对方案进行调整的过程。突发事件的态势处于变化中，导致其造成的影响、应急处置的需求不断变化，因此，需要结合项目管理理论、时效性评估方法来监控和评估方案的执行情况，利用应急响应程序重构等方法对应急处置方案进行及时调整，保证应急处置有效进行，减小突发事件对生命财产造成的损伤。图 8-34 所示为智慧应急处置实施与调整的输入、工具与技术、输出。图 8-35 所示为智慧应急处置实施与调整的数据流向图。

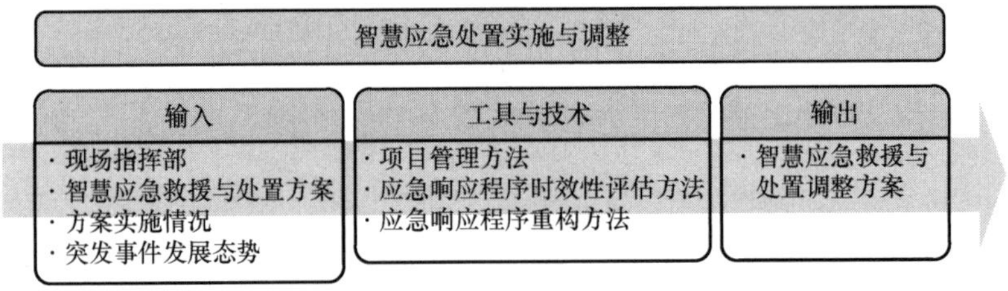

图 8-34　智慧应急处置实施与调整的输入、工具与技术、输出

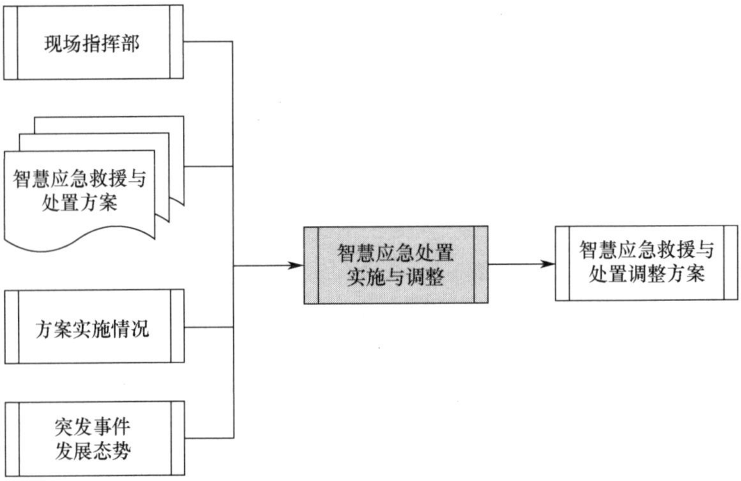

图 8-35　智慧应急处置实施与调整的数据流向图

8.4.1　智慧应急处置实施与调整：输入

1. 现场指挥部

现场指挥部及相应的组织，如搜寻营救组、医疗救治组、后勤保障组、事故调查组、专家咨询组、安全保卫组、舆情信息组、新闻发布组、调查监测组、总结评估组等，按照应急处置方案开展行动。

2. 智慧应急救援与处置方案

方案包括救助性方案、保障性方案、控制性方案和稳定性方案等。其中，救助性方案具体涉及人员搜寻与营救、人员疏散与安置、现场医疗救助、伤员转运与心理救助；保障性方案涉及应急物资筹集与管理、应急物资运输与分配、基础设施与公共服务设施抢修与保护、公共卫生管理、社会动员、生态环境监测与保护；控制性方案主要防止次生灾害；稳定性方案涉及舆情监测与信息发布、维护社会稳定。

3. 方案实施情况

方案实施情况包括各个任务的执行质量、资金使用和时间进度等方面。

4. 突发事件发展态势

突发事件的态势可能会变化，因此应在前期评估的基础上，首先更新突发事件带来的影响和损失情况，包括城镇和乡村受损程度和数量；人员伤亡情况，需要安置的人口数量，需要帮助的孤寡老人、伤残人员、未成年人等具有特殊需求的人员数量；需要提供的房屋数量，需要恢复重建的基础设施、公共服务设施和生产设施；环境污染、生态损害及自然和历史文化遗产毁损等情况；等等。其次更新可利用的资源信息，包括人力资源、物力资源和财力资源等，以及资源的来源、数量及分布情况等信息。

8.4.2 智慧应急处置实施与调整：工具与技术

1．项目管理方法

项目管理方法包括挣值法、调查表、排列图、鱼骨图、对策表、控制图等。

（1）挣值法：分析目标实施与目标期望之间差异的偏差方法，关注项目内容、时间、质量、成本等方面与计划的差异情况，进而进行预测、调整，对项目实施进行综合控制。

（2）调查表：用于获取任务和项目的实际执行数据等。

（3）排列图：将影响工程质量的各种因素，按照出现的频数以从大到小的顺序排列在横坐标上，在纵坐标上标出因素出现的累计频数，并画出对应变化曲线的分析方法。

（4）鱼骨图：又称石川图或者鱼刺图，用于分析质量问题与原因之间的关系，一般从人、机、料、法、环等方面分析。

（5）对策表：又称措施计划表，针对导致质量问题的主要原因而制定应采取措施的计划表。

（6）控制图：又称管理图，用于在直角坐标系内绘制具有控制界限、描述质量波动状态的图形。利用控制图可以区分质量波动的原因，并且判断生产工序是否处于稳定状态。

2．应急响应程序时效性评估方法

时效性是指应急救援减少的损失。对于整体的应急救援与处置行动，不仅受到相关资源（如人力、物力、信息等）各批到达的质量、数量和时间等因素的影响，还受到前序行动的影响。从全流程的角度，充分考虑各个行动任务的特点及前后任务之间的影响关系，通过定量的时效性评估，可以找到相对薄弱的环节，以便进行针对性改进，同时为后续进行应急响应程序重构和方案调整提供依据。

在评估中，首先基于整体应急救援处置方案，对单个行动构造时效性评估函数（如采用 Sigmoid 函数）。行动的时效性受到资源质量、数量、前序行动时效性及完成时间的影响，并且与前三个因素呈正相关关系，与第四个因素呈负相关关系。其次对多个行动的时效性评估函数进行叠加，进而得到全流程的时效性评估函数。

3．应急响应程序重构方法

当多类突发事件并发或发生次生灾害时，基于已数字化表达和模块化的应对单一类型突发事件的响应程序，根据突发事件的发展情况进行重新组合，形成可同时应对多类突发事件的综合响应程序，并生成相应的调整方案。

在应急响应程序重构具体操作中，可结合数学规划方法，考虑各个应急处置程序所

需的资源种类、数量及完成时间的约束，以及各个程序之间序关系的约束，尽量最小化处置时间、处置成本和造成的损失，从而在线生成新的响应程序。

8.4.3 智慧应急处置实施与调整：输出

智慧应急救援与处置调整方案

基于突发事件的发展态势及方案实际执行情况，对方案进行动态调整，协调人员、资源、环境条件等，保障应急救援与处置工作顺利进行。

8.5 后期评估与总结

在应急救援与处置基本结束后，需要对该阶段的方案及实施效果进行评估与总结。该过程的主要目的是总结和吸取应急救援与处置经验教训，并制定整改措施，不断提升应急处置能力。图 8-36 所示为后期评估与总结的输入、工具与技术、输出。图 8-37 所示为后期评估与总结的数据流向图。

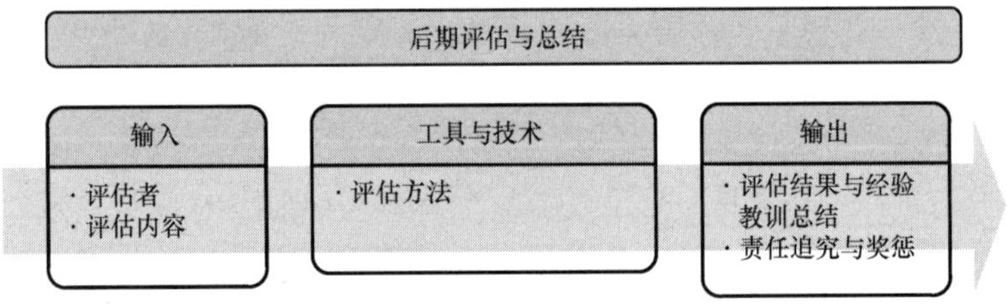

图 8-36　后期评估与总结的输入、工具与技术、输出

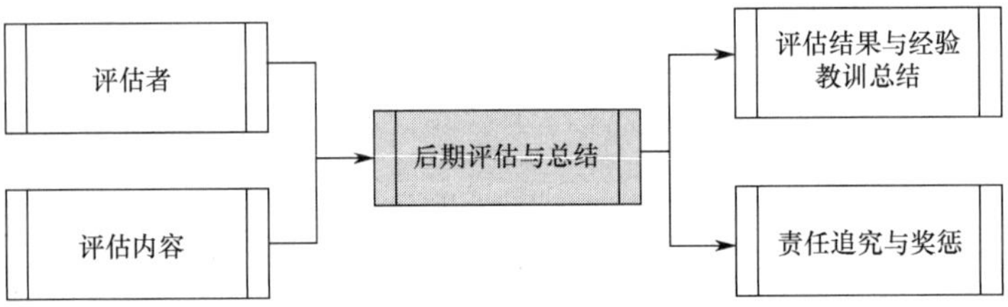

图 8-37　后期评估与总结的数据流向图

8.5.1 后期评估与总结：输入

1. 评估者

评估者包括现场指挥部及相关应急处置评估组的成员等，他们对应急救援与处置工作进行评估。

2. 评估内容

参考《生产安全事故应急处置评估暂行办法》等，评估内容主要包括：突发事件基本情况、信息报送情况等；智慧应急处置方案制定与执行情况；先期处置情况，包括搜寻与营救情况、控制危险源情况、防范次生灾害发生情况；应急救援队伍、人员、装备、物资储备、资金保障等方面的落实情况；环境监测与保护情况；舆情监测与信息发布情况；等等。

8.5.2 后期评估与总结：工具与技术

评估方法

评估方法包括专家评估法、模糊综合评价法、层次分析法、灰色综合评价法、数据包络分析法、神经网络分析法等。

1）专家评估法

专家评估法的种类主要有专家判断法、专家会议法、头脑风暴法和德尔菲法，主要利用相关领域专家的知识和经验对应急救援处置阶段做出判断和评价。

2）模糊综合评价法

模糊综合评价法是一种基于模糊数学的综合评价方法。该综合评价法根据模糊数学的隶属度理论把定性评价转化为定量评价，即用模糊数学对受到多种因素制约的事物或对象做出一个总体的评价。

3）层次分析法

层次分析法是由美国著名运筹学家、匹兹堡大学教授莎迪（T. L. Saaty）于 20 世纪 80 年代创立的。其将与决策有关的元素分解成目标、准则、方案等层次，在此基础之上进行定性和定量的分析与决策。该方法计算过程简单易懂，但是当要素比较多时，一致性检验可能较难通过。

4）灰色综合评价法

灰色综合评价法的实质是，可利用各方案与最优方案之间关联度大小对评价对象进行比较、排序。关联度越大，说明比较序列与参考序列变化的态势越一致。反之，变化态势则相悖，由此可得出评价结果。

5）数据包络分析法

1978 年，数据包络分析法由美国著名运筹学家查恩斯（A. Charnes）等提出，是一种根据多指标投入和多指标产出对相同类型的单位或部门进行相对有效性或效益评价的系统分析方法。此外，该方法不受投入产出量纲的影响，权重由数学规划得出，不受人为主观因素的影响，但是所得权重不具有可比性；并且该方法有较明显的指标数量限制，通常决策单元的数量大于投入产出指标之和的 2 倍，当投入和产出指标总和较大时，容易出现很多决策单元效率值都为 1 的情况，因而使单元的效率值不容易区分。

6）神经网络分析法

该方法需要大量样本，利用神经网络训练模型，构建输入和输出之间的非线性关系，从而进行评估。

8.5.3 后期评估与总结：输出

1. 评估结果与经验教训总结

针对应急救援与处置阶段多方面内容，获得评估结果，并总结应急救援与处置阶段的成效、经验和教训，以便进一步提升防灾减灾能力，并向事故调查组和上一级监管监察部门提交总结报告。

2. 责任追究与奖惩

突发公共事件应急处置工作实行责任追究制，对迟报、谎报、瞒报和漏报突发公共事件重要情况或者应急管理工作中有其他失职、渎职行为的，依法对有关责任人给予行政处分；构成犯罪的，依法追究刑事责任。同时，对突发公共事件应急管理工作中做出突出贡献的先进集体和个人给予表彰和奖励。

8.6 展望

加强智慧应急救援与处置是建立中国特色现代化应急体系的重点任务，尽管相关制度、机制不断完善，智能技术不断发展，仍有一些管理决策问题需要探讨和研究。①在应急管理组织结构智慧化方面：建立应急管理组织结构需要考虑各个部门的结构、权责关系、人员与资源配置，管理组织结构的优劣在一定程度上影响应急流程的执行效率和保障程度，目前主要依靠历史经验、专家建议等定性方法，如何结合历史案例、仿真模拟等方法，定量评估组织结构中部门设置、人员与资源配置的合理性和有效性，并且在其他应急实践中结合突发事件性质等，实现自动化构建灵活、柔性的组织结构是需要进一步探讨的问题。②在数据处理与分析方面：在应急救援与处置中，基于“数据—模型—决策”融合的方法，需要结合气象数据、环境数据、地理信息数据、人员信息，以及交通、电网、通信等系统数据进行评估与决策。然而，数据信息具有多源异构特点，并且部分数据存在时空关联、高频实时等特征，如何打破各个系统间的数据壁垒、实现数据共享，并对数据进行有效集成、融合与分析是提升应急决策时效的关键问题。③在基于应急案例库的智能决策方面：历史应急救援与处置方式、决策、评估结果等可形成案例库，为未来应急决策提供经验。如何构建分类应急案例库，利用知识图谱、智能挖掘与分析方法等，与当前应急事件进行匹配，以便结合历史经验对灾情推演、资源配置等进行辅助决策。④在调动社会基层应急力量的激励机制设计方面，社会群众对于突发事件的反馈体现在社交媒体、行程轨迹、购买支付等行为中，基于心理学、行为运筹学、博弈理论及深度学习等理论，需要考虑对社会群众的多维度行为进行分析与挖掘，针对不同群体制定合理有效的激励机制，从而强化不同主体的合作，提升基层应急力量。

9 智慧应急恢复重建

突发事件在一定程度上干扰了社会秩序，甚至会对经济运行、环境状态等产生负面影响，造成人民群众生命财产损失。当突发事件的威胁和危害得到控制或者消除后，应急管理主要进入恢复重建阶段，需要对突发事件造成的损失进行评估，制定恢复重建计划并实施，使受影响地区尽快恢复正常的社会秩序。本章从智慧应急恢复重建的准备、方案制定、实施与调整、验收与总结方面进行说明。

突发事件后的恢复重建目标，一方面是指在恢复重建阶段需要防止发生自然灾害、事故灾难、公共卫生事件的次生、衍生事件或者重新引发社会安全事件。另一方面是指在恢复重建任务完成后，突发事件受影响地区的生产生活条件和经济社会发展得以恢复，达到或超过突发事件发生前的水平，实现人口、产业与资源环境协调发展。城乡居民居住条件、就业创业环境不断改善；基本公共服务水平有所提升，基础设施保障能力不断加强；主要产业全面恢复，优势产业发展壮大，产业结构进一步优化；自然生态系统得到修复，防灾减灾能力不断增强；人民生活水平得到提高，地方经济步入健康可持续发展轨道。

同时，在恢复重建中需要遵循以下基本原则：①以人为本，民生优先。把保障民生作为恢复重建的基本出发点，优先恢复重建受灾群众住房和学校、医院等公共服务设施，尽快恢复基础设施功能，改善城乡居民的基本生产生活条件。②中央统筹，地方为主。健全中央统筹指导、地方作为主体、群众广泛参与的恢复重建机制。中央在资金、政策、规划等方面发挥统筹指导和支持作用，地方作为恢复重建的责任主体和实施主体，承担组织领导、协调实施、提供保障等重点任务。③科学重建，安全第一。立足实际，遵循自然规律和经济规律，在严守生态保护红线、永久基本农田、城镇开发边界三条控制线基础上，科学评估、规划引领、合理选址、优化布局，严格落实灾害防范和避让要求，严格执行国家建设标准和技术规范，确保恢复重建得到人民认可、经得起历史检验。④保护生态，传承文化。践行生态文明理念，加强自然资源保护，持续推进生态修复和环境治理，保护具有历史价值、民族特色的文物和单位建筑，传承优秀的民族传统文化，促进人与自然和谐发展。

图 9-1 介绍了智慧应急恢复重建的框架。

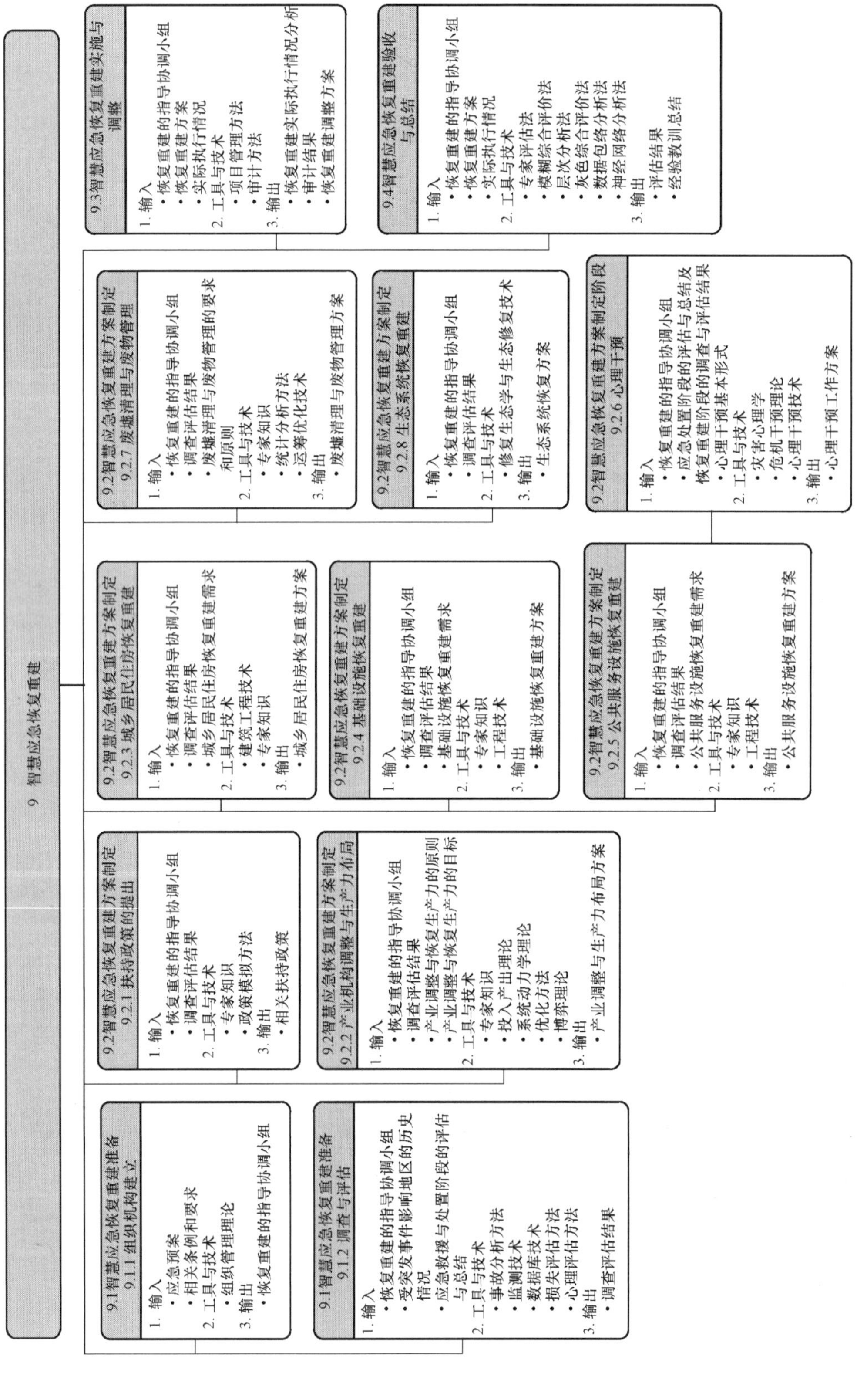

图 9-1 智慧应急恢复重建的框架

9.1 智慧应急恢复重建准备

在恢复重建的准备阶段，主要是建立恢复重建领导协调组织，并在受突发事件影响的地区进行调查与评估，该阶段的主要目的是为之后进行智慧恢复重建规划与实施奠定基础。

9.1.1 组织机构建立

在恢复重建的准备阶段，建立组织机构是按程序组建恢复重建指导协调小组的过程，实现统一指挥、上下联动，指导协调小组负责统筹恢复重建工作，研究解决恢复重建中的问题，并指导恢复重建工作有力、有序、有效地推进。图 9-2 所示为组织机构建立的输入、工具与技术、输出。图 9-3 所示为组织机构建立的数据流向图。

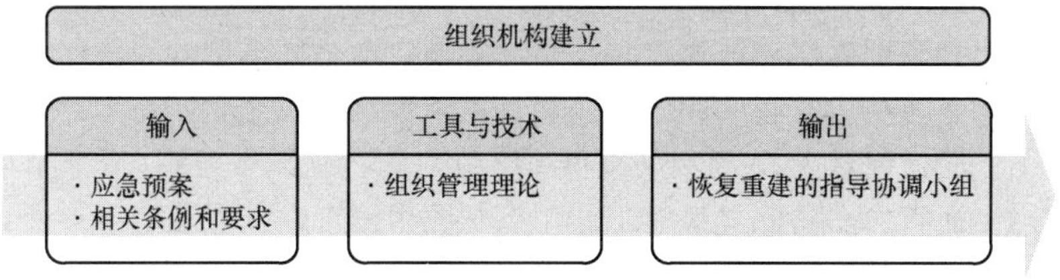

图 9-2 组织机构建立的输入、工具与技术、输出

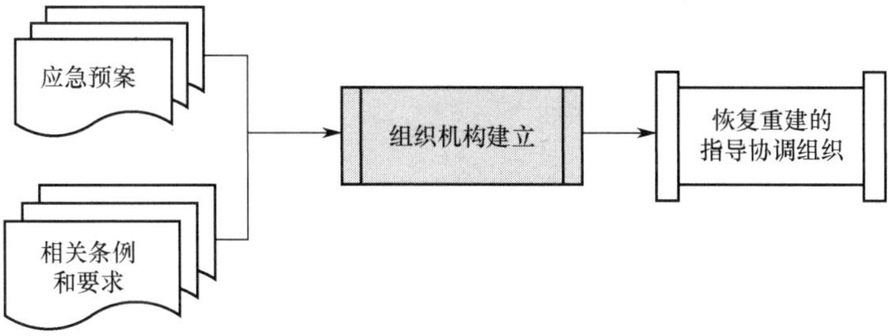

图 9-3 组织机构建立的数据流向图

1. 组织机构建立：输入

1）应急预案

根据实际情况，启动应急预案，成立指导协调小组，负责应急恢复重建工作。

2）相关条例和要求

根据《国家突发公共事件总体应急预案》中对组织体系的介绍，可以认为恢复重建阶段的指导协调组织主要包括以下内容。

（1）领导机构。

国务院是突发公共事件应急管理工作的最高行政领导机构。在国务院总理领导下，由国务院常务会议和国家相关突发事件应急指挥机构（以下简称“相关应急指挥机构”）负责突发公共事件的应急管理工作；必要时，派出国务院工作组指导有关工作。

（2）办事机构。

国务院办公厅设国务院应急管理办公室，履行值守应急、信息汇总和综合协调职责，发挥运转枢纽作用。

（3）工作机构。

国务院有关部门依据有关法律、行政法规和各自的职责，负责相关类别突发公共事件的应急管理工作。具体负责相关类别的突发公共事件专项和部门应急预案的起草与实施，贯彻落实国务院有关决定事项。

（4）地方机构。

地方各级人民政府是本行政区域突发公共事件应急管理工作的行政领导机构，负责本行政区域各类突发公共事件的应对工作。

（5）专家组。

国务院和各应急管理机构建立各类专业人才库，可以根据实际需要聘请有关专家组成专家组，为应急管理提供决策建议，必要时参加突发公共事件的应急处置工作。

组织机构的具体构成与救灾相应的级别有关，根据《关于做好特别重大自然灾害灾后恢复重建工作的指导意见》，当启动救灾Ⅰ级响应的特别重大自然灾害时，国务院有关部门会同灾区所在省份启动恢复重建工作，按程序组建灾后恢复重建指导协调小组。指导协调小组负责研究解决恢复重建中的重大问题，指导恢复重建工作有力、有序、有效推进。未启动救灾Ⅰ级响应的自然灾害由地方政府负责组织灾后恢复重建工作（由国家发展改革委、财政部、应急部牵头，有关部门和灾区所在省份省级人民政府按职责分工负责）。

2. 组织机构建立：工具与技术

组织管理理论

基于组织管理理论，建立应急恢复重建组织结构，规定职务或职位，明确责权关系等，以便有效推动恢复重建进程。组织管理的具体内容是设计、建立并保持一种组织结构。组织管理的内容有组织设计、组织运作、组织调整三个方面。

3. 组织机构建立：输出

恢复重建的指导协调小组

根据相关条例和要求，建立突发事件后恢复重建的指导协调小组结构，规定职务或职位，并明确责权关系等。

9.1.2 调查与评估

在智慧应急恢复重建准备阶段，基于救援与处置阶段评估工作，需要对突发事件及其造成的影响继续进行调查与评估。调查与评估是制定智慧应急恢复重建计划、保障计划实施的基础，需要保证资料和数据的真实性、及时性。图 9-4 所示为调查与评估的输入、工具与技术、输出。图 9-5 所示为调查与评估的数据流向图。

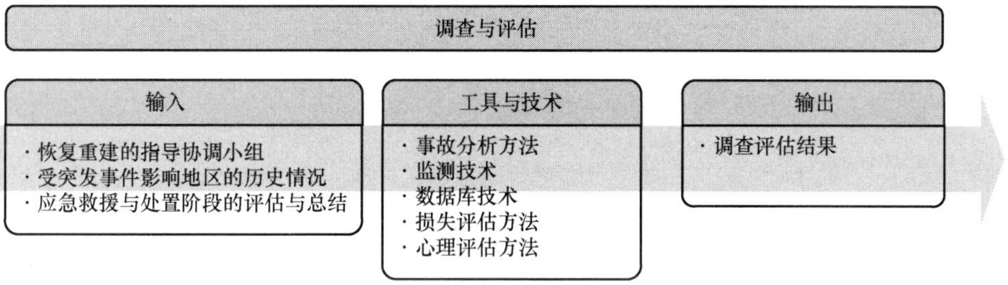

图 9-4 调查与评估的输入、工具与技术、输出

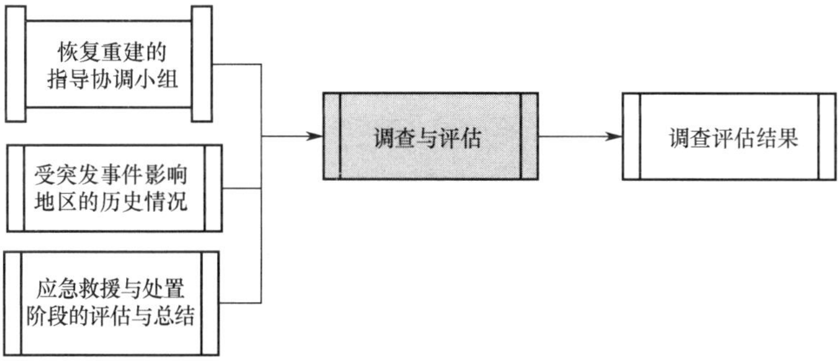

图 9-5 调查与评估的数据流向图

1．调查与评估：输入

1）恢复重建的指导协调小组

恢复重建的指导协调小组领导并参与调查与评估工作的开展。

2）受突发事件影响地区的历史情况

受突发事件影响地区的历史情况包括区域分布、各种基础设施数量及分布、各种公共服务设施数量及分布、产业分布、生态状况等。

3）应急救援与处置阶段的评估与总结

以上一阶段的应急处置评估与总结结果为基础，进一步开展评估工作，分析突发事件带来的影响等。

2．调查与评估：工具与技术

1）事故分析方法

请参见 8.2.2 节中的“1．事故分析方法”。

2）监测技术

监测技术用于获取相关数据，来表征突发事件后目标事物的状态变化情况，为评估突发事件带来的影响提供数据基础。相关智能技术包含射频识别技术、智能机器人技术、物联网技术、遥感技术、地理信息系统技术（GIS）等。

3）数据库技术

数据库技术用于存储和处理相关监测数据，以便进行损失评估。

4）损失评估方法

请参见 8.2.2 节中的“5．损失评估方法”。

5）心理评估方法

请参见 8.2.2 节中的“（9）心理评估方法”。

3．调查与评估：输出

调查评估结果

（1）调查突发事件的起因、性质、发生时间、影响的区域范围、影响的对象等。

（2）损失评估。进一步统计和评估城镇和乡村受损程度和数量；人员伤亡情况，需要安置的人口数量，需要帮助的孤寡老人、伤残人员、未成年人等具有特殊需求的人员数量；各个产业关联的损失，以及企业层面的损失；房屋破坏程度和数量，基础设施、公共服务设施等受损程度和数量，农用地毁损程度和数量等；需要提供的房屋数量，需要恢复重建的基础设施、公共服务设施和生产设施；环境污染、生态损害及自然和历史文化遗产毁损等情况；水文地质、工程地质、地形地貌、河势及重大水利水电工程受影响情况；由突发事件引起的次生灾害及隐患等。

（3）可利用资源情况。可利用资源包括场地、设备、人员等情况。在恢复重建阶段，受突发事件影响的人员安置、废墟及垃圾的处理等，需要临时场所，实施恢复重建工作需要人力、物力和财力的投入。

（4）社会影响。包括公众情绪、公众心理状况、政府公信力变化等。

（5）需要调查评估的其他事项。

9.2 智慧应急恢复重建方案制定

智慧应急恢复重建方案需要以国家相应减灾法的要求、与恢复重建有关的法律法规及重建标准和重建基础为依据，方案主要包括经济、社会、环境三个方面，需要统筹规划城乡居民住房、基础设施、公共服务设施、生态系统、产业发展等内容，同时需要考虑短期与长期的发展，来降低或消除突发事件的影响，恢复正常的社会秩序。

其中，经济方面包括扶持政策的提出及产业结构调整与生产力布局；社会方面包括城乡居民住房、基础设施、公共服务设施的恢复与重建及心理干预；环境方面包括废墟清理与废物管理及生态系统的恢复与重建。

9.2.1 扶持政策的提出

在突发事件后的修复与重建阶段，需要相应的财政、税收、产业等方面的政策支撑，来保障各项修复与重建任务的有效开展。图 9-6 所示为扶持政策的提出的输入、工具与技术、输出。图 9-7 所示为扶持政策的提出的数据流向图。

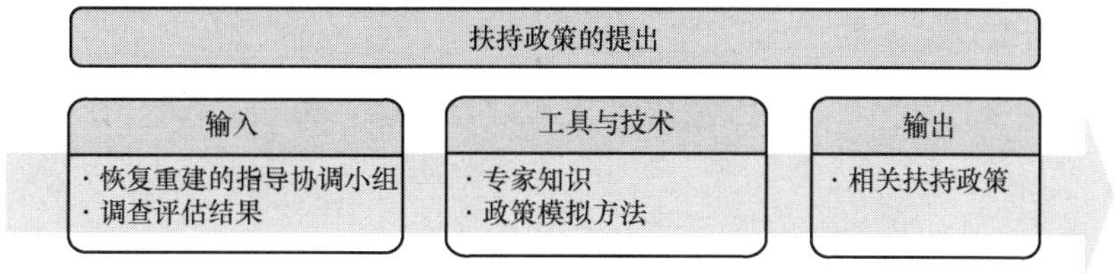

图 9-6　扶持政策的提出的输入、工具与技术、输出

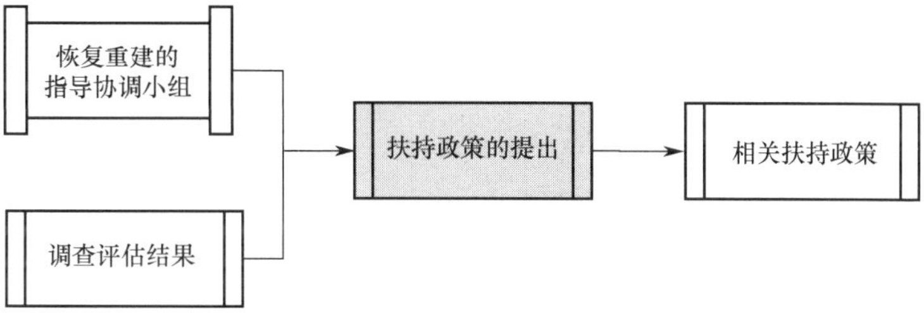

图 9-7　扶持政策的提出的数据流向图

1. 扶持政策的提出：输入

1）恢复重建的指导协调小组

恢复重建的指导协调小组领导并参与提出扶持政策。

2）调查评估结果

基于调查评估结果，了解突发事件带来的损失情况，以便有针对性地提出扶持政策。

2. 扶持政策的提出：工具与技术

1）专家知识

利用专家知识和经验指导扶持政策的制定。

2）政策模拟方法

政策模拟方法包括可计算一般均衡模型（Computable General Equilibrium，CGE）、系统动力学（System Dynamics，SD）理论、基于主体的建模（Agent-Based Modeling，ABM）等。

（1）可计算一般均衡模型：构建 CGE，用于研究政策对地区福利、产业发展等的影响。

（2）系统动力学理论：由美国麻省理工学院福莱斯特（J. W. Forrester）于 1956 年创立。在智慧应急恢复重建阶段，可以建立包含多种因素的系统，并建立因素之间的动态反馈关系，利用系统动力学方法来对政策实施情况进行模拟仿真。

（3）基于主体的建模：基于主体的模型是一种微观的模型，能够模拟突发事件影响下自主主体的行为和交互，以评估其对系统的影响。通过构建仿真框架，可以用于研究恢复重建政策的模拟效果。

3．扶持政策的提出：输出

相关扶持政策

根据受突发事件影响区域的现状及恢复重建任务制定相关财政政策、税收政策、金融政策、保险政策、产业扶持政策、就业和社会保障政策、城乡住房重建政策等，保障恢复重建任务的实施，加快消除突发事件的负面影响。

（1）财政政策：受突发事件影响地区的政府要通过调整支出结构，集中财力用于突发事件后的恢复重建，统筹优化财政资金使用，发挥财政资金的杠杆作用，吸引更多社会资金参与重建，引导社会捐赠资金在规划框架下认建或承建恢复重建项目。积极支持符合条件的恢复重建项目借用国外贷款，引导国际组织无偿援助项目向灾后恢复重建项目倾斜。此外，相关政策还可以考虑以资金补助和贷款贴息等方式对农产品批发市场、农贸市场、物流配送中心、重要商品储备库等流通基础设施恢复重建重点项目、保障群众基本生活和恢复工农业生产条件的项目予以支持，并向少数民族地区和边远山区倾斜。

（2）税收政策：根据现实情况，考虑减轻受影响地区的企业税收负担。

（3）金融政策：包括银行业金融机构优先安排受突发事件影响地区的重建信贷资金，在信贷规模上向这些地区倾斜。加大再贷款、再贴现限额调剂力度。支持金融机构加大对恢复重建的信贷投放。探索发行社会效应债券或项目收益票据等创新型品种，支持受影响地区的企业申请首次公开发行股票和上市公司再融资。

（4）保险政策：包括完善应对突发灾害的保险支持体系，对受影响地区的城乡居民住房地震保险、农业保险实施财政补贴政策。支持保险机构创新产品，满足恢复重建、当地企业和居民的多层次保险需求。鼓励保险资金投资恢复重建项目。建立绿色理赔通道，简化理赔程序，做到保险赔款应赔、尽赔、快赔。加强保险宣传教育，提高社会公众保险意识。

（5）产业扶持政策：包括支持受突发事件影响地区的产业发展，以及相关基础设施和公共服务设施建设；鼓励淘汰高耗能、高污染类企业等。

（6）就业和社会保障政策：包括扩大就业援助范围和公益性岗位认定范围，按规定给予社会保险补贴和岗位补贴。针对就业困难人员、受影响地区的劳务输出人员、因灾暂时失去工作岗位的职工，以及因灾停产、歇业期间或生产经营受到严重影响的企业等进行补贴或实施相关扶持政策。

（7）城乡住房重建政策：包括对因住房毁损导致无房可住的居民给予适当补助，根据房屋破坏程度对因灾受损住房维修加固实行分档补助等。

9.2.2 产业结构调整与生产力布局

产业发展会受到突发事件的影响，因此，在恢复与重建阶段需要进行产业结构调整和生产力布局，综合考虑资源环境承载力及区域建设的需要，坚持因地制宜、以人为本、尊重自然，合理安排原地恢复、原地重建与异地新建，来实现经济社会的全面可持续发展。图 9-8 所示为产业结构调整与生产力布局的输入、工具与技术、输出。图 9-9 所示为产业结构调整与生产力布局的数据流向图。

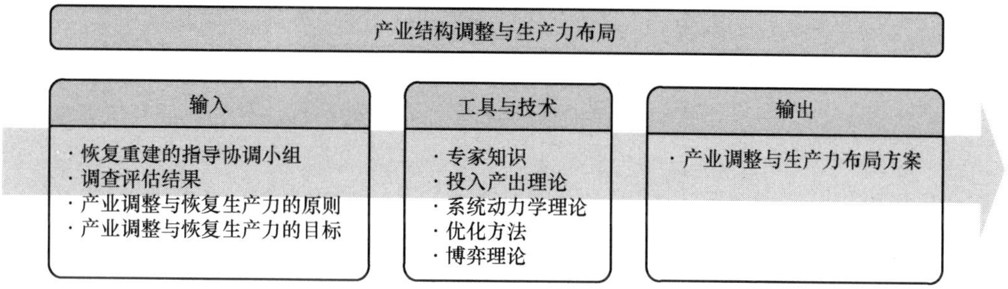

图 9-8　产业结构调整与生产力布局的输入、工具与技术、输出

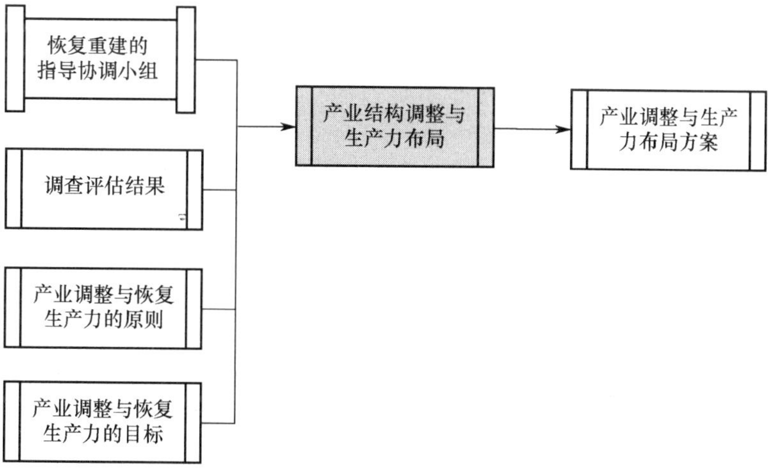

图 9-9　产业结构调整与生产力布局的数据流向图

1. 产业结构调整与生产力布局：输入

1）恢复重建的指导协调小组

恢复重建的指导协调小组领导并参与产业结构调整与生产力布局。

2）调查评估结果

结合恢复重建阶段初期的调查评估内容，了解受突发事件影响地区的资源分布、经济基础、环境容量等，以及突发事件前后该地区的产业结构、分布情况及发展状态。

3）产业调整与恢复生产力的原则

（1）科学规划与产业协调相结合。充分考虑地质地理条件和环境承载能力，科学布局，稳步实施。统筹协调农业、工业、旅游业和文化产业之间的关系，处理好产业发展与生态环境保护之间的关系，尊重民族文化传统。

（2）因地制宜与突出重点相结合。根据资源环境承载条件和产业政策，注重发挥优势，合理确定不同区域的重建强度与产业发展方向。

（3）恢复重建与优化提升相结合。恢复重建要坚持高标准、高起点，优化生产力布局，引导产业集聚发展。用技术改造提升传统产业，做强势产业，坚决淘汰高耗能、高污染和落后生产能力，按照循环经济的理念，推动发展方式转变，推进受影响地区资源节约型和环境友好型社会建设。

（4）产业发展与增加就业相结合。高度重视并优先恢复重建与解决人民就业和恢复生活生产秩序密切相关的产业，结合当前与长远发展，维护社会稳定。

（5）市场主导与扩大开放相结合。要坚持市场化改革方向，解放思想、开拓创新，结合市场运作、政府引导与社会参与，以企业为主体，在坚持自力更生的同时，扩大对内对外开放，重视发挥国内外大企业集团在恢复重建中的作用。

4）产业调整与恢复生产力的目标

结合地区的资源承载力、经济基础、产业政策、就业需要等，设定产业调整后的经济目标和节能减排目标。

2. 产业结构调整与生产力布局：工具与技术

1）专家知识

利用专家知识和经验指导产业结构调整和生产力布局。

2）投入产出理论

通过编制棋盘式的投入产出表，建立模拟现实经济的数学模型，定量分析各产业之间的联系，并探讨产业结构调整方向。

3）系统动力学理论

由于区域产业结构中的众多因素相互关联、相互作用构成了复杂的系统，同时又受到其他因素的影响，可以利用系统动力学方法构建模型并进行仿真模拟，对产业结构进行优化调整。

4）优化方法

由于经济社会系统比较复杂，在进行产业结构优化时通常需要考虑经济、资源与环境等多个目标，因此可以利用多目标优化模型，同时结合实际情况，考虑资金、资源、劳动力供给等约束，对产业结构进行优化。

5）博弈理论

基于博弈理论，针对产业结构调整，分析不同层级政府间、政府与投资者间的决策关系。

3. 产业结构调整与生产力布局：输出

产业调整与生产力布局方案

方案包含各产业恢复重建目标、重点发展内容、具体实施进度安排等。

9.2.3 城乡居民住房恢复重建

突发事件后，需要根据调查评估结果，按照统一规划、合理布局、安全可靠、经济适用的原则，对城乡居民住房进行恢复重建。对于可以恢复的住房，进行查验鉴定与维修加固；对于需要重建的住房，要科学选址、集约用地。图 9-10 所示为城乡居民住房恢复重建的输入、工具与技术、输出。图 9-11 所示为城乡居民住房恢复重建的数据流向图。

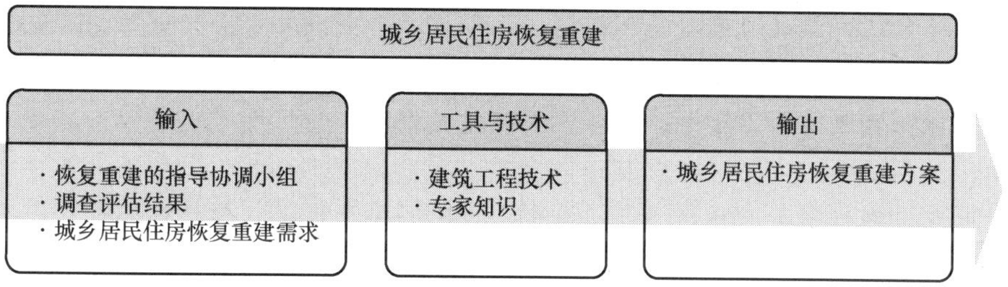

图 9-10 城乡居民住房恢复重建的输入、工具与技术、输出

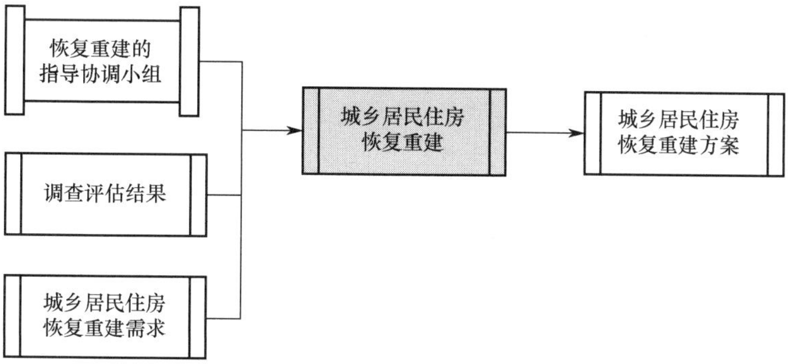

图 9-11 城乡居民住房恢复重建的数据流向图

1. 城乡居民住房恢复重建：输入

1）恢复重建的指导协调小组

指导协调小组领导并参与城乡居民住房的恢复重建。

2）调查评估结果

结合恢复重建阶段初期的调查评估内容，了解城乡居民住房的损失情况，包括受损数目、受损程度、所在区域等。

3）城乡居民住房恢复重建需求

分别确定城乡需要加固恢复与重新建设的住房数量、规模面积、所在区域及相关配套设施等。

2. 城乡居民住房恢复重建：工具与技术

1）建筑工程技术

用于修缮或重建居民住房。

2）专家知识

利用专家知识与经验指导居民住房的恢复重建工作。

3. 城乡居民住房恢复重建：输出

城乡居民住房恢复重建方案

方案包括城乡住房重建方式、规模、建造工期与进度计划等。

对于农村居民住房，尊重群众意愿，坚持集中居住与分散居住相结合的原则；重建设计需要符合现行建筑技术规范和抗震设防的要求，并利用自然条件和生态优势，突出地域特色和民族风貌，建设绿色乡村和生态家园。

对于城镇居民住房，根据规划布局和群众意愿，统筹住房建设，可以通过建设经济适用房、廉租房等方式解决受突发事件影响的群众的住房问题。新建的居民小区要配备相应的基础设施与服务功能。住房建设推广应用安全节能环保新材料和新技术。

9.2.4 基础设施恢复重建

依据《“十四五”国家应急体系规划》，在恢复重建阶段，需要考虑对受影响地区的交通、能源、水利、通信等基础设施的恢复重建，尽快恢复社会生活秩序。各类基础设施的恢复重建，要把恢复功能放在首位，根据地质地理条件和城乡分布合理调整布局，与当地经济社会发展规划、城乡建设规划、土地利用规划相衔接，远近结合，合理确定建设标准，增强安全保障能力。图 9-12 所示为基础设施恢复重建的输入、工具与技术、输出。图 9-13 所示为基础设施恢复重建的数据流向图。

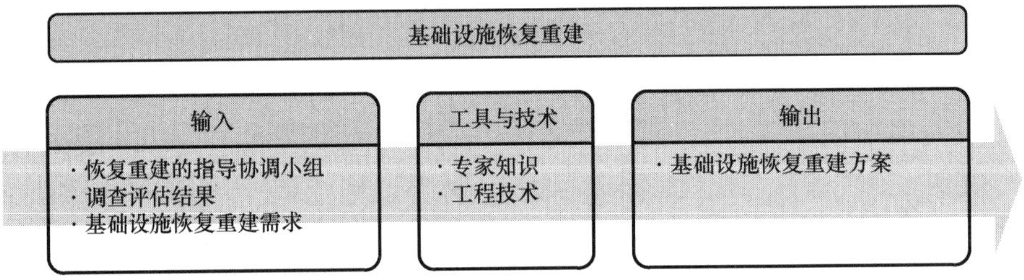

图 9-12　基础设施恢复重建的输入、工具与技术、输出

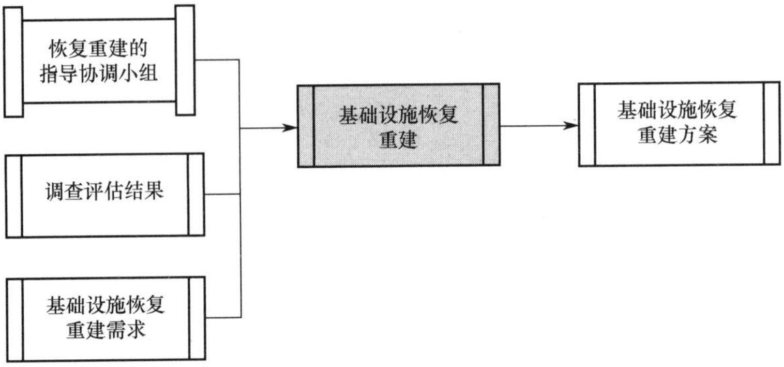

图 9-13　基础设施恢复重建的数据流向图

1．基础设施恢复重建：输入

1）恢复重建的指导协调小组

指导协调小组领导并参与基础设施的恢复重建。

2）调查评估结果

结合恢复重建阶段初期的调查评估内容，了解各类基础设施的损失情况，包括受损程度、所在区域等。

3）基础设施恢复重建需求

主要包括交通、通信和邮政、能源、水利、市政公用等设施的恢复重建。

（1）交通设施的恢复重建，首先需要仔细排查并恢复既有功能，对损毁中断的道路按照“先通后畅”的原则，全力组织抢修国道、省道、主要干线公路、农村公路，以及通往重要工矿企业、林区的专用道路和受损的民航设施；其次对危桥和山区特殊路段的护坡要重点检查和维护，迅速开展重点路段和桥梁的恢复重建，确保主要交通干线公路安全畅通。

（2）通信和邮政设施的恢复重建，需要加强通信干线网的恢复重建，修复基站设备及受损光缆等，做好公众通信网和应急通信能力建设，并且恢复重建邮政设施。

（3）能源设施的恢复重建，需要恢复受损电网设施及油气管网设施等。

（4）水利设施的恢复重建，需要统筹考虑防洪安全、饮水安全、恢复生产等需求。重点做好水库工程、堰塞湖及河道淤堵处理工程、堤防工程和乡村供水设施、灌排水利设施、水文水资源设施等的恢复重建。

（5）市政公用设施的恢复重建，需要符合调整后的城镇总体规划，恢复重建城镇供水、排水、燃气、避难场所等设施，并推进农村基础设施建设。

2．基础设施恢复重建：工具与技术

1）专家知识

将专家知识和经验与现实情况相结合，为基础设施的恢复重建提供决策支持。

2）工程技术

工程技术包括恢复重建基础设施电力技术、通信技术等。

3．基础设施恢复重建：输出

基础设施恢复重建方案

方案包括各项建设任务的内容、地点、优先级、实施人员、实施时长等。

9.2.5　公共服务设施恢复重建

突发事件发生后，需要对教育、卫生、文化体育等公共服务进行恢复重建，来维持社会秩序。图 9-14 所示为公共服务设施恢复重建的输入、工具与技术、输出。图 9-15 所示为公共服务设施恢复重建的数据流向图。

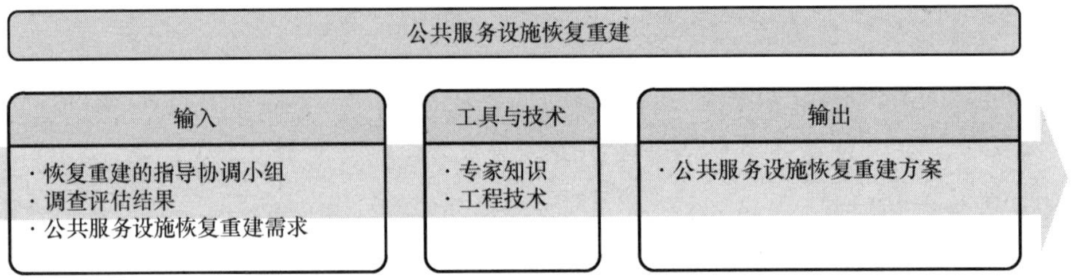

图 9-14　公共服务设施恢复重建的输入、工具与技术、输出

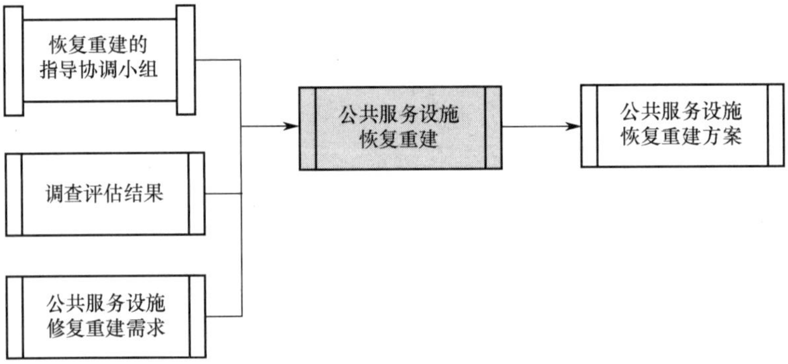

图 9-15　公共服务设施恢复重建的数据流向图

1. 公共服务设施恢复重建：输入

1）恢复重建的指导协调小组

指导协调小组领导并参与公共服务设施的恢复重建。

2）调查评估结果

结合恢复重建阶段初期的调查评估内容，了解各类公共服务设施的损失情况，包括受损程度、所在区域等。

3）公共服务设施恢复重建需求

关于公共服务设施，优先安排学校、医院等设施的恢复重建。根据受影响地区总体区域规划的变动，合理调整教育资源布局。恢复重建妇幼保健院、疾病预防控制中心、社区卫生服务中心等服务设施，补充配置因灾受损的医疗卫生设备，充实医疗卫生机构专业人才队伍，可利用其他地区医疗资源对受影响地区进行对口支援。

完善文化体育设施。恢复重建受损的公共文化广场、群众健身设施等。修复受损文物，加强非物质文化遗产保护。恢复重建广播电台、电视台等设施。

社会管理。恢复重建受损的行政机关、政法机关、监督监管机构的办公业务用房及村级综合服务设施。严格按照国家相关建设标准建设，同级同类机构的用房和设施尽可能整合资源，集中建设，共建共享，厉行节约。

提高就业和社会保障能力。建立健全公共就业和社会保障服务体系，提供就业和社会保障服务。恢复重建福利院、敬老院、残疾人综合服务设施、殡葬服务设施等，增强各类社会福利、社会救助和优抚安置服务能力。

2. 公共服务设施恢复重建：工具与技术

1）专家知识

将专家知识和经验与现实情况相结合，为公共服务设施的恢复重建提供决策支持。

2）工程技术

工程技术包括恢复重建公共服务设施土木工程技术、建筑工程技术等。

3. 公共服务设施恢复重建：输出

公共服务设施恢复重建方案

方案包括建设内容、地点、优先级、实施人员、实施时长等。

9.2.6 心理干预

突发事件的发生不仅会给公众带来生命和财产上的损失，而且可能给一定数量的公众造成负面的心理影响。因此，需要采取相应的心理干预措施，让受突发事件影响的公众从精神上恢复健康，提高应激能力。图 9-16 所示为心理干预的输入、工具与技术、输出。图 9-17 所示为心理干预的数据流向图。

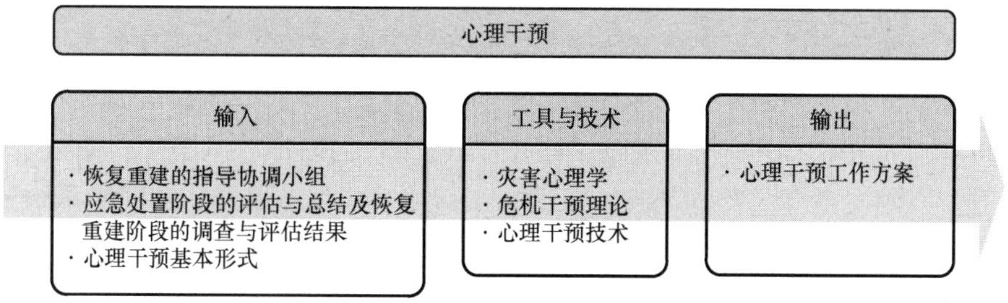

图 9-16　心理干预的输入、工具与技术、输出

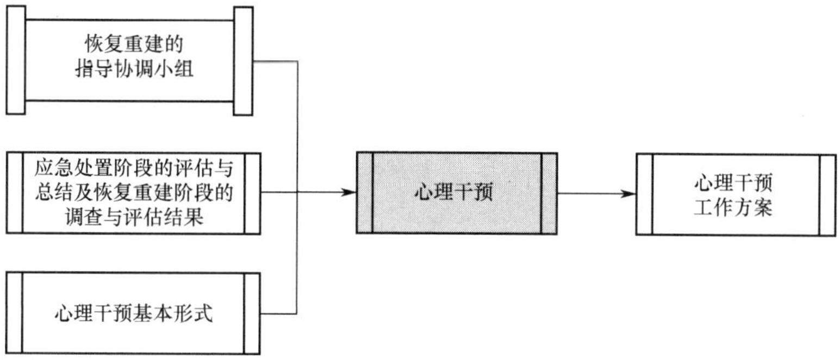

图 9-17　心理干预的数据流向图

1. 心理干预：输入

1）恢复重建的指导协调小组

指导协调小组领导并组织心理救援医疗队继续开展心理干预工作。心理救援医疗队

主要以精神科医生为主，以心理治疗师、心理咨询师、精神科护士、社会工作者和心理援助热线队伍为辅。心理援助热线队伍以接受过心理热线培训的心理健康工作者和有突发公共事件心理危机干预经验的志愿者为主。在上岗之前，应当接受心理援助培训，并组织专家对热线人员提供督导。

2）应急处置阶段的评估与总结及恢复重建阶段的调查与评估结果

基于应急救援与处置阶段评估总结结果，根据恢复重建阶段的评估情况，明确心理干预工作的进度及心理救助队伍、目标人群分类及数量等基本情况。

3）心理干预基本形式

针对普通人群采用心理危机管理技术开展心理危机管理，主要包括：①利用大众媒体向灾民宣传心理应激和心理健康知识，宣传应对突发事件的有效方法。②建立社区心理社会互助网络。

重点人群是指目标人群中经过评估有严重应激症状的人群。对重点人群采用稳定情绪、放松训练、心理辅导等开展心理危机救助。①稳定情绪方法主要包括：倾听与理解，以理解的心态接触重点人群，给予倾听和理解，并做适度回应，不要将自身的想法强加给对方；增强其安全感，减少重点人群对当前和今后的不确定感，使其情绪稳定；适度的情绪释放，运用语言及行为上的支持，帮助重点人群适当释放情绪，恢复心理平静；解疑释惑，对于重点人群提出的问题给予关注、解释及确认，减轻疑惑；提供实际协助，给重点人群提供实际帮助，协助重点人群调整和接受因突发事件改变的生活环境及状态，尽可能地协助重点人群解决面临的困难；重建支持系统，帮助重点人群与主要的支持者或其他的支持来源（包括家庭成员、朋友、社区的帮助资源等）建立联系，获得帮助；提供心理健康教育，即提供突发事件后常见心理问题的识别与应对知识，帮助重点人群积极应对，恢复正常生活；联系其他服务部门，帮助重点人群联系可能得到的其他部门的服务。②进行放松训练。主要包括呼吸放松、肌肉放松、想象放松。分离反应明显者不适合学习放松技术。分离反应表现为：对过去的记忆、对身份的觉察、即刻的感觉乃至身体运动控制之间的正常的整合出现部分或完全丧失。③心理辅导。通过交谈来减轻突发事件对重点人群造成的精神伤害，个别或者集体进行，自愿参加。开展集体心理辅导时，应按不同的人群分组进行，如住院轻伤员、医护人员、救援人员等。

2．心理干预：工具与技术

1）灾害心理学

灾害心理学是心理学家雷耶斯和吉莉安·雅各布斯在2006年提出的，主要关注受到灾害影响的人的心理健康和心理社会需求问题。

2）危机干预理论

危机干预理论包括精神分析理论、适应理论、人际关系理论、系统理论。其中，精神分析理论是通过对个体无意识和过去情绪经历的理解，帮助求助者理解其行为的动力和原因。适应理论是指适应性不良行为、消极的思想和损害性的防御机制对个体的危机起维持的作用；它假设当适应性不良行为改变为适应性行为时，危机就会消退。人际关系理论是指如果人们相信自己，相信别人，并且具有自我实现和战胜危机的信心，那么个人的危机就不会持续很长时间；其对危机和危机干预的理解在于，它认为一个人的控制权的外失与他的危机会持续相等的时间；其目的在于将自我评价的权利交回自己的手中。系统理论的焦点不是强调处于危机中的个体的内部反应，而是关注人与人、人与事件之间的相互关系和相互影响；常常涉及一个情绪系统、一个沟通系统及一个需要满足系统，且所有属于系统的成员都对别人产生影响，也被别人影响；其最大的突破在于不仅从当事人的线性因果关系角度来考察危机，而且从社会和环境的范畴来考察危机。

3）心理干预技术

心理干预技术是在心理学理论指导下有计划、按步骤地对一定对象的心理活动、个性特征或心理问题施加影响，使之发生朝向预期目标变化的过程。贝尔金等提出了三种基本的心理危机干预模式，包括平衡模式、认知模式和心理转变模式。平衡模式致力于帮助人们重新获得危机前的平衡状态，适合早期干预；认知模式认为危机源于对生活困难和创伤的错误思维和信念，通过改变思维方式、改变非理性的认知和自我否定，使人们获得对自己生活中危机的控制；心理转变模式引导人们从心理、社会和环境三个范畴来寻找策略。

3．心理干预：输出

心理干预工作方案

根据目标人群范围、数量及心理危机干预人员数量，安排工作，制定工作时间表，针对不同的人群确定相应的心理干预方法，并利用大众媒体向群众宣传心理应激和心理健康知识。

9.2.7 废墟清理与废物管理

一些突发事件会导致废墟或者大量废物产生，会对环境和人体健康造成影响，因此，在恢复重建阶段，需要立足当前，兼顾长远，依法、有序地清理废墟和管理废物。

根据分类，废物主要包括传染性废物、危险废物、一般废物及建筑废物等。传染性废物主要包括禽畜尸体、医疗废物、被尸体污染的废物等。危险废物主要是工业区内的工业危险废物，如铬渣、废酸、废碱、有机溶剂、化工残渣残液、被污染的化工原料等。此外，还有社会源危险废物，如石棉、铅酸蓄电池、清洁剂、杀虫剂、除草剂、油漆、油类（如加油站的油品）等。一般废物包括工业固体废物等。建筑废物包括砖瓦、钢筋混凝土构件、玻璃、木材、沥青、各类金属（如钢铁、铜、铝等）、塑料、橡胶制品（如门窗、管道等）、绝缘材料（如玻璃纤维、泡沫塑料等），并杂有各种生活用品、家具灯具、家电、电线电缆、衣物等。

图 9-18 所示为废墟清理与废物管理的输入、工具与技术、输出。图 9-19 所示为废墟清理与废物管理的数据流向图。

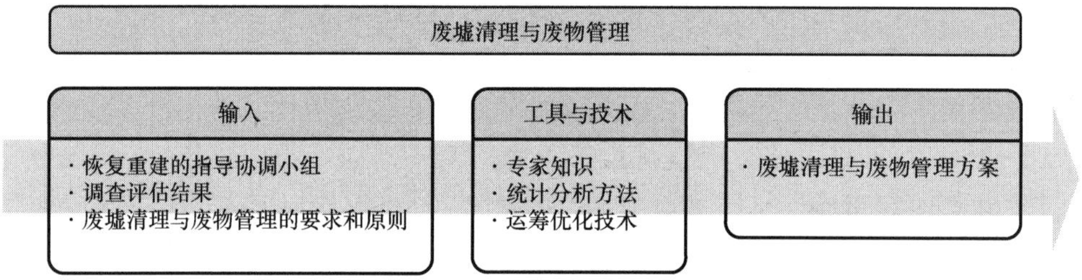

图 9-18　废墟清理与废物管理的输入、工具与技术、输出

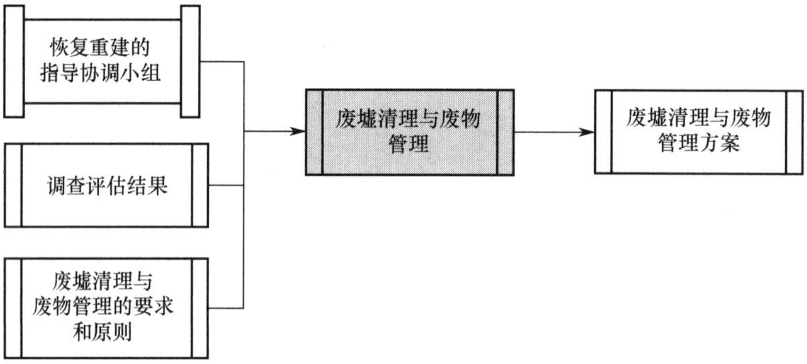

图 9-19　废墟清理与废物管理的数据流向图

1．废墟清理与废物管理：输入

1）恢复重建的指导协调小组

恢复重建的指导协调小组包括相应的政府部门、负责废物管理的机构及群众等。

2）调查评估结果

调查评估结果包括废墟及废物的基本情况和可利用的进行废物管理的资源。

（1）废墟及废物的基本情况：统计各类废墟及废物的分布、种类、数量。根据灾害范围内各类建筑的分布概况和数量及其损坏情况，估测建筑废物产生量。根据灾害范围内生活垃圾清运、处置设施的分布概况、数量和损坏情况，结合灾后重建和救援过程中产生的生活垃圾，估测生活垃圾产生量。根据有关经济统计数据或环境统计数据，分析估测一般工业固体废物的产生量。可能产生危险废物的有生产、使用、销售危险化学品及农药的工商业单位（如化工、农药、电镀、有色金属、制药等企业及相关流通和使用单位），以及医疗机构、加油站等企事业单位；根据有关经济（或商业）统计数据、环境统计数据，灾区内工业企业产业结构和生产规模、受损情况，以及危险废物和医疗废物处置设施可能残存的危险废物量，估算危险废物产生量。

（2）可利用的进行废物管理的资源：包括专业的废物利用和处置设施及单位，以及可临时利用或处置废物的设施（如工业窑炉）和单位，可能的废物利用市场，以及相应的处理设备等，具体包括废物挖掘、收集、包装、装卸、运输、储存、处置技术及所用包装容器、工程设备等。

3）废墟清理与废物管理的要求和原则

根据相关条例，废墟清理及废物管理的要求包括：①分类清理和管理。废物混合后，将增加处理成本和环境污染的风险。因此，要尽可能实现分类清理和管理，特别是将废墟中的危险废物清理出来后分类处置，处置要求参照相关规定。②废墟清理时考虑其优先级。废物管理时优先处理对人体健康和环境威胁大的废物及环境敏感区域（如饮用水源地附近、人口聚居地）的废物，优先级为传染性废物、危险废物和生活垃圾、一般废物、建筑废物。③注重资源化利用。如各类生活用品、电器、报废汽车、建筑废物都有可能进行循环利用。④尽可能实现减容和减量。采取切割、破碎、压缩、焚烧等措施进行废物的减容和减量，降低运输和处置成本、减小环境风险。⑤尽可能以环境无害化方式处置。⑥应急及临时处置管理。应急及临时储存、填埋和焚烧废物，应有专人管理，确保按规定要求接收废物；记录填埋或焚烧废物地点，所焚烧或填埋废物类别及数量、时间（以下简称“运行记录”），并报有关环保或其他相关部门备案。应急及临时储存处置设施要设置专门标识，向公众和废物运输者提供废物接收信息和紧急联系方式等。⑦必要的培训和指导。有关部门或单位应当对从事废墟清理的人员进行必要的有关人员防护和危险废物知识的培训。在紧急情况下，必须在清理前对参加清理人员交代清理要点和要求，如关于建筑废墟中石棉清理的培训。对可能产生危险废物的重点区域，应当有持危险废物经营许可证的单位或有相关经验的专业公司协助指导清理。在废墟清理过程中，发现危险废物或疑似危险废物的，应当立即通知政府指定的专业公司协助清理。⑧强化管理。清理或排查重点区域的废墟前，应做好防护措施。特别是在察觉场地有异常气味或发现不明物质时，应进行环境监测。在清理过程中，应注意相应的安全、环保、卫生等防护措施及风险事故应急措施，包括在对废墟清理前，喷洒药物或石灰灭菌或控制蚊蝇。政府有关主管部门应当加强对临时处置设施的巡视、监管和指导。所有运行记录，应由当地环保或其他相关部门及时报上级环保部门备案。加强废墟清理和废物管理的过程监督，及时总结经验教训并进行后期评估。⑨在废墟清理和废物管理中注重宣传教育。例如，宣传废物的潜在风险及如何防护；废物处理的优先等级；公示废物处置地点和联系方式；等等。

2. 废墟清理与废物管理：工具与技术

1）专家知识

将专家知识和经验与现实情况相结合，为废墟清理及废物管理提供决策支持。

2）统计分析方法

利用统计方法统计废物的分布、种类和数量，可利用的数量及需要处置的数量等。

3）运筹优化技术

已知废墟的基本情况，如各类废物的数量及分布、废墟清理的相关原则（如优先级等）和要求、可利用的运输及存储资源、道路情况等，通过建立数学规划模型，得到最优运输路线、废墟清理任务安排等。

3. 废墟清理与废物管理：输出

废墟清理与废物管理方案

方案包括不同种类不同区域的废物处理时间、处理方法、相关人员、临时放置场所、运输路径、处理场所、注意事项等，以及回收再利用计划等。

9.2.8 生态系统恢复重建

突发事件后，需要采取相应的措施，消除或减少其引发的负面影响，尊重自然，顺应自然，保护自然，严守生态保护的红线。要坚持自然修复与人工治理相结合，并且以自然修复为主，使生物措施与工程措施相结合且以生物措施为主，逐步恢复受影响区域的重要生态环境功能，促进人口、资源、环境协调发展。图 9-20 所示为生态系统恢复重建的输入、工具与技术、输出。图 9-21 所示为生态系统恢复重建的数据流向图。

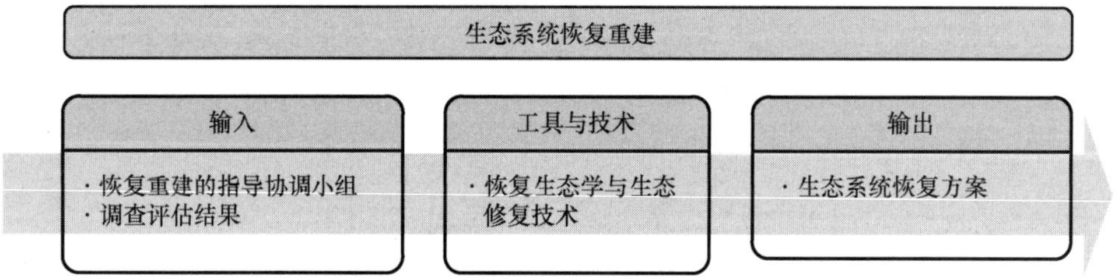

图 9-20　生态系统恢复重建的输入、工具与技术、输出

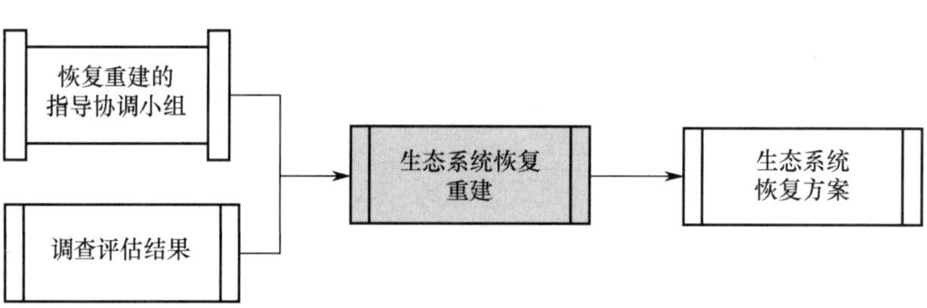

图 9-21　生态系统恢复重建的数据流向图

1. 生态系统恢复重建：输入

1）恢复重建的指导协调小组

恢复重建的指导协调小组领导相应的政府部门、负责生态系统恢复的职能部门及相关人员等开展生态系统的恢复重建工作。

2）调查评估结果

基于突发事件后对其影响的调查评估，了解受影响区域的生态系统的现状和历史状况，如山水林田湖草及相应的生物物种的情况、相应的标准数据。

2. 生态系统恢复重建：工具与技术

恢复生态学与生态修复技术

生态修复技术是在生态学理论的指导下，结合物理学、化学、植物学、微生物学、分子生物学、栽培学和环境工程等相关理论，以生物修复（包括微生物修复、植物修复、动物修复和酶学修复）为基础，利用各种物理修复、化学修复及工程技术措施等，通过优化组合和技术再造来修复环境。其中，具体包括生态工程技术、微生物生态修复技术、植物生态修复技术、物理生态修复技术和化学生态修复技术。

3. 生态系统恢复重建：输出

生态系统恢复方案

突发事件的类型不同，对生态系统产生的影响也不同，恢复内容主要包括林草植被、湖泊湿地及生物多样性等，同时包括修复或增加生态环境保护及监测设施。

恢复受损林草植被：实施受损林地安全隐患清理，分类开展灾后林草植被恢复。对保护区外受损林地采取工程措施、人工植苗、封山育林等方式恢复。对保护区内受损珍稀动物栖息地采取生境修复、保育等措施恢复。加快景区、重点乡镇周边和主要交通沿线的林草植被恢复，合理配置原生乔木、灌木和草本植物，严防外来有害生物入侵，增强森林、草原等生态系统功能。

恢复受损湖泊湿地：考虑在保护修复受损严重的核心景观湿地的基础上，坚持以自然恢复为主、工程修复为辅，恢复河湖湿地岸线植被，加强一般受损湿地管护，开展湿地水体微生境生态修复建设，提升湿地生态系统功能。

保护生物多样性：恢复自然保护区内珍稀动物栖息地，改善生存环境，扩大种群数量。

修复或增加相关生态环境保护设施：修复森林管护、森林防火、有害生物防治、林业执法等设施设备，建设林区公路、防火作业道路等基础设施，维护加固林区、自然保护区、森林公园、地质公园、风景名胜区保护设施，恢复提升受影响地区的生态保护能力。此外，加强饮用水水源地管护。修复围网围栏、警示标志等设施设备，对饮用水水源一级保护区实施封闭式管理，取缔水源保护区范围内的排污口，建立水源地预警应急机制，保障突发事件影响地区的城乡居民饮水安全。

修复或增加相关生态环境保护监测设施：布设野外监测站点，自动采集自然遗产、森林资源、野生动植物、森林防火、林业有害生物、巡山管护、旅游、水质、大气、核与辐射等图像及信息资源数据，对生态环境进行综合监测。

9.3 智慧应急恢复重建实施与调整

在智慧应急恢复重建实施与调整阶段，主要任务是在受突发事件影响区域，在恢复重建规划的指导下，恢复重建组织架构，充分调动和发挥各政府部门、企事业单位及人民群众的主动性和积极性，在上级政府、对口支援省市及广大社会力量的支持、支援和扶助下，执行恢复重建任务、项目等，实现经济、社会、环境的恢复与发展。

该阶段的主要工作包括执行恢复重建各个任务、项目与工程，并对资金、质量与进度进行监控与调整，实行动态管理，确保恢复重建任务与项目按照相关规定与要求完成。图 9-22 所示为智慧应急恢复重建实施与调整的输入、工具与技术、输出。图 9-23 所示为智慧应急恢复重建实施与调整的数据流向图。

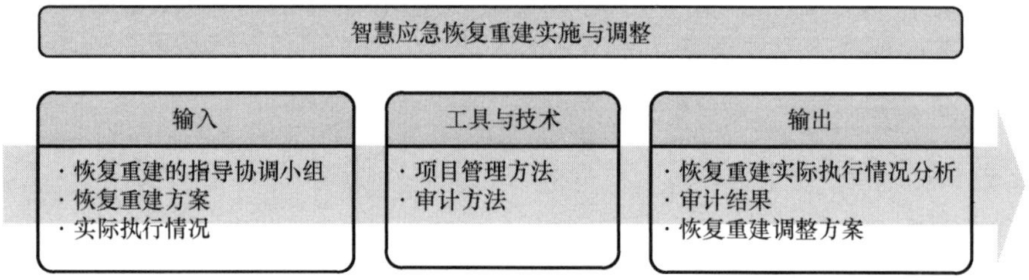

图 9-22　智慧应急恢复重建实施与调整的输入、工具与技术、输出

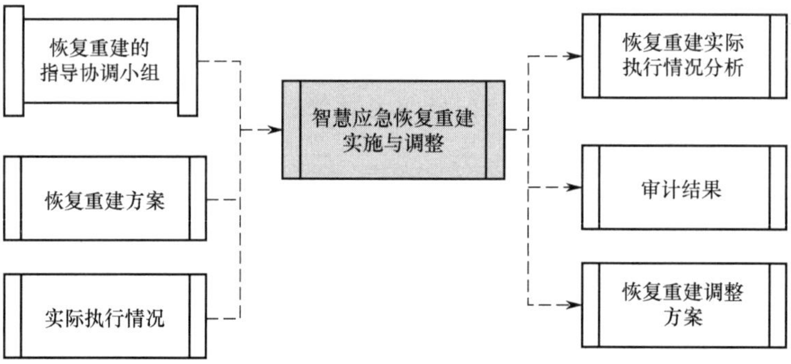

图 9-23　智慧应急恢复重建实施与调整的数据流向图

9.3.1 智慧应急恢复重建实施与调整：输入

1. 恢复重建的指导协调小组

恢复重建的指导协调小组包括相应的政府部门、相关职能部门及人员等。

2. 恢复重建方案

在突发事件受影响区域，恢复重建方案涉及政策提出、产业结构调整、废墟清理、生态系统恢复、城乡居民住房恢复重建、基础设施与公共服务设施恢复重建、心理干预等。

3．实际执行情况

实际执行情况包括恢复重建中各个任务和项目的实际执行情况，涉及资金、质量与进度等方面。

9.3.2 智慧应急恢复重建实施与调整：工具与技术

1．项目管理方法

项目管理方法包括挣值法、排列图、因果分析图、对策表、控制图等。其中，挣值法、排列图、对策表、控制图可参见 8.4.2 节中的“1．项目管理方法”。

因果分析图：又称石川图或者鱼骨图，用于分析质量问题与原因之间的关系，一般从人、机器、原材料、加工方法和工作环境等方面进行分析。

2．审计方法

审计方法是指审计人员为了达到特定的审计目的，对审计对象进行检查、分析，收集证据，形成审计结论和意见的技术手段，包括审查书面资料的方法和证实客观事物的方法。其中审查书面资料的方法包括审阅法、核对法、查询法、分析法、计算法；证实客观事物的方法包括盘点法、调节法、查询及函证法、鉴定法等。

9.3.3 智慧应急恢复重建实施与调整：输出

1．恢复重建实际执行情况分析

面对恢复重建的目标与规划，从资金、质量、进度等方面对各个任务和项目进行监督管理，获得实际执行情况，并分析原因、判断趋势，以便对规划进行调整。

2．审计结果

审计人员对政府投资突发事件后恢复重建项目全过程实施的审计与监督，主要包括对资金、物资筹集、分配、拨付、使用和效果的全程跟踪审计，以及恢复重建政策的实施和落实情况，并公布审计结果，确保重建资金按照规定专款专用，不被侵占、截留或挪用，并且同时对审计发现的重大建设质量问题依法追究责任。

3．恢复重建调整方案

基于恢复重建实施情况，对规划进行动态调整，协调人员、资源、工艺与技术、环境条件等，保障恢复重建工作的顺利进行。

9.4 智慧应急恢复重建验收与总结

在该阶段，需要对恢复重建工作进行验收与评估，并且对恢复重建工作进行反思，总结经验与教训，并将其纳入未来防灾减灾的规划中。图 9-24 所示为智慧应急恢复重建验收与总结的输入、工具与技术、输出。图 9-25 所示为智慧应急恢复重建验收与总结的数据流向图。

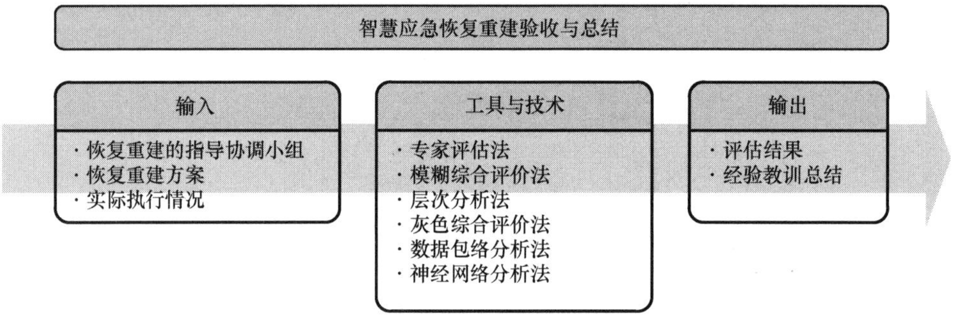

图 9-24　智慧应急恢复重建验收与总结的输入、工具与技术、输出

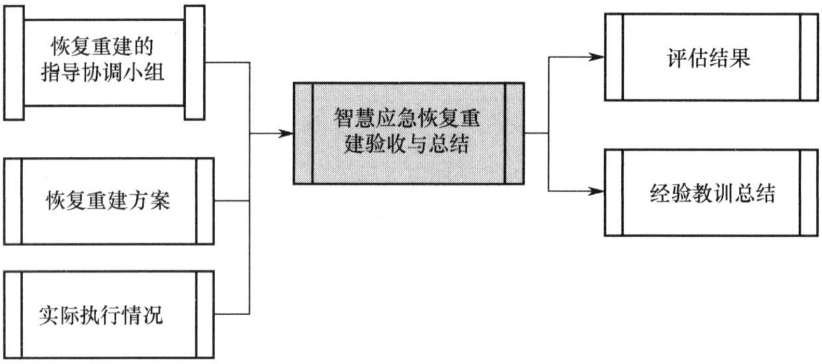

图 9-25　智慧应急恢复重建验收与总结的数据流向图

9.4.1　智慧应急恢复重建验收与总结：输入

请参见 9.3.1 节。

9.4.2　智慧应急恢复重建验收与总结：工具与技术

请参见 8.5.2 节中的“评估方法”。

9.4.3　智慧应急恢复重建验收与总结：输出

1. 评估结果

形成对恢复重建各项任务的评估结果。

2. 经验教训总结

恢复重建后，应急管理部门及相关部门应及时反思，总结经验教训，制定与更新防灾减灾方案。

9.5 展望

为推进和保障智慧应急恢复重建过程的有效进行，仍有部分关键科学问题有待进一步探讨。①关于利用数字孪生等方法对应急恢复重建阶段进行仿真模拟：在仿真模拟中构建虚拟模型时，如何保证和验证虚拟模型与物理模型的一致性和可靠性，并且如何平衡、融合智能化仿真结果与专家意见，加快推进恢复重建进程；②关于智慧应急恢复重建“最后一公里”问题：为有效监督、保障应急恢复重建政策的实施，如何建立机制和体制，克服应急管理中信息不对称的困难，在多级政府、多部门之间打通应急管理的“最后一公里”，从而实现资源的协调统筹。

10 智慧应急管理“三制”

智慧应急管理“三制”包括智慧应急管理体制、智慧应急管理机制和智慧应急管理法制，是智慧应急管理“一案三制”的重要组成部分，是构建自然灾害、安全生产、疫情防控、城市安全数字应急管理大生态的组织基础，也是实现对自然灾害、安全生产、疫情防控、城市安全开展智慧应急管理的重要保证。

图 10-1 概述了“三制”贯穿于智慧应急管理的过程，针对智慧应急管理过程组的各个过程的应急活动，进行组织、机制和法制的识别、定义、整合、计划、统一和协调。

10.1 智慧应急管理体制

根据《辞海》的定义，“体制”是国家机关、企事业单位在机构设置、领导隶属关系和管理权限划分等方面的体系、制度、方法、形式等的总称。而《现代汉语词典》的定义则是“国家、国家机关、企业、事业单位等的组织制度”。据此，体制是特定主体内部的组织制度。“管理体制”则是政府的机构设置、职能配置、与职能相应的事务管理制度及权力运行机制的总称。据此，管理体制是由机构、职能与运行机制等要素构成的。因此，根据智慧应急管理体制的上述两个上位概念的基本含义，可将其界定为应急性机构、应急性权力与应急性机制三个组织要素，并结合智能化、数字化工具技术所形成的制度体系。

智慧应急管理体制是为保障公共安全，有效预防和应对突发事件，避免、减少和减缓突发事件造成的危害，消除其对社会产生的负面影响，结合物联网、云计算、大数据、人工智能、机器深度学习、区块链、5G 通信等数字化、网络化、智能化技术而建立起来的以政府为核心的有机体制，其主要构成要素为应急管理相关机构的组织结构。图 10-2 所示为智慧应急管理体制的输入、工具与技术、输出。图 10-3 所示为智慧应急管理体制的数据流向图。

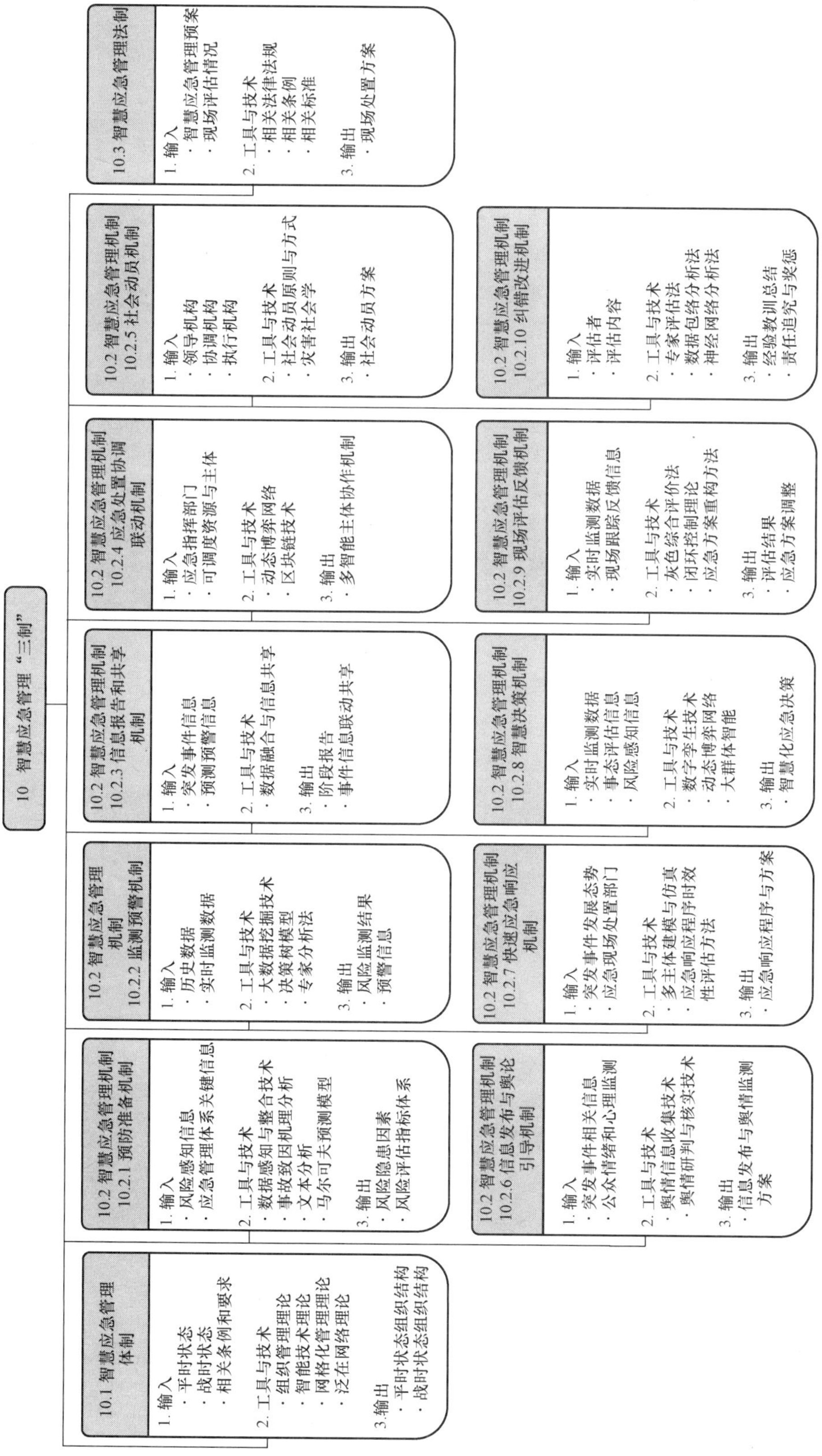

图 10-1 “三制”贯穿于智慧应急管理的过程

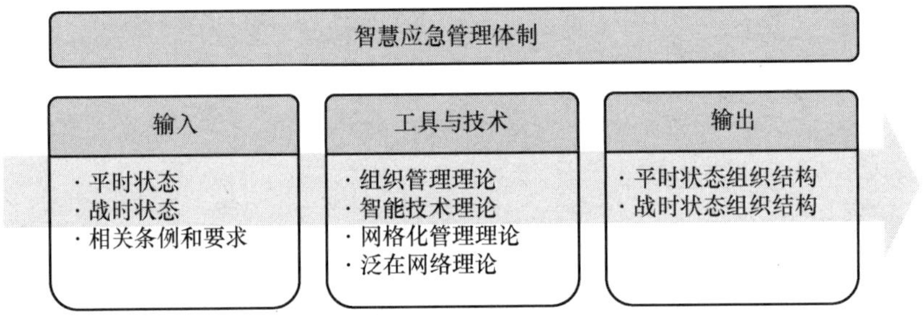

图 10-2　智慧应急管理体制的输入、工具与技术、输出

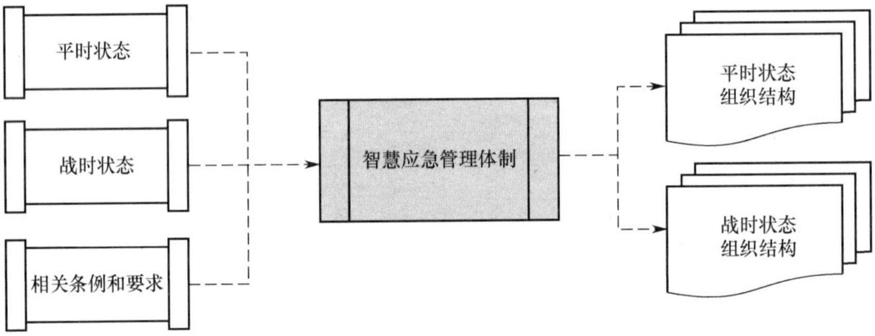

图 10-3　智慧应急管理体制的数据流向图

根据突发事件发生的时间，可以将智慧应急管理体系的运行状态划分为两种：平时状态和战时状态。在评估平时和战时状态后，依据智慧应急预案、相关条例要求和智能化技术工具，构建应对平时和战时状态的组织机构，并依据平时和战时状态的变化进行及时转换。

10.1.1　智慧应急管理体制：输入

1. 平时状态

在未有突发事件发生的“和平时期”，智慧应急管理体系需要做好保障准备工作，其中包括建立应急预案、建设信息化应急管理体系、针对应急预案进行演练、组织实施培训以提高安全保障度、协调各种资源进行日常的防范处理准备等。通过智慧应急数据中心，随时收集和监测可能存在的突发事件影响因素，对突发事件进行预测和预警是平时状态的另一项日常性的工作。

2. 战时状态

在突发事件最终爆发的时候，系统即进入战时状态。系统进入战时状态后，应立即启动相应的评估和决策系统，尽快做出决策，调整并启动相应的应急预案，根据预案的要求调集各种资源，协调各个部门进行事件的处置。战时状态下的应急指挥机构是智慧应急预案的重点内容，其在智慧应急预案中的规定包括如下内容。

（1）按照突发事件处置需要，设立应急指挥机构，明确主要负责人、组成人员及相应的职权。

（2）应急指挥机构涉及的部门（单位）及其相应的职权和义务。

（3）以突发事件应急响应过程为主线，明确突发事件发生、报告、响应、结束、善后处置等各环节的主管与协作联动部门；以应急准备及保障机构为支线，明确参与部门的职责。

在平时和战时两种不同的状态下，组织结构将发生变化，随之项目中的人员责任矩阵也将发生相应的变化。在组织结构和人员职责发生巨变的情况下，这些变化、变换信息应该及时、准确无误地传递到各组织单元和个体。这样就需要结合智能化技术工具和信息化平台对切换结构、切换时机的决策判断，以及由战时状态返回平时状态的退出机制等进行优化，构建智慧应急管理体制。

3. 相关条例和要求

根据《中华人民共和国突发事件应对法》《中华人民共和国安全生产法》《中华人民共和国防震减灾法》《中华人民共和国道路交通安全法》等，明确应急管理组织平时和战时状态的要求。在突发事件发生后根据需要成立应急指挥机构，实行智慧应急管理的“平战转换”，负责指挥协调应急管理的准备、响应和恢复。

10.1.2 智慧应急管理体制：工具与技术

1. 组织管理理论

组织管理理论是研究管理组织结构、职能和原则的理论，产生于19 世纪末20 世纪初，至今经历了三个发展阶段。

（1）古典管理理论，形成于19 世纪末20 世纪初，其代表人物有美国的泰勒、法国的法约尔和德国的韦伯等人。前期，泰勒等人重点探讨了组织内企业管理理论；后期，以韦伯为代表的管理理论者，重点探讨了组织内部的行政管理。该阶段的理论基础是“经济人”理论，该理论认为人们工作是为了追求最大的经济利益以满足自己的基本需求。为了满足人们工作的经济利益，他们提出科学管理方法以追求组织的生产效率和合理化为目的，要建立一套标准化的原则来指导和控制组织及成员的活动。

（2）行为科学管理理论，产生于20 世纪20 年代初，其代表人物有美国的梅奥、赫茨伯格等人。他们认为人是有多种需要的“社会人”，满足人的多种需要，在组织内建立良好的人际关系是提高组织效率的根本手段。该阶段的理论重点研究了组织中的非正式组织、人际关系、人的个性和需要等。

（3）现代组织管理理论，产生于20 世纪中叶，学派甚多，主要有以巴纳德为代表的社会系统论、以西蒙为代表的决策理论、以卡斯特为代表的系统与权变理论和以巴法为代表的管理科学理论等。该阶段的理论的特点是吸收了古典组织管理理论和行为科学管理理论的精华，并且在现代系统论的影响下有了新的发展。该阶段的理论把组织看成一个系统，要实现组织目标和提高组织效率取决于组织系统内各子系统及各部门之间的有机联系。

随着时代发展，更适合现代组织结构的自适应组织理论被提出。“自适应”一般是指系统按照环境的变化，调整其自身，使得其行为在新的或者已经改变了的环境下达到最好的，或者至少是容许的特性和功能。这种对环境变化具有自适应能力的系统称为自适应系统。基于自适应理论对组织进行改造，减少组织层级，实现组织机构的扁平化和实体化。正确处理集权与分权，一方面，通过集中事权，实行专业化管理，提升管理效率与满意度；另一方面，通过缩减层次、下移重心，充分下放基础事项权力，增强组织回应力、适应力和创新力，形成自适应组织。自适应组织与应急管理体制相结合，有利于打通如消防救援、森林消防救援等不同部门间的接警系统，加快国家应急协同指挥平台、国家应急资源管理平台建设，强化应急信息跨网融合，实现应急救援智能化、扁平化、一体化。

2. 智能技术理论

现代化智慧应急是以新一代高新数字技术作为技术支撑的，如物联网、大数据、云平台、5G 通信等。增强物联网、大数据基础设施建设，整合各类职能协同建设云平台，打通异构网络，打造“感知探测网”，汇聚指挥决策编织“综合防控图”，统一多元数据构建“数据资源池”。例如，积极构建覆盖城乡的监测预警体系，综合运用 5G 通信、物联网等传输手段，推动航空遥感、传感探测、无人机监测和地理信息系统广泛使用，扩大基础数据资源，缩短无数据阶段、定向追踪小数据、融合挖掘大数据，提高传统灾害感知、监测和预防能力；推进应急管理技术自主创新，构建突发事件处置模型，开发事故监测监控技术和应急处置装备，形成应急管理数据云平台，链接全国各智慧城市生产、物流环节，形成应急物流供应链。通过智能技术理论，实现应急管理信息化建设和应用系统智能化升级，推进现代信息网络技术与应急管理业务深度融合，有利于促进应急体制创新、业务流程再造和工作模式创新，提高应急组织的监测预警、辅助指挥决策、救援实战和社会动员能力，逐步改变应急组织经验式、粗放化的管理模式，向科学化、精准化和智能化转变。

3. 网格化管理理论

网格化管理是一种行政管理改革，依托统一的城市管理及数字化平台，将城市管理辖区按照一定的标准划分成单元网格。通过加强对单元网格的部件和事件巡查，建立一种监督和处置互相分离的形式。例如，以网格化管理系统为基础，强化区、街道、社区、网格四级服务，在区、街道、社区分别建立集群众诉求服务、治安防控、应急服务、应急指挥为一体的信息化应急管理服务平台。对区域的有效网格化管理能够协调组织、统筹救援指挥，使应急救援全过程在控、可控，构建以智能化、物联网为核心的科学救援新模式，实现现场态势全面掌控、跨区域协调组织、统筹救援指挥集中管控、事态发展逐级跟踪、救援指挥高效运行，形成统一指挥、处置重大突发事件的核心保障能力。

4．泛在网络理论

泛在网络由计算机科学家 Mark Weiser 首次提出，它不是一个全新的网络技术，而是在现有技术基础上的应用创新，其不断融合新的网络，不断注入新的业务和应用，直至“无所不在、无所不包、无所不能”。

从网络技术上看，泛在网络是通信网、互联网、物联网高度融合的目标，它将实现多网络、多行业、多应用、异构多技术的融合与协同。如果说通信网、互联网发展到今天解决的是人与人之间的通信，物联网要实现的则是物与物之间的通信，泛在网络将实现人与人、人与物、物与物的通信，涵盖传感器网络、物联网和发展中的电信网、互联网、移动互联网等。

泛在网络是从以人与人的通信为主的电信网向人与物、物与物的通信广泛延伸的信息通信网络，它是一个“大通信”的概念，是面向经济、社会、企业和家庭全面信息化的概括。泛在网络与现代应急管理体系相结合，能够加速应对突发事件过程中不同部门的数据交换与融合，有利于部门间的协同合作，建立政府管理部门间突发事件应急管理的数据交换综合网络，有利于智慧应急组织架构的建立。

10.1.3 智慧应急管理体制：输出

1．平时状态组织结构

我国政府应急管理机构的设置是在党中央、国务院的统一领导下，按照分级管理、分级响应、条块结合、属地管理为主的原则设置的。应急管理工作组织主要包括应急管理领导机构、办事机构、工作机构、地方机构和专家组。

国务院是突发公共事件应急管理工作的最高行政领导机关。在国务院总理的领导下，由国务院常务会议和国家相关突发公共事件应急指挥机构（以下简称“相关应急指挥机构”）负责突发公共事件的应急管理工作；必要时，派出国务院工作组指导有关工作。国务院办公厅设国务院应急管理办公室，履行值守应急、信息汇总和综合协调职责，发挥运转枢纽作用。国务院有关部门依据有关法律、行政法规和各自的职责，负责相关类别突发公共事件的应急管理工作。地方各级人民政府是本行政区域突发公共事件应急管理工作的行政领导机构，负责本行政区域各类突发公共事件的应对工作。国务院和各应急管理机构建立各类专业人才库，可以根据实际需要聘请有关专家组成专家组，为应急管理提供决策建议，必要时参加突发公共事件的应急处置工作。

2018 年 3 月，第十三届全国人民代表大会第一次会议批准的国务院机构改革方案，提出设立中华人民共和国应急管理部。该方案提出，将国家安全生产监督管理总局的职责，国务院办公厅的应急管理职责，公安部的消防管理职责，民政部的救灾职责，国土资源部的地质灾害防治、水利部的水旱灾害防治、农业农村部的防火、国家林业和草原局的森林防火相关职责，中国地震局的震灾应急救援职责及国家防汛抗旱总指挥部、国家减灾委员会、国务院抗震救灾指挥部、国家森林防火指挥部的职责整合，组建应急管理部，作为国务院组成部门。

据应急管理部官网，该部经调整后的内设机构共包括四个部分，分别为议事机构、机关司局、派驻机构和部署单位。议事机构包括国家防汛抗旱总指挥部、国务院抗震救灾指挥部、国务院安全生产委员会、国家森林草原防灭火指挥部和国家减灾委员会。机关司局包括办公厅、应急指挥中心、人事司、教育训练司、风险监测和综合减灾司、救援协调和预案管理局、火灾防治管理司、防汛抗旱司、地震和地质灾害救援司、危险化学品安全监督管理一司、危险化学品安全监督管理二司、安全生产执法和工贸安全监督管理局、安全生产综合协调司、救灾和物资保障司、政策法规司、国际合作和救援司、规划财务司、调查评估和统计司、新闻宣传司、科技和信息化司、机关党委和离退休干部局。派驻机构包括中央纪委国家监委驻应急管理部纪检监察组。部署单位包括中国地震局、国家矿山安全监察局、国家消防救援局和国家安全生产应急救援中心。

其职责包括组织编制国家应急总体预案和规划，指导各地区各部门应对突发事件工作，推动应急预案体系建设和预案演练。建立灾情报告系统并统一发布灾情，统筹应急力量建设和物资储备并在救灾时统一调度，组织灾害救助体系建设，指导安全生产类、自然灾害类应急救援，承担国家应对特别重大灾害指挥部工作。指导火灾、水旱灾害、地质灾害等防治。负责安全生产综合监督管理和工矿商贸行业安全生产监督管理等。智慧应急管理组织平时状态下需要进行如安全生产、防灾减灾、城市生命线等风险感知数据的收集，多灾害风险综合监测预警、智能分析，以及突发事件风险监测、风险早期识别和预报预警等工作。

2. 战时状态组织结构

当突发事件发生时，政府应急管理机构由平时状态向战时状态转变，按照分级负责的原则和组织机构扁平化的要求，一般性灾害由地方各级政府负责，应急管理部代表中央统一响应支援；当发生特别重大灾害时，应急管理部作为指挥部，协助中央指定的负责同志组织应急处置工作，保证政令畅通、指挥有效。在战时状态下，应急管理部需要处理好防灾和救灾的关系，明确与相关部门和地方各自职责分工，建立协调配合机制。智慧应急管理组织战时状态较平时状态将进一步加强多部门协同的灾害事故信息报送、预警发布、信息共享机制，加强对互联网、卫星遥感等信息的大数据分析，实现灾情信息汇聚、现场灾情动态研判、灾害损失评估和应急指挥辅助决策。

10.2 智慧应急管理机制

应急管理机制是应急管理体系中各要素的机理性特征及要素之间的关系，强调的是应急管理的运行过程。智慧应急管理机制是在系统论基础上，利用智慧工具和技术，依据应急管理流程，建立包括预防准备机制、监测预警机制、信息报告和共享机制、应急处置协调联动机制、社会动员机制、信息发布舆论引导机制、快速应急响应机制、智慧决策机制、现场评估反馈机制、纠错改进机制等，是一种系统化、智慧化的应急管理机制，侧重于从整个突发事件与应急管理的全过程的运行机理中提高应急管理机制的效率。

信息时代，智能化已经成为实施有效应急管理的手段，推动智慧工具和技术融入突发事件应急管理的各个关键环节，形成跨部门联防联控、联动联治的智慧应急管理机制，是未来应急管理的努力方向。在突发事件应急预防准备阶段，以突发事件风险隐患分析和评估为基础，运用大数据手段感知、整合、关联应急管理体系的各项关键信息，采取联防联控等措施，加强应急管理的前段治理。旨在通过主动提前介入，实施应急管控风口前移，消除或减少突发事件风险隐患。在监测预警阶段，利用智慧工具和技术对历史数据和实时监测数据进行分析，全方位、多层次、多视角地综合研判当前突发事件的状况及未来演化趋势，预先向相关部门和社会发出警示。旨在最大限度地规避危险、减少损失。在决策处置阶段，利用相关智能技术辅助决策研判，加强联动协作，有效控制事态扩大并使其朝着正常方向转化。旨在通过对数据的深入挖掘和信息的共享，最大限度地提高决策的效力和应急的合力。在恢复重建阶段，以数据共通共融为基础，通过大数据手段跟踪、反馈突发事件后恢复重建期间的各项关键信息，强化突发事件事后的多部门协同治理并提供精准个性化服务，旨在尽快将社会组织的各项要素恢复到正常状态。

智慧应急管理机制的发展趋势和新兴实践：

智慧应急管理机制的研究涉及多个领域、多个学科、多个部门，其顺利开展与实施都需要较为系统全面的规划、协调与管理，从整体层面把握应急管理学科是发展大局的必然要求，也是更好地解决应急管理研究中其他问题的保障与途径。

（1）**智慧工具和技术的融入**。大数据时代的到来给应急管理机制的优化带来了良好的机遇，推动大数据技术等智慧技术和工具融入应急管理机制的隐患排查监控、监测预警、信息报告和共享、应急处置协调联动、智慧决策、现场评估反馈、纠错改进等关键环节，以系统工程思维指导应急管理，更好地形成了以技术和信息为核心要素的协同与联动，有效地解决了应急管理机制封闭与凝滞、缺乏技术支撑等问题。

（2）**系统化、精准化**。面对突发事件日趋呈现多样化、复杂化的情势，从整体性视角出发，建立全面系统的应急管理机制，提高应急管理机制的综合化程度；同时根据每个节点的特征采取精准化的应急管理，提高应急管理机制的效率。

10.2.1 预防准备机制

突发事件应急管理实行预防为主、预防和应急结合的原则。预防准备机制是智慧应急管理过程的基础性行动。建立并维持各类突发事件预防、预警、响应及恢复能力的各项工作，都属于预防准备机制的范畴。突发事件预防与应急准备是指在突发事件发生前，通过政府主导和动员全社会参与，采取各种有效措施，来消除突发事件隐患，避免突发事件发生；或者在突发事件来临前，做好各项准备，包括思想准备、预案准备、组织机构准备、应急保障准备等，来防止突发事件升级或扩大，最大限度地减少突发事件造成的损失和影响。智慧化预防准备机制是在收集风险信息、应急管理体系关键信息等的基础上，运用大数据感知与处理技术、机理分析、预测模型等智慧化技术和工具，进行风险因素识别与评估的过程。图 10-4 所示为预防准备机制的输入、工具与技术、输出。图 10-5 所示为预防准备机制的数据流向图。

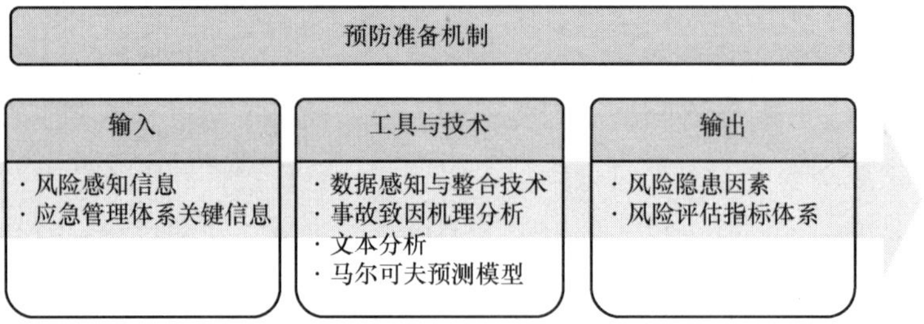

图 10-4　预防准备机制的输入、工具与技术、输出

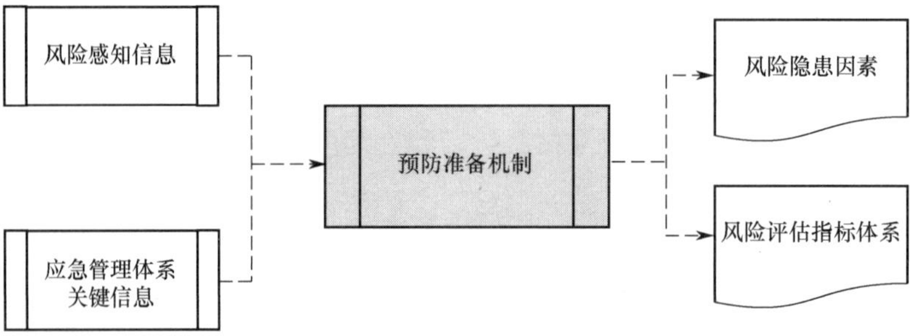

图 10-5　预防准备机制的数据流向图

1．预防准备机制：输入

1）风险感知信息

对某个特定风险的特征和严重性所做出的主观判断，个体根据直观判断和主观感受所获得的经验，根据环境刺激、信息进行记录、筛选、凝聚成知识与记忆，来做出主观风险的判定，并以此作为逃避、改变、接受风险的态度及行为决策的判断依据。

2）应急管理体系关键信息

包括应急预案的编制与管理、突发事件事前培训演练、突发事件案例库、应急资源管理、应急能力评估等。

2．预防准备机制：工具与技术

1）数据感知与整合技术

基于时空数据的挖掘算法、海量的定位设备，以传感器的形式收集时空信息，使用面状单元（三角网、格网、行政区等）来生成聚合层面的数据集，以反映突发事件特征及可能存在的风险隐患。

2）事故致因机理分析

请参见 4.1.3 节中的“2．事故致因机理分析。”

3）文本分析

从大量的突发事件相关文本中提取有用的信息，并结合统计学、计量经济学、管理学等学科知识，将这些有用的信息进一步组织并挖掘其中的价值。

4）马尔可夫预测模型

依据历史突发事件的相关数据，预测相同时间间隔点上的相关数据情况。此方法的基本思想是根据过去数据变化的规律，推测未来相关数据的变动趋势，实时监测和预测突发事件的风险。

3．预防准备机制：输出

1）风险隐患因素

突发事件发生之前，运用各种智能化方法系统地、连续地认识所面临的各种风险因素及分析突发事件发生的潜在原因。

2）风险评估指标体系

突发事件发生之前，根据识别出的风险因素，结合实际情况和对未来可能发生情况的合理预期，通过智能化方法或模型评估得到每个风险因素的风险等级排序和突发事件的风险等级。

10.2.2 监测预警机制

监测预警机制是指能灵敏、准确地预测风险前兆，并能及时提供警示的机构、制度、网络、举措等构建的预警系统，其作用在于超前反馈、及时布置、防患于未然，从而最大限度地降低由于突发公共事件的发生对人民的生命财产造成的损失。监测预警机制是做好突发事件应对工作，有效预防、减小突发事件的发生概率，控制、减轻和消除突发事件引起的严重社会危害的重要机制保障。智慧化监测预警机制是运用智能技术和工具，收集、分析历史数据与实时监测数据，得到相应的突发事件风险预警结果的过程。图 10-6 所示为监测预警机制的输入、工具与技术、输出。图 10-7 所示为监测预警机制的数据流向图。

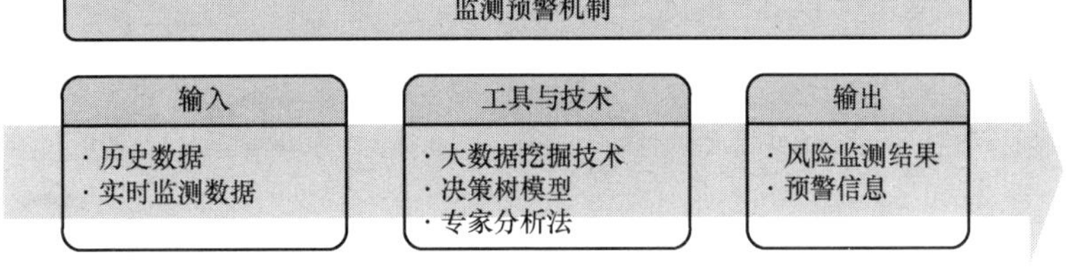

图 10-6 监测预警机制的输入、工具与技术和输出

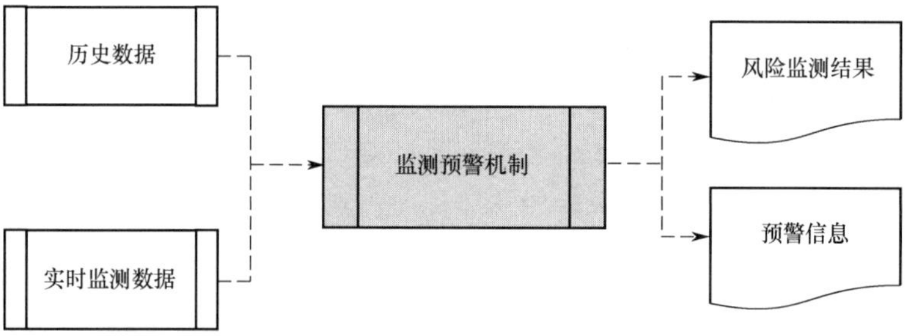

图 10-7　监测预警机制的数据流向图

1. 监测预警机制：输入

1）历史数据

在存储器中保存的与突发事件密切相关的重要数据、文本。

2）实时监测数据

通过突发事件信息系统，汇集、储存、分析、传输有关突发事件的实时信息、数据等。

2. 监测预警机制：工具与技术

1）大数据挖掘技术

一种深层次的数据分析方法，利用计算机技术获取隐藏在大量数据背后的信息，为突发事件应急管理者提供决策依据。

2）决策树模型

由决策点、策略点（事件点）及结果构成的树形图，一般应用于序列决策中，通常以最大收益期望值或最低期望成本作为决策准则，通过图解方式求解在不同条件下各类方案的效益值，然后通过比较，做出决策。

3）专家分析法

基于应急专家的阅历经验及知识的广度和深度，在定量和定性分析的基础上，以打分等方式做出定量评价，其结果具有数理统计特性。

3. 监测预警机制：输出

1）风险监测结果

根据有关突发事件的预测信息和风险评估，依据突发事件可能造成的危害程度、紧急程度和发展趋势，确定突发事件的风险情况。

2）预警信息

预警信息的发布和调整，包括突发事件的类别、预警级别、起始时间、可能影响范围、警示事项等。

10.2.3 信息报告和共享机制

对各类突发公共事件信息，可能引发突发公共事件的预测预警信息，事件本身比较敏感或发生在敏感地区、敏感时间、涉及敏感人群或可能演化为突发公共事件等信息，各基层单位要第一时间报告管理处应急办公室。图 10-8 所示为信息报告和共享机制的输入、工具与技术、输出。图 10-9 所示为信息报告和共享机制的数据流向图。

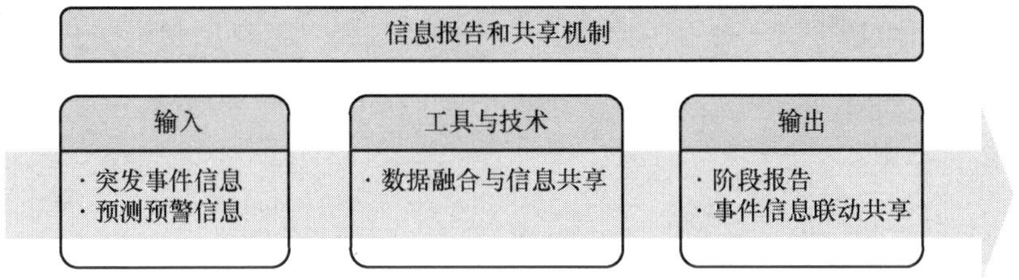

图 10-8 信息报告和共享机制的输入、工具与技术和输出

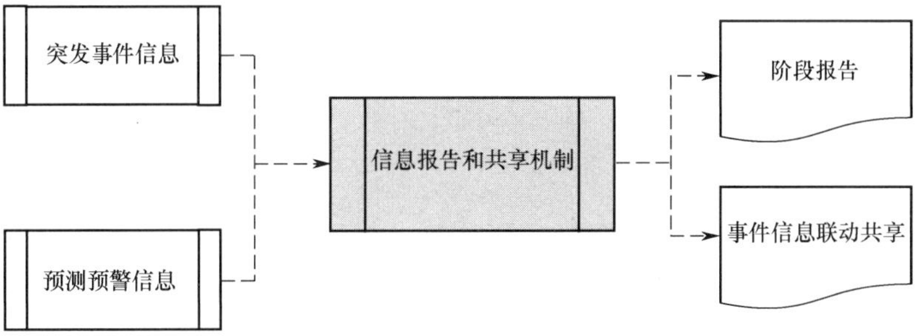

图 10-9 信息报告和共享机制的数据流向图

1. 信息报告和共享机制：输入

1）突发事件信息

突发事件发生的时间、地点、原因、性质、涉及的人员、财产和事件分类、分级等情况。

2）预测预警信息

权威责任单位发布的相关信息，包括突发事件的类别、预警级别、起始时间、可能影响范围、警示事项等。

2. 信息报告和共享机制：工具与技术

数据融合与信息共享

数据融合技术是指利用计算机对按时序获得的若干观测信息，在一定准则下加以自动分析，以完成所需的决策和评估任务而进行的信息处理技术。信息共享指在信息标准化和规范化的基础上，按照法律法规，依据信息系统的技术和传输技术，信息和信息产品在不同层次、不同部门信息系统间实现交流与共享的活动。

3. 信息报告和共享机制：输出

1）阶段报告

依据突发事件信息报告程序，分为初次报告、阶段报告和总结报告。突发事件发生后，按照不同的阶段，报告突发事件的简要情况。

2）事件信息联动共享

不同层次、不同部门的信息系统间交流与共享突发事件阶段报告，并依据突发事件态势信息执行应急处置方案。

10.2.4 应急处置协调联动机制

突发事件发生后，应急处置部门可以就近调度各种力量、设施、装备，各单位有责任和义务提供相应的支援和协作，充分发挥已有应急力量和资源。图 10-10 所示为应急处置协调联动机制的输入、工具与技术、输出。图 10-11 所示为应急处置协调联动机制的数据流向图。

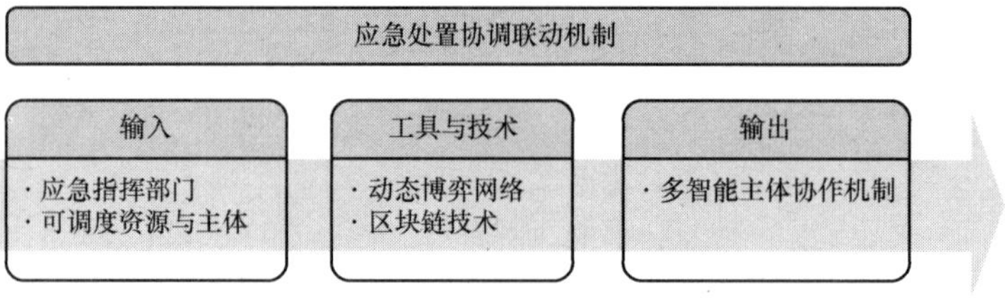

图 10-10 应急处置协调联动机制的输入、工具与技术、输出

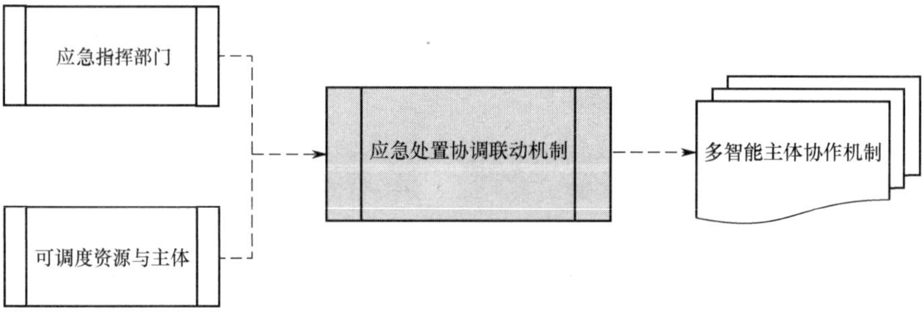

图 10-11 应急处置协调联动机制的数据流向图

1. 应急处置协调联动机制：输入

1）应急指挥部门

根据应急预案及相关法规条例，建立应对突发事件的应急现场指挥部，明确组织结构、责权关系等。在应急现场指挥部下设置工作组，包括搜寻营救组、医疗救治组、后勤保障组、事故调查组、专家咨询组、安全保卫组、舆情信息组、新闻发布组、调查监测组、总结评估组等，并明确相应的人员组成和职责。

2）可调度资源与主体

应急处置部门可以就近调度使用各种力量、设施、装备，也可以指挥配合的组织及个人。

2. 应急处置协调联动机制：工具与技术

1）动态博弈网络

根据突发事件发展过程的状态变化，以及相应的信息补充，基于网络计划的方法，采用不完全信息动态博弈的数学模型调整网络结构而最终得到最为有效的应急处置方案的方法。

2）区块链技术

区块链技术是一种通过去中心化、高信任的方式集体维护一个可靠数据库的技术方案，数据库中的每个区块包含系统的全部数据信息，使用数字签名验证信息的有效性和完整性，通过密码学原理链接到下一个区块并形成一条主链。

3. 应急处置协调联动机制：输出

多智能主体协作机制

突发事件应急处置主体包括政府部门与企业、民众、社区、医疗机构、社会组织等，共同创建多智能主体协同机制。

10.2.5 社会动员机制

在突发事件应急处置与救援中，需要依法依规动员社会力量，整合政府与社会各组织及社会公众资源与力量，加强地域、军民、部门之间的协调，形成自救、互救的局面，以减轻突发事件带来的负面影响。图 10-12 所示为社会动员机制的输入、工具与技术、输出。图 10-13 所示为社会动员机制的数据流向图。

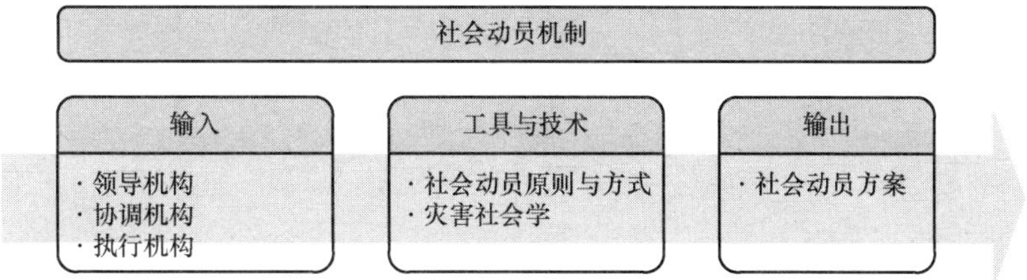

图 10-12　社会动员机制的输入、工具与技术、输出

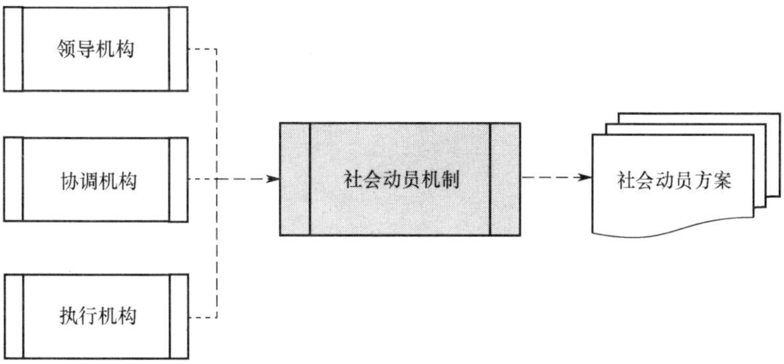

图 10-13　社会动员机制的数据流向图

1．社会动员机制：输入

1）领导机构

国务院和县级以上地方各级人民政府是应对突发事件的领导和管理主体。

2）协调机构

有效履行突发事件应急救援与处置工作中利益相关协调的职能机构。

3）执行机构

承担应急管理的日常工作，履行值守应急、信息汇总和综合协调职能，发挥运转枢纽作用的机构。

2．社会动员机制：工具与技术

1）社会动员原则与方式

请参见 8.3.10 节中的“4．应急社会动员原则与方式。”

2）灾害社会学

请参见 8.3.10 节中的“灾害社会学。”

3．社会动员机制：输出

社会动员方案

明确社会动员的等级与范围、动员对象、动员方式、负责人员、鼓励与补偿等。

10.2.6　信息发布与舆论引导机制

信息发布与舆情监测是在救援与处置中，进行舆情信息收集与分析处理，并通过电视、广播、网络等有关媒体，及时、准确、客观、全面地向社会公布信息的过程。该过程的目的是通过对舆情的监测与处理及信息公开，发布突发事件相关信息、政府应对措施、公众防范措施等，以便加强正面宣传与引导，保障应急救援与处置工作的顺利开展，并让公众了解、监督政府的行为；此外，有助于驳斥与消除谣言，避免引起群众恐慌。图 10-14 所示为信息发布与舆论引导机制的输入、工具与技术、输出。图 10-15 所示为信息发布与舆论引导机制的数据流向图。

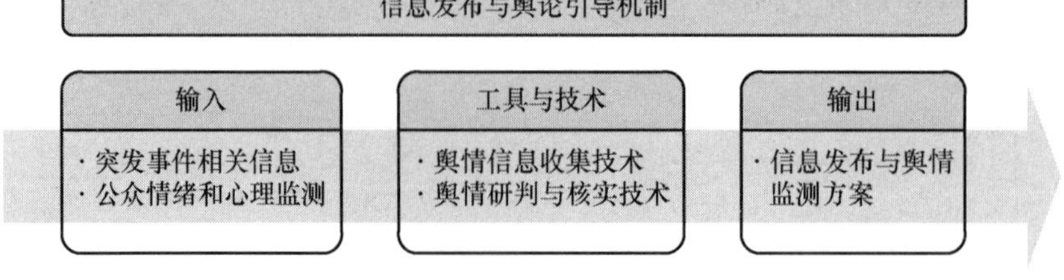

图 10-14　信息发布与舆论引导机制的输入、工具与技术、输出

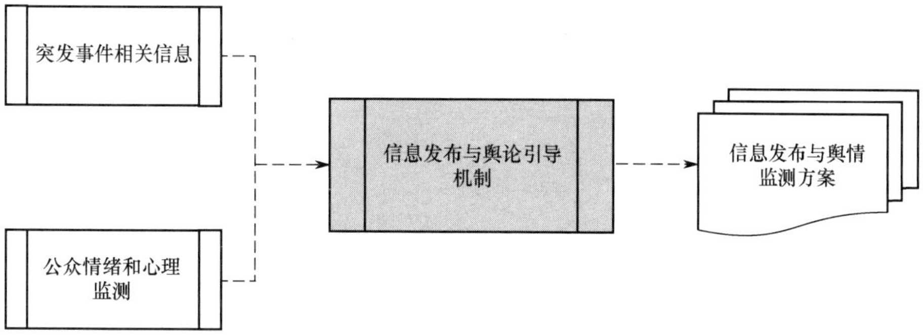

图 10-15 信息发布与舆论引导机制的数据流向图

1. 信息发布与舆论引导机制：输入

1）突发事件相关信息

通过突发事件信息系统，得出一个准确的突发事件态势发展趋势。

2）公众情绪和心理监测

基于突发事件发展态势，了解突发事件带来的社会影响和公众心理状态的变化。

2. 信息发布与舆论引导机制：工具与技术

1）舆情信息收集技术

请参见 8.3.13 节中的“1）舆情信息收集技术。”

2）舆情研判与核实技术

通过对获取的数据进行分析，发掘其中的热点话题，并对其传播影响、舆情等级进行评估及对舆论趋势进行预测，以便采用合理的手段对舆论进行引导和管控。舆情研判与核实技术包括社会网络分析方法、机器学习方法、统计学方法等。

3. 信息发布与舆论引导机制：输出

信息发布与舆情监测方案

（1）舆情监测与分析方案。

舆情监测与分析方案包括提取舆情信息的主题、热点，以及情感分析、趋势分析、相应的引导和应对方案等。

（2）信息发布方案。

信息发布方案需要明确信息受众、信息发布内容、信息发布形式等。

10.2.7 快速应急响应机制

突发事件发生后或得到预警后，根据突发事件相应分级标准，以事发地政府是否有足够的能力应对为基础，采取分级管理、条块结合、以块为主的方式应对处置，形成统一领导、分级负责、反应灵敏、运转高效的应急响应机制。图 10-16 所示为快速应急响应机制的输入、工具与技术、输出。图 10-17 所示为快速应急响应机制的数据流向图。

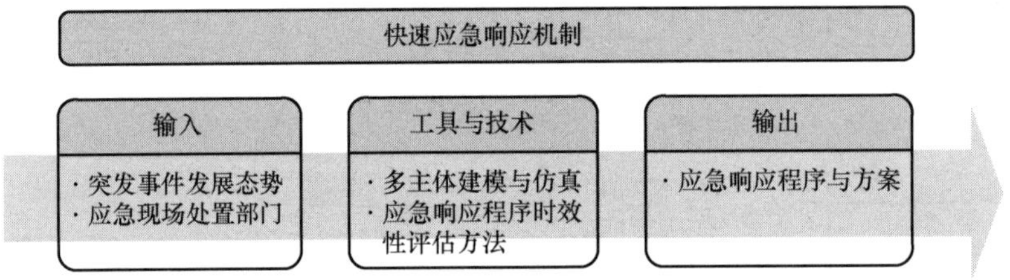

图 10-16　快速应急响应机制的输入、工具与技术、输出

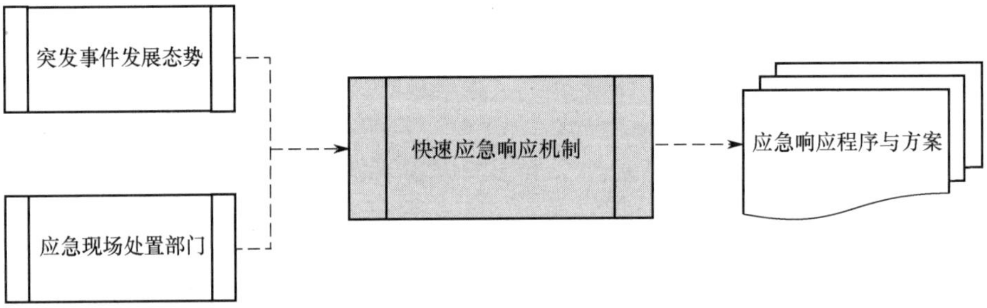

图 10-17　快速应急响应机制的数据流向图

1．快速应急响应机制：输入

1）突发事件发展态势

请参见 8.4.1 节中的“4．突发事件发展态势。”

2）应急现场处置部门

请参见 10.2.4 节中的“1．应急指挥部门。”

2．快速应急响应机制：工具与技术

1）多主体建模与仿真

多个智能主体模拟，模型中的每个主体都能根据既定的规则、外界及自身状态的变化，主动地做出相应的反应。一般是从整个系统的角度来研究系统中各主体之间的互动行为对系统的影响，使研究系统中的个体行为与整个系统宏观行为之间的联系成为可能。

2）应急响应程序时效性评估方法

请参见 8.4.2 节中的“2．应急响应程序时效性评估方法。”

3．快速应急响应机制：输出

应急响应程序与方案

应急响应程序按过程可分为接警、响应级别确定、应急启动、救援行动、应急恢复、应急结束六个过程。应急响应方案包括救助性方案、保障性方案、控制性方案和稳定性方案等。

10.2.8　智慧决策机制

决策机制是智慧应急管理的重心和关键环节，这个阶段的应急管理目的是最大限度地减少突发事件危害、降低生命财产损失，并为事后的恢复工作奠定基础。如果突发事件处理得当，会尽量减少突发事件的不良影响，提高应急管理效率。如果处理失当，突发事件可能会演化为深层次的危机。因此，必须建立健全突发事件决策处置机制，建立一整套科学的突发事件处理流程和工作程序，提高处理突发事件的反应力。智慧决策机制是指在突发事件发生时迅速有效地利用决策理论和智能化辅助工具、技术，选择一个合适的决策方案，并随着事态的发展对决策不断地进行调整，直至应急救援结束。图 10-18 所示为智慧决策机制的输入、工具与技术、输出。图 10-19 所示为智慧决策机制的数据流向图。

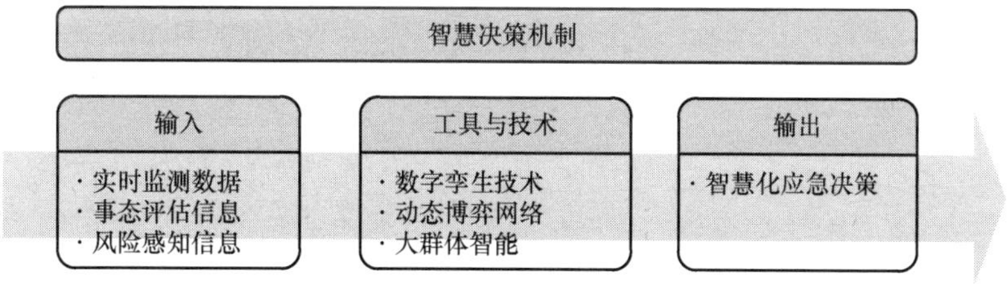

图 10-18　智慧决策机制的输入、工具与技术、输出

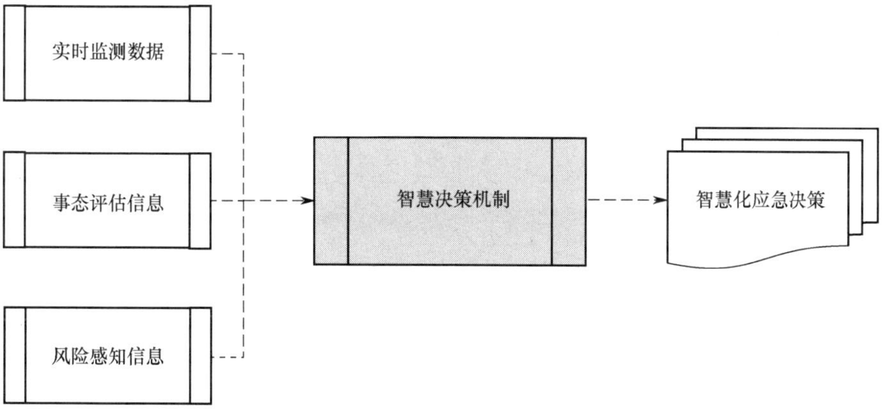

图 10-19　智慧决策机制的数据流向图

1. 智慧决策机制：输入

1）实时监测数据

通过突发事件信息系统，汇集、储存、分析、传输有关突发事件的实时信息、数据等。

2）事态评估信息

根据突发事件相关历史记录和运行状况等，得出一个准确的突发事件状态评判和发展趋势估计，使应急管理者能够有目标地进行决策和防护准备。

3）风险感知信息

对某个特定风险的特征和严重性所做出的主观判断，个体根据直观判断和主观感受所获得的经验，根据环境刺激、信息进行记录、筛选、凝聚成知识与记忆，来做出主观风险的判定，并以此作为逃避、改变、接受风险的态度及行为决策的判断依据。

2. 智慧决策机制：工具与技术

1）数字孪生技术

充分利用物理模型、传感器更新、运行历史等数据，集成多学科、多物理量、多尺度、多概率的仿真过程，在虚拟空间中完成映射，从而反映相对应的实体设施的全生命周期过程。

2）动态博弈网络

根据突发事件发展过程的状态变化，以及相应的信息补充，基于网络计划的方法，采用不完全信息动态博弈的数学模型调整网络结构而最终得到最为有效的应急处置方案。

3）大群体智能

由众多智能成员参与，根据所提供的决策信息对备选方案进行偏好表达，依据特定的规则将众多智能个体判断集结成大群体判断，以得出应急处置方案排序或从多个备选方案中选择最佳应急处置方案。

3. 智慧决策机制：输出

智慧化应急决策

应急决策是指当突发事件发生时，决策者在时间紧急、资源有限和事件不确定性高的情况下，为了尽可能减少人员伤亡、财产损失、环境破坏或社会影响，而决定采取的应对方案和应急措施。相较于一般决策，智慧化应急决策能够充分利用多方面的资源，发挥多智能主体的优势，使决策更加客观和贴近实际，提高决策的科学性。

10.2.9 现场评估反馈机制

在一个阶段的应急救援与处置基本结束后，需要对该阶段的应急方案及实施效果进行评估总结。该过程的主要目的是总结和吸取应急救援与处置经验教训，运用智能化工具与技术调整应急方案，不断提升应急处置能力。图 10-20 所示为现场评估反馈机制的输入、工具与技术、输出。图 10-21 所示为现场评估反馈机制的数据流向图。

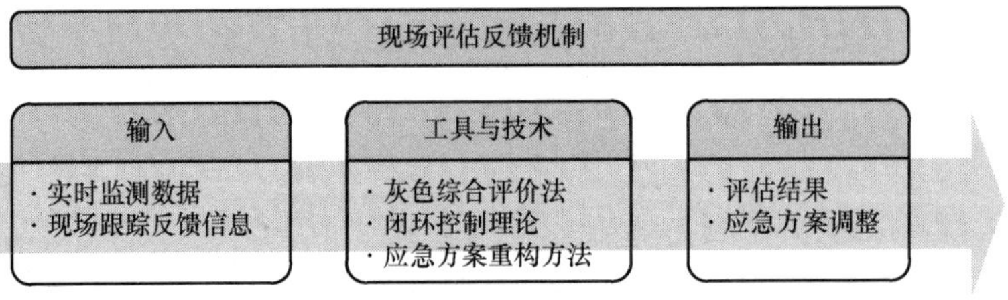

图 10-20　现场评估反馈机制的输入、工具与技术、输出

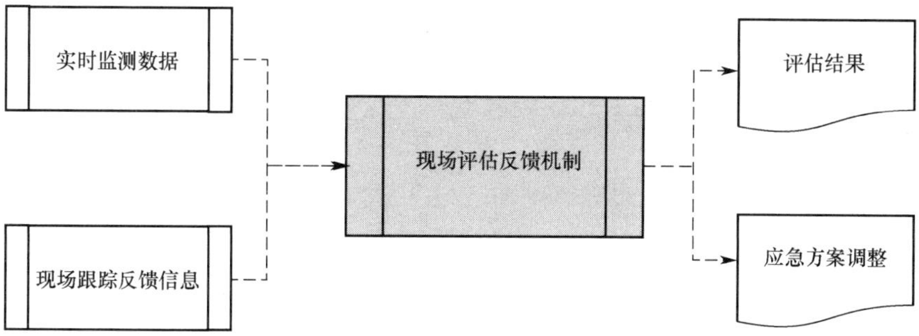

图 10-21 现场评估反馈机制的数据流向图

1. 现场评估反馈机制：输入

1）实时监测数据

通过突发事件信息系统，汇集、储存、分析、传输有关突发事件的实时信息、数据等。

2）现场跟踪反馈信息

应急决策单元依据一定的标准和程序，运用科学、系统、规范的评价方法，对应急决策执行效果做出综合评定并由此决定决策延续、调整或终结的相关信息。

2. 现场评估反馈机制：工具与技术

1）灰色综合评价法

请参见 8.5.2 节中的“4）灰色综合评价法。”

2）闭环控制理论

闭环控制是控制论的一个基本概念，是指作为被控制的输出量以一定方式返回到作为控制的输入端，并对输入端施加控制影响的一种控制关系，是带有反馈信息的系统控制方式。

3）应急方案重构方法

当多类突发事件并发或发生次生灾害时，基于已数字化表达和模块化的应对单一类型突发事件的响应程序，根据突发事件的发展情况进行重新组合，形成可同时应对多类突发事件的综合响应程序，并生成相应的调整方案。可结合数学规划方法，考虑各个应急处置程序所需的资源种类、数量及完成时间的约束，以及各个程序之间序关系的约束，尽量最小化处置时间、处置成本和造成的损失，从而在线生成新的应急响应程序。

3. 现场评估反馈机制：输出

1）评估结果

在应急救援与处置基本结束后，需要对该阶段的方案及实施效果进行评估总结。

2）应急方案调整

基于突发事件的发展态势及方案实际执行情况，对方案进行动态调整，协调人员、资源、环境条件等，保障应急处置工作的顺利进行。

10.2.10 纠错改进机制

在对突发事件进行应急处置并控制住危机，突发事件已经不再继续对社会、对民众造成冲击，不产生明显的外部危害后，并不表示应急管理工作已经结束，这时，应急管理进入了事后管理阶段。该过程的主要目的是总结和吸取应急救援与处置经验教训，并制定整改措施，同时进行责任追究与奖惩。图 10-22 所示为纠错改进机制的输入、工具与技术、输出。图 10-23 所示为纠错改进机制的数据流向图。

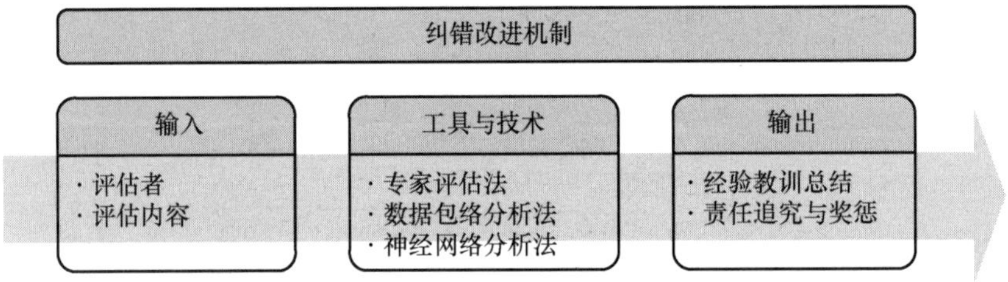

图 10-22　纠错改进机制的输入、工具与技术、输出

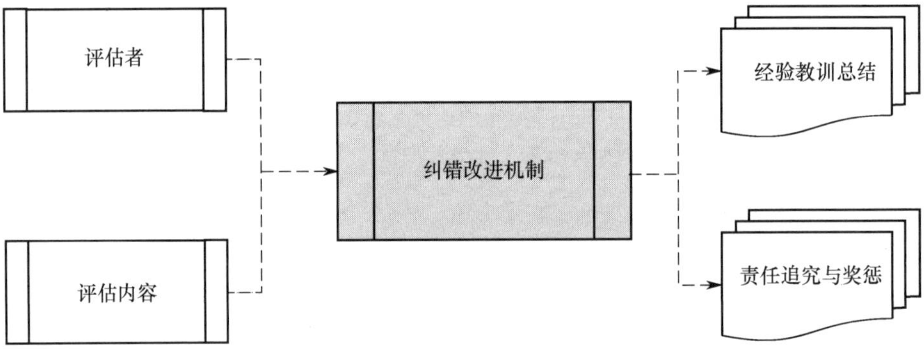

图 10-23　纠错改进机制的数据流向图

1. 纠错改进机制：输入

1）评估者

评估者包括应急现场指挥部及相关应急处置评估组成员等，他们对应急救援与处置工作进行评估。

2）评估内容

参考《生产安全事故应急处置评估暂行办法》等，评估内容主要包括：突发事件基本情况、信息报送情况等；应急处置方案制定与执行情况；先期处置情况，包括搜寻与营救情况、控制危险源情况、防范次生灾害发生情况；应急救援队伍、人员、装备、物资储备、资金保障等方面的落实情况；环境监测与保护情况；舆情监测与信息发布情况；等等。

2. 纠错改进机制：工具与技术

1）专家评估法

请参见 8.5.2 节中的“1）专家评估法。”

2）数据包络分析法

请参见 8.5.2 节中的“5）数据包络分析法。”

3）神经网络分析法

请参见 8.5.2 节中的“6）神经网络分析法。”

3. 纠错改进机制：输出

1）经验教训总结

针对应急救援与处置阶段多方面的内容，总结应急救援与处置阶段的成效、经验和教训，以便进一步提升突发事件应急管理能力，并向事故调查组和上一级监管监察部门提交总结报告。

2）责任追究与奖惩

突发公共事件应急处置工作实行责任追究制，对迟报、谎报、瞒报和漏报突发公共事件重要情况或者应急管理工作中有其他失职、渎职行为的，依法对相关责任人给予行政处分；构成犯罪的，依法追究刑事责任。同时，对突发公共事件应急管理工作中做出突出贡献的先进集体和个人给予表彰和奖励。

10.3 智慧应急管理法制

智慧应急管理法制是实施依法治国基本方略、坚持依法行政、建设法治政府的重要内容。常态管理需要法制，应急管理也需要法制，法律手段是有效应对突发事件最根本的手段。应急管理法律法规是与常态下的法律法规相对应的，是关于在突发事件状态下如何处理国家权力之间、国家权力和公民权利之间、公民权利之间的各种社会关系的法律规范和原则的总和。

应急管理法制具有如下特点。

（1）主要调整应急时期国家机关如何行使紧急权力。

（2）更注重对社会公共利益的保护。

（3）在适用上，具有很强的时效性。

（4）具有强制性。

（5）具有高于非应急法规的法律效力。

智慧应急法律规范所构成的应急法律体系是多角度、多层次的，具有应急法律规范的一般规范功能和法律特征，与非应急法律规范一起构成国家统一的法律体系。

智慧应急法律规范的意义在于：

（1）应急管理需要法制，法制作为应急管理的手段，能够使应急管理更为有序和有效，主要包括政治手段、行政手段、军事手段、经济手段等，但是法律手段是最为基本和主要的手段；

（2）应急管理法律规范体系在于能够避免法制危机、保障人权。突发事件不仅对经济、社会造成巨大冲击，还会对已有的法制形成冲击。对自由裁量权的限定不周全可能还会导致侵犯人权的现象发生。应急管理法律规范的重要意义就在于使法制的精神和原则在突发事件状态下得到坚持。图 10-24 所示为智慧应急管理法制的输入、工具与技术、输出。图 10-25 所示为智慧应急管理法制的数据流向图。

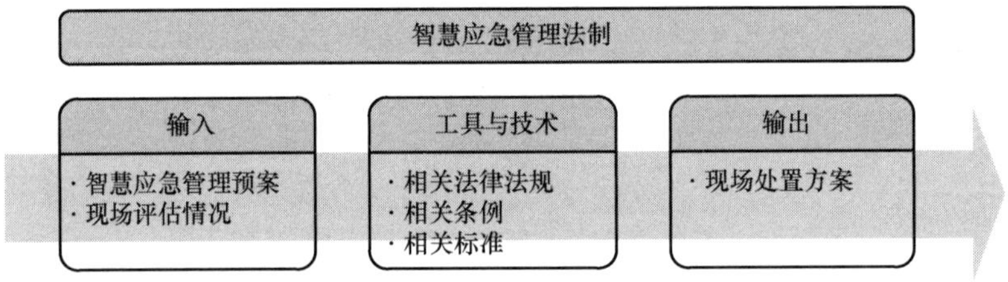

图 10-24　智慧应急管理法制的输入、工具与技术、输出

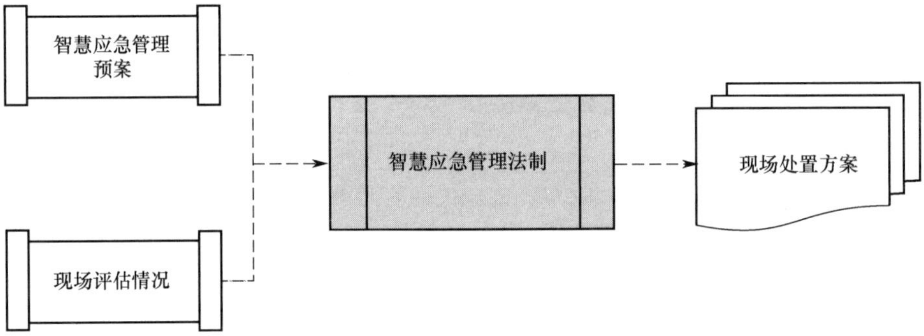

图 10-25　智慧应急管理法制的数据流向图

10.3.1　智慧应急管理法制：输入

1. 智慧应急管理预案

智慧应急管理预案具有智能化、模块化和可视化等特征，可以更好地利用应急预案所包含的知识信息，提高基于应急预案和现场评估情况制定的现场处置方案的可操作性。

智慧应急预案的智能化表明，建立在全息化应急信息平台上，综合运用射频识别技术、智能机器人技术、物联网技术、遥感技术、地理信息系统技术等现代化监测技术，智慧应急预案可快速获取突发事件类型、过程、相关资源等动态信息，实现与突发事件现场的实时互动；同时，基于该动态信息，借助云平台、大数据、人工智能、仿真模拟等智能化分析手段，可对现场处置方案进行利弊分析和优化评估。

智慧应急预案的模块化表明，根据突发事件的类型和演化过程，应急预案被开发成既相对独立又相互关联的模块，在之后处置方案的编制中，可根据实际需求直接调用相关模块，通过类型模块和程序模块的组合，增加现场处置方案的适用性。具体而言，首先，以突发事件类型为基准，收集不同类型突发事件的应急知识和典型案例，开发相应应急知识库和案例库；其次，根据突发事件演化过程，分解应急预案流程，分析智慧应急管理过程中的关键节点，如风险监测、风险识别、风险评估、风险预警、应急响应、应急防控等，得到详细的智慧应急流程图，并将其开发成预案程序模块；最后，将突发事件类型模块和程序模块结合，最大化模块间的关联程度，建构新的复合模块，并作为现场处置方案编制的依据。

智慧应急预案的可视化表明，以模块化方式在计算机上存储的应急预案，运用视频监控等其他图文声像表达手段，结合仿真模拟等智能技术，可将突发事件现场信息以图像等可视化形式呈现。

2. 现场评估情况

现场评估情况是应急现场指挥部所获得的关于突发事件的类型、起因、影响、发展态势，以及可利用资源的相关信息。突发事件现场评估情况为制定现场处置方案提供决策支持。

1）突发事件的类型

突发事件是指突然发生，造成或可能造成严重社会危害，需要采取应急处置措施予以应对的自然灾害、事故灾难、公共卫生事件和社会安全事件。按照社会危害程度、影响范围等因素，自然灾害、事故灾难、公共卫生事件可分为特别重大、重大、较大和一般四级。

2）突发事件的起因、影响及发展态势

根据突发事件的起因、影响、发展态势等情况，启动相应应急预案，制定救助性、控制性和稳定性等现场处置方案。

3）可利用的资源

人力、物力、财力资源的来源、数量和质量评估情况为制定保障性现场处置方案提供决策支撑。

10.3.2 智慧应急管理法制：工具与技术

从 1954 年首次规定戒严制度至今，我国已颁布一系列与应急管理有关的法律、行政法规和部门规章，特别是 2007 年颁布实施的《中华人民共和国突发事件应对法》。

1. 相关法律法规

1）自然灾害类突发事件法律法规

针对自然灾害引发的公共危机，内容十分广泛，在防范、应对方面的法律法规主要包括：①防震减灾类，如为防御和减轻地震灾害，保护人民生命和财产安全，制定《中华人民共和国防震减灾法》；②洪涝灾害类，如为防治洪水，防御、减轻洪涝灾害，维护人民的生命和财产安全，2016 年，全国人大常委会第二十七次会议通过《中华人民共和国防洪法》。③气象灾害类，如为发展气象事业，规范气象工作，准确、及时地发布气象预报，防御气象灾害，制定《中华人民共和国气象法》。

2）事故灾难类突发事件法律法规

针对各种事故灾难，全国人大常委会制定相关法律法规，主要包括：①交通安全事故类，如为维护道路交通秩序，制定《中华人民共和国道路交通安全法》；为保障民用航空活动安全、有序进行，制定《中华人民共和国民用航空法》。②人为火灾事故类，如为预防火灾和减少火灾危害，加强应急救援工作，制定《中华人民共和国消防法》。③生态破坏事故类，如为保护和改善生态环境、保障森林生态安全、防治水污染和固体废物污染环境，全国人大常委会分别制定《中华人民共和国环境保护法》《中华人民共和国森林法》《中华人民共和国水污染防治法》《中华人民共和国固体废物污染环境防治法》。④安全生产事故类，如为加强安全生产工作、保障矿山生产安全，分别制定《中华人民共和国安全生产法》《中华人民共和国矿山安全法》。⑤核事故类，如为保障核安全，预防与应对核事故，安全利用核能，保护公众和从业人员的安全与健康，2017 年，《中华人民共和国核安全法》颁布。

3）公共卫生类突发事件法律法规

突发公共卫生事件是严重影响公众健康的事件，防范和应对的法律法规主要包括：①传染病疫情类，如为预防、控制和消除传染病的发生与流行，保障人体健康和公共卫生，《中华人民共和国传染病防治法》发布。②动物疫病类，如为加强对动物防疫活动的管理，预防、控制、净化、消灭动物疫病，制定《中华人民共和国动物防疫法》。③食品安全类，如为保证食品安全，保障公众身体健康和生命安全，《中华人民共和国食品安全法》发布。

4）社会安全类突发事件法律法规

社会安全事件是指对社会和国家稳定与发展造成巨大影响的，涉及经济方面、政治方面和社会方面的各种突发性的群体性事件。社会安全类突发事件法律法规主要包括：①国家安全类，如为维护国家安全，保卫人民民主专政的政权和中国特色社会主义制度，保护人民的根本利益，2015 年，全国人大常委会通过《中华人民共和国国家安全法》。②国防安全类，如为建设和巩固国防，保障改革开放和社会主义现代化建设顺利进行，制定《中华人民共和国国防法》。③社会公共安全类，如为维护社会安全秩序，制定《中华人民共和国戒严法》；为防范和惩治恐怖活动，制定《中华人民共和国反恐怖主义法》。④网络安全类，如为保障网络安全，维护网络空间主权和国家安全、社会公共利益，保护公民、法人和其他组织的合法权益，促进经济社会信息化健康发展，2016 年，《中华人民共和国网络安全法》颁布。

2. 相关条例

条例是法的表现形式之一，是行政法规，是从属于法律的规范性文件。在应急管理领域，根据法律法规，中央颁布了一系列适用于特定种类突发事件的条例。

1）自然灾害类突发事件相关条例

针对不同类型的自然灾害，根据法律法规，国务院发布和修订相关条例，主要包括：①综合减灾类，如为规范自然灾害救助工作，保障受灾人员基本生活，制定《自然灾害救助条例》。②防震减灾类，如根据《中华人民共和国防震减灾法》，国务院制定《地震安全性评价管理条例》《地震监测管理条例》《汶川地震灾后恢复重建条例》等行政法规，以预防、监测、应对地震灾害。③洪涝灾害类，如为保护水资源和防灾减灾，根据《中华人民共和国防洪法》，制定《中华人民共和国水文条例》。④气象灾害类，如为确保气象监测的代表性、加强气象灾害防御，根据《中华人民共和国气象法》，制定《气象设施和气象探测环境保护条例》《气象灾害防御条例》。⑤地质灾害类，如为防治地质灾害，避免和减轻地质灾害造成的损失，2003 年，国务院发布《地质灾害防治条例》。

2）事故灾难类突发事件相关条例

面对多种事故灾难，根据法律法规，国务院和全国人大常委会颁布相关条例，主要包括：①交通安全事故类，如针对道路安全，国务院发布《公路安全保护条例》《中华人民共和国道路交通安全法》《机动车交通事故责任强制保险条例》《中华人民共和国道路交通安全法实施条例》等行政法规；针对航空安全，发布《通用航空飞行管制条例》；针对铁路安全，发布《铁路交通事故应急救援和调查处理条例》。②人为火灾事故类，如 2008 年，国务院修订《森林防火条例》；2018 年，全国人大常委会发布《中华人民共和国消防救援衔条例》。③生态破坏事故类，如针对水污染，根据《中华人民共和国环境保护法》，制定《防止拆船污染环境管理条例》《排污许可管理条例》等；针对固体废弃物污染，根据《中华人民共和国固体废物污染环境防治法》，制定《废弃电器电子产品回收处理管理条例》《危险化学品安全管理条例》等。④安全生产事故类，如根据《中华人民共和国安全生产法》，国务院制定《生产安全事故应急条例》《安全生产许可证条例》《生产安全事故报告和调查处理条例》等行政法规，以保障一般性安全生产；聚焦建设工程安全生产，国务院制定《建设工程安全生产管理条例》《建设工程质量管理条例》等；针对矿山安全生产，根据《中华人民共和国矿山安全法》，制定《中华人民共和国矿山安全法实施条例》《煤矿安全监察条例》等。⑤核事故类，如为保证民用核设施的安全运行，预防核事故，2019 年，国务院修订《民用核安全设备监督管理条例》。

3）公共卫生类突发事件相关条例

面对严重影响公众健康的突发公共卫生事件，根据法律法规，国务院制定相关条例，主要包括：①综合性公共卫生事件类，如为有效预防、及时控制和消除突发公共卫生事件的危害，保障公众身体健康与生命安全，制定《突发公共卫生事件应急条例》；②传染病疫情类，如根据《中华人民共和国传染病防治法》，国务院制定《血吸虫病防治条例》《艾滋病防治条例》《血液制品管理条例》《医疗废物管理条例》等行政法规，以防治传染病；③动物疫病类，如为控制、应对动物疫病，根据《中华人民共和国动物防疫法》，制定《重大动物疫情应急条例》《生猪屠宰管理条例》等行政法规；④食品安全类，如《乳品质量安全监督管理条例》《中华人民共和国食品安全法实施条例》《农业转基因生物安全管理条例》等。

4）社会安全类突发事件相关条例

我国现阶段针对社会安全类突发事件的应急条例主要包括：①国防安全条例，如为加强国防交通建设，保障战时和特殊情况下国防交通顺畅，制定《国防交通条例》；根据《中华人民共和国国防法》，制定《军队参加抢险救灾条例》《民用运力国防动员条例》等。②社会公共安全条例，如为加强对大型群众性活动的安全管理，保护公民生命和财产安全，维护社会治安秩序和公共安全，制定《大型群众性活动安全管理条例》。③网络安全条例，如为保障网络信息安全，国务院制定《关键信息基础设施安全保护条例》《中华人民共和国计算机信息系统安全保护条例》等。④宗教安全条例，如为保障公民宗教信仰自由，维护宗教和睦与社会和谐，规范宗教事务管理，提高宗教工作法治化水平，国务院制定《宗教事务条例》。

3．相关标准

根据宪法、法律和行政法规，国务院各部委制定和发布部门行政规章，规章的名称一般称“规定”“办法”“标准”。在应急管理领域，主要的行政规章包括以下几个。

1）自然灾害类突发事件相关标准

为预防、应对不同类型自然灾害，国务院相关部委制定相关应急行政规章，主要包括：①针对地震灾害，中国地震局（原国家地震局）发布《地震灾情上报暂行规定》《震后地震趋势判定公告规定》《建设工程抗震设防要求管理规定》《水库地震监测管理办法》等。②针对洪涝灾害，水利部发布《水利水电建设工程蓄水安全鉴定暂行办法》《珠江河口管理办法》《三峡水库调度和库区水资源与河道管理办法》等。③针对气象灾害，中国气象局发布《防雷减灾管理办法》《气象探测环境和设施保护办法》《气象灾害预警信号发布与传播办法》等。④针对地质灾害，自然资源部发布《矿山地质环境保护规定》《地质环境监测管理办法》《地质灾害治理工程监理单位资质管理办法》等。

2）事故灾难类突发事件相关标准

关于事故灾难防治的行政规章十分广泛，主要包括：①为保障交通安全，公安部发布《道路交通安全违法行为处理程序规定》《道路机动车辆生产企业及产品准入管理办法》等；交通运输部发布《交通运输突发事件应急管理规定》《民用运输机场突发事件应急救援管理规则》《中国民用航空应急管理规定》等；中国民用航空局发布《民用航空气象探测环境管理办法》《民用航空器飞行事故应急反应和家属援助规定》等。②为防范应对火灾事故，公安部发布《火灾事故调查规定》《消防监督检查规定》《机关、团体、企业、事业单位消防安全管理规定》《公共娱乐场所消防安全管理规定》等；应急管理部发布《高层民用建筑消防安全管理规定》等。③为减轻生态破坏，生态环境部发布《生态环境标准管理办法》《固定污染源排污许可分类管理名录》《国家级自然保护区监督检查办法》《排污许可管理办法》《工矿用地土壤环境管理办法》等。④为保障生产安全，应急管理部发布《工贸企业粉尘防爆安全规定》《煤矿重大事故隐患判定标准》《生产安全事故应急预案管理办法》《烟花爆竹生产经营安全规定》等。⑤为预防核事故，生态环境部发布《民用核设施操作人员资格管理规定》《核动力厂管理体系安全规定》《核动力厂、研究堆、核燃料循环设施安全许可程序规定》《民用核安全设备焊接人员资格管理规定》等。

3）公共卫生类突发事件相关标准

为保障公众身体健康与生命安全，国务院相关部委制定相关行政规章，主要包括：①为防治传染病，原卫生部发布《结核病防治管理办法》《突发公共卫生事件与传染病疫情监测信息报告管理办法》《医院感染管理办法》《灾害事故医疗救援工作管理办法》等；原铁道部发布《铁路实施中华人民共和国传染病防治法细则》《铁路车站、旅客列车卫生监督管理办法》；海关总署发布《出入境邮轮检疫管理办法》《国境口岸突发公共卫生事件出入境检验检疫应急处理规定》。②为防控动物疫病，农业农村部发布《动物检疫管理办法》《无规定动物疫病区评估管理办法》《动物防疫条件审查办法》等。③为保障食品安全，国家市场监督管理总局发布《食品生产许可管理办法》《保健食品注册与备案管理办法》《食品安全抽样检验管理办法》《食品召回管理办法》等；海关总署发布《中华人民共和国进出口食品安全管理办法》《中华人民共和国进口食品境外生产企业注册管理规定》《进出口乳品检验检疫监督管理办法》等；原国家食品药品监督管理总局发布《粮食质量安全监管办法》《食品经营许可管理办法》《食品生产经营日常监督检查管理办法》等；原农业部发布《农产品质量安全监测管理办法》；原卫生部发布《食品安全国家标准管理办法》。

4）社会安全类突发事件相关标准

我国现阶段应对社会安全类突发事件的主要行政规章包括：①为保障国家安全，国家安全部发布《反间谍安全防范工作规定》；交通运输部发布《水路旅客运输实名制管理规定》；公安部和交通运输部发布《出境入境航空器载运人员信息预报预检实施办法》。②聚焦市场安全，中国人民银行发布《金融机构反洗钱和反恐怖融资监督管理办法》，中国银行保险监督管理委员会发布《银行业金融机构反洗钱和反恐怖融资管理办法》，以保障金融市场安全；为优化市场结构，保障供需平衡，商务部发布《不可靠实体清单规定》《生活必需品市场供应应急管理办法》；为提高中央企业防范和处置各类突发事件的能力，国务院国有资产监督管理委员会发布《中央企业应急管理暂行办法》。③为保障网络安全，国家互联网信息办公室发布《网络信息内容生态治理规定》《儿童个人信息网络保护规定》《区块链信息服务管理规定》《互联网新闻信息服务管理规定》等；人力资源和社会保障部发布《网络招聘服务管理规定》；文化和旅游部发布《在线旅游经营服务管理暂行规定》；文化和旅游部发布《互联网文化管理暂行规定》。④为维护宗教安全，国家宗教事务局发布《宗教院校管理办法》《宗教教职人员管理办法》《宗教团体管理办法》《中华人民共和国境内外国人宗教活动管理规定实施细则》等。

10.3.3　智慧应急管理法制：输出

现场处置方案

突发事件发生后，根据智慧应急管理预案、现场评估情况，以相关法律法规、条例和标准为依循，应急现场指挥部制定救助性、保障性、控制性、稳定性等现场处置方案，以应对自然灾害、事故灾难、公共卫生事件、社会安全事件等不同类型的突发事件。

1）自然灾害现场处置方案

（1）救助性方案。

根据受灾情况，相关部门组织受灾人员的解救、疏散、安置与医疗救助。比如，迅速组织抢救地震灾害中被压埋人员，及时动员受到地质、气象、洪涝灾害威胁的人员转移、疏散；情况紧急时，可强行组织避灾疏散，并启用应急避难场所或设置临时避难场所，以安置受灾群众；同时，组织实施现场医疗救助，协调伤员转移、接收与救治，现场医疗救护遵循“先救命后治伤、先治重伤后治轻伤”的原则，并根据病情，向就近的省、市级医院或专科医院分流。

（2）保障性方案。

为保障应急所需物资，有关政府部门做好应急物资调用、运输与分配，根据需要，政府相关部门在其管辖范围内调用物资、设备、交通运输工具和人力，通信、航空、铁路、交通部门保证灾害应急的通信畅通和救灾物资、设备、药物、食品的运送，必要时，公安、交通等部门可依法实施陆地和水面交通管制。同时，相关部门做好基础设施和公共设施的抢修和保护工作，为保障救灾物资运送和灾区人民日常生活，交通运输、铁路等部门及时抢修被毁的道路交通设施，住房城乡建设部门保障供水、供气、供热等市政公用设施的安全运行，发生洪涝灾害后，根据《中华人民共和国防洪法》，水毁防洪工程设施的修复，应当优先列入有关部门的年度建设计划。

（3）控制性方案。

自然灾害控制要求迅速控制危险源，封锁危险场所，做好次生灾害排查与监测预警工作。根据《中华人民共和国防震减灾法》，有关部门应采取控制性措施，防范地震可能引发的火灾、水灾、爆炸、山体滑坡和崩塌、泥石流、地面塌陷，或剧毒、强腐蚀性、放射性物质大量泄漏等次生灾害及传染病疫情的发生；根据《气象灾害防御条例》，相关部门应加强对气象因素引发的衍生、次生灾害的联合检测。

（4）稳定性方案。

自然灾害发生后，广播、电视、报纸、电信等媒体要及时、准确地向社会传播灾害的发生、发展和应急处置情况；公安等部门依法采取维持社会秩序、维护社会治安的必要措施。

2）事故灾难现场处置方案

（1）救助性方案。

事故灾难发生后，民政部门及时设置避难场所和救灾物资供应点，紧急转移并妥善安置灾民，疏散可能受到威胁的人员，开展受灾群众救助工作；造成人身伤亡的，先组织抢救受伤人员，医疗机构对受伤人员进行及时抢救，不得因抢救费用未支付而拖延救治。根据《中华人民共和国道路交通安全法》，在交通事故中，应先派出警察组织抢救伤者；根据《中华人民共和国消防法》，在火灾救援中，消防救援机构应当优先保障遇险人员的生命安全。

（2）保障性方案。

根据事故的紧急需要，有关政府部门及时调集、运送所需物资，交通管理部门尽快恢复交通，通信主管部门组织提供应急通信保障。根据《中华人民共和国消防法》，为扑灭火灾，火灾现场总指挥有权指挥供水、供电、供气、通信、医疗救护、交通运输、环境保护等有关单位协助灭火救援，且对于赶赴火灾现场的消防物资、装备，交通运输主管部门应当优先运输。

（3）控制性方案。

为防止次生、衍生灾害发生，根据《中华人民共和国消防法》，火灾事故发生后，有关部门应对灾难现场进行全面检查，经验收检查合格后，方可撤出看守人员；根据《中华人民共和国安全生产法》，安全生产事故发生后，单位负责人应立即上报，根据事故救援需要，采取警戒、疏散等措施，防止事故扩大和次生灾害发生。

（4）稳定性方案。

突发事件应急处置工作结束后，有关部门立即组织评估事件造成的影响和损失，并及时将评估结果向社会公布，同时，采取相关稳定和更新措施，以恢复突发事件现场原有秩序。根据《中华人民共和国水污染防治法》，饮用水水源发生水污染事故后，饮用水供水单位应当采取应急处理措施，向所在地市、县级人民政府报告，并向社会公开；根据《中华人民共和国安全生产法》，行政区域内所发生的生产安全事故情况，县级以上地方政府应急管理部门应当定期统计分析并向社会公布；根据《森林防火条例》，森林火灾发生后，森林、林木、林地的经营单位和个人应当及时采取更新造林措施，恢复火烧迹地森林植被。

3）公共卫生事件现场处置方案

（1）救助性方案。

根据突发事件应急处置需要，突发事件应急指挥部落实有关卫生控制措施，对人员进行疏散或隔离，并依法对传染病疫区实行封锁，同时，政府部门指定的医疗卫生机构对因突发事件致病的人员提供医疗救护和现场救援。比如，对传染病患者和疑似患者，采取就地隔离、就地观察、就地治疗措施；对其密切接触者，在指定场所进行医学观察和采取其他必要的预防措施；发生动物疫病时，农业农村主管部门和相关单位采取封锁、隔离、扑杀、销毁、消毒、无害化处理、紧急免疫接种等强制性措施；发生食品安全事故时，食品安全监督管理部门会同有关部门开展应急救援工作，组织救治因食品安全事故导致人身伤害的人员。

（2）保障性方案。

为满足相关应急物资需求，有关部门做好医疗救护设备、救治药品、医疗器械等应急物资的紧急调度和运输。应急处理指挥部负责调集人员、储备的物资、交通工具及相关设施、设备；铁路、交通、民用航空行政主管部门保证及时运送；其他政府有关部门做好组织协调。

（3）控制性方案。

根据需要，卫生行政主管部门对突发事件现场采取控制措施，比如，封闭或封存食物或水源，以减轻疫情扩散；宣传突发事件防治知识，及时对易受感染的人群和其他易受损害的人群采取应急接种、预防性投药、群体防护等措施。遵守《重大动物疫情应急条例》，动物疫病发生后，有关部门应当对被污染的物品、用具、动物圈舍、场地进行严格消毒，扑杀并销毁染疫动物和易感染的动物及其产品，并做好相关防疫知识的宣传和普及工作。

（4）稳定性方案。

接到公共卫生突发事故报告后，政府有关部门应做好信息发布工作，依法对事故及其处理情况进行公布，并对可能产生的危害加以解释、说明。根据《中华人民共和国食品安全法》，食品安全监督管理部门接到食品安全事故报告后，应会同有关部门做好信息发布和解释工作。

4）社会安全事件现场处置方案

（1）救助性方案。

应对社会安全事故，有关部门优先保护直接受到事故威胁人员的人身安全，及时组织营救和救治受害人员，疏散、撤离并妥善安置受威胁人员，必要时，可封锁现场和周边道路，在有关场所附近设置警戒线，禁止或限制有关设施的使用，并在特定区域实施交通、通信、无线电等管制措施。

（2）保障性方案。

为促进现场处置方案的实施，有关部门及时调用储备物资，尽快抢修被损坏的交通、电信、互联网、广播电视、供水、排水、供电、供气、供热等公共设施，以保障相关地区人民基本生活必需品的供应。根据《中华人民共和国国防法》，国家建立战略物资储备制度，保障战时相关物资需求；根据《中华人民共和国戒严法》，戒严期间，戒严实施机关可以对基本生活必需品的生产、运输、供应、价格，采取特别管理措施。

（3）控制性方案。

为防范因社会安全事故而衍生的其他事故，有关部门可禁止或限制群众集聚活动、有关场所和设施的使用，对交通、新闻、通信、邮政、电信等实施管制，并及时向社会发布与公众有关的警示信息。

（4）稳定性方案。

社会安全事故发生后，遵守国家安全危机的信息报告和发布机制，有关机关要准确、及时地进行信息报告，并依法将危机事件发生、发展、管控处置及善后情况统一向社会发布；同时，组织有关部门帮助受影响的单位和个人尽快恢复生产生活，稳定受影响地区的社会秩序和公众情绪。

11 智慧应急 IT 技术

智慧应急 IT 技术是指赋能传统应急管理于“智慧”的大数据、互联网、人工智能等新一代信息技术，其智慧过程遵从“感知数据—交互信息—洞察分析—决策行动”逻辑主线，实现应急管理自动研判、自主决策、自我演进的功能，达到智慧应急管理的目的，最终完成应急管理的数字化转型、智慧化提升。智慧应急 IT 技术概述如图 11-1 所示。

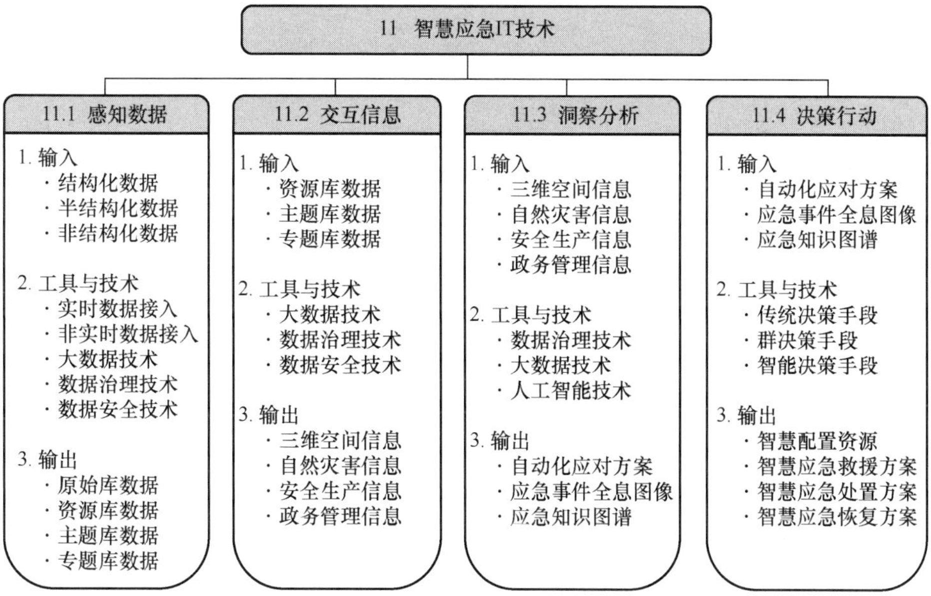

图 11-1　智慧应急 IT 技术概述

11.1　感知数据

感知数据是指运用先进、稳定、高效的工具和技术对智慧风险监测、智慧风险识别、智慧风险评估、智慧风险预警、智慧应急响应、智慧应急防控、智慧应急体制、智慧应急机制、智慧应急法制等各种结构类型数据的采集获取和规范治理，形成原始库、资源库、主题库及专题库数据，为交互信息及洞察分析提供支撑。图 11-2 所示为感知数据的输入、工具与技术、输出。图 11-3 所示为感知数据的数据流向图。

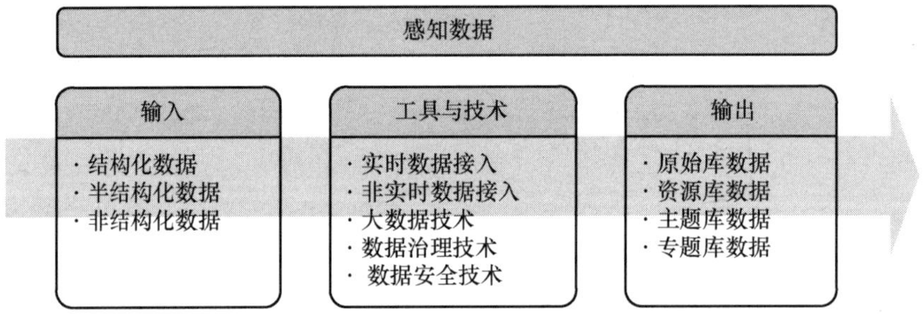

图 11-2　感知数据的输入、工具与技术、输出

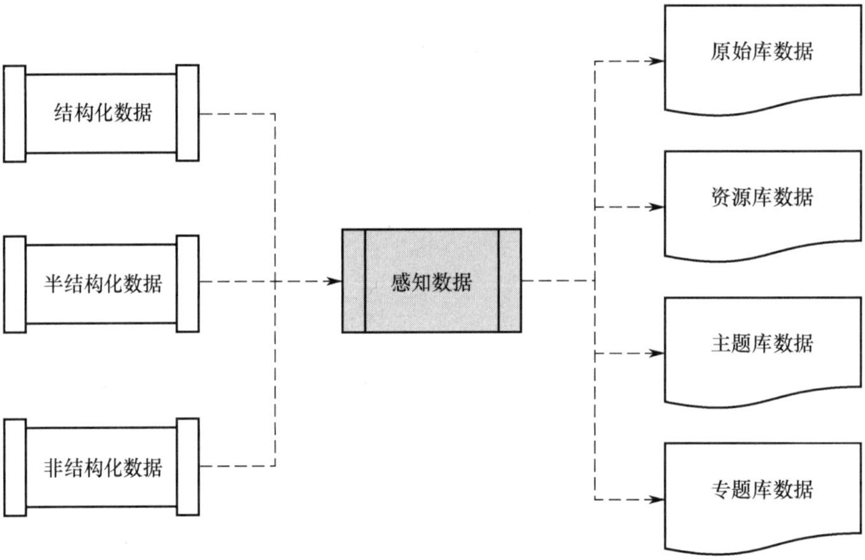

图 11-3　感知数据的数据流向图

11.1.1　感知数据：输入

1. 结构化数据

应急业务相关的结构化数据主要是指以二维表结构逻辑来表达和实现的数据，包括关系数据库表、对象数据库表等。

2. 半结构化数据

应急业务相关的半结构化数据一般指日志文件、XML 文档、JSON 文档等。

3. 非结构化数据

应急业务相关的非结构化数据一般指图像、音频、视频等。

11.1.2 感知数据：工具与技术

1. 实时数据接入

实时数据接入主要是指针对应急业务中产生的实时数据，如物联网实时感知预警数据等，通过实时分布式消息技术、实时流计算技术、DPI（Deep Packet Inspection）/DFI（Deep Flow Inspection）探针技术等进行实时的采集获取。

2. 非实时数据接入

非实时数据接入主要是指针对应急业务中产生的普通数据、历史数据，通过各类采集工具与技术，如ETL（Extract-Transform-Load）、API接口等，进行全量、增量、定时的采集获取。

3. 大数据技术

大数据技术可以处理各类复杂来源的数据的采集接入、有效存储与利用、质量提升等。

4. 数据治理技术

数据治理技术以应急海量数据为基础，在确保数据安全的前提下，运用大数据技术建立数据接入、数据处理、数据管控、数据资源池、数据服务、数据共享交换、数据安全等功能体系，生成高质量标准化基础数据。

5. 数据安全技术

数据安全技术是以数据为中心，综合运用诸如云计算技术、大数据技术、密码技术、人工智能技术、流量检测技术等，保障数据安全、完整性、可用性和机密性的技术集合。

运用加密、授权、校验、清理、转换等工具与技术，保障数据采集的完整性、一致性和可用性等，保障数据采集安全。

运用身份鉴别和认证、安全通道、可信通道、加密传输等工具与技术，防止数据遭泄露和篡改等，保障数据传输安全。

运用身份鉴别和认证、加密算法与密钥、访问控制、复制、备份、恢复、归档等工具与技术，保障数据存储的完整性、一致性、可用性、时效性等，保障数据存储安全。

运用身份鉴别和认证、数据加密、数据脱敏、数字水印、数据库审计、数据库防火墙等工具与技术，进行风险监控、数据溯源及非法分析操作阻断，防止处理过程中数据泄露、未授权访问等，保障数据处理安全。

运用身份鉴别和认证、安全通道、数据加密、数据脱敏、数字水印、数据库审计、数据库防火墙等工具与技术，对非法操作进行阻断，防止数据滥用、数据泄露等，保障数据交换安全。

运用物理摧毁、消磁设备等工具与技术，确保以不可逆的方式销毁数据及副本内容，防止因介质丢失、被窃或未授权物理访问导致数据泄露，保障数据销毁安全。

11.1.3 感知数据：输出

1. 原始库数据

应急业务多源异构数据以实时、定时、全量、增量等方式完整安全接入大数据原始库中，包括应急管理部门的内部数据、其他部门的共享数据、社会团体及互联网数据、各类系统感知数据等，并在不影响应急业务数据使用分析的基础上，利用数据安全技术，进行数据的分级、加密、脱敏、审计、授权管理等。原始库保留了原始数据，原则上要求数据内容与源数据一致，反映原始业务场景，非结构化数据经过处理后接入大数据原始库中。

2. 资源库数据

资源库是运用大数据及数据治理技术对原始库数据进行提取、清洗、转换等处理后形成的标准化数据集合，包括监督管理数据、政务管理数据、监测预警数据、指挥救援数据等，并在不影响应急业务数据使用分析的基础上，利用数据安全技术，进行数据的分级、加密、脱敏、审计、授权管理等。

3. 主题库数据

主题库是运用大数据和数据治理技术对资源库数据进行融合处理，形成的多种维度的主题信息公共数据集合，包括灾害事故主题、应急管理对象主题、应急环境主题、救援资源主题等数据，并在不影响应急业务数据使用分析的基础上，利用数据安全技术，进行数据的分级、加密、脱敏、审计、授权管理等。

4. 专题库数据

专题库是运用大数据和数据治理技术对资源库数据、主题库数据进行关联、融合、标识、汇总等处理后形成的业务维度的数据集合，包括自然灾害监测专题、安全生产监管专题、火灾事故监测专题、地质灾害监测专题等数据，并在不影响应急业务数据使用分析的基础上，利用数据安全技术，进行数据的分级、加密、脱敏、审计、授权管理等。

11.2 交互信息

交互信息是指运用先进、稳定和高效的工具和技术，在横向和纵向上对资源库、主题库、专题库等数据进行共享交换及安全防护的过程，为应急业务的洞察分析提供支撑。图 11-4 所示为交互信息的输入、工具与技术、输出。图 11-5 所示为交互信息的数据流向图。

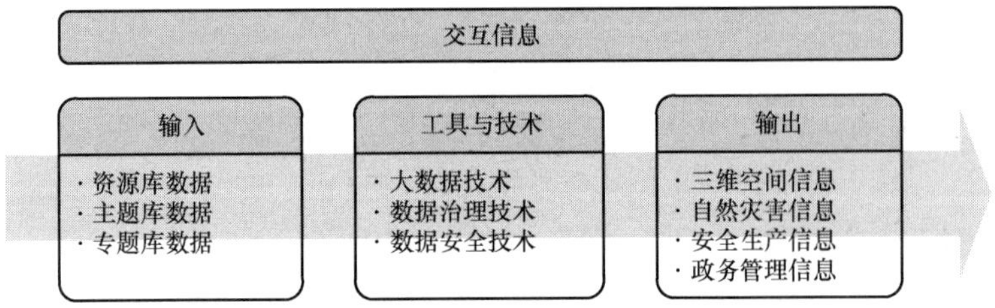

图 11-4　交互信息的输入、工具与技术和输出

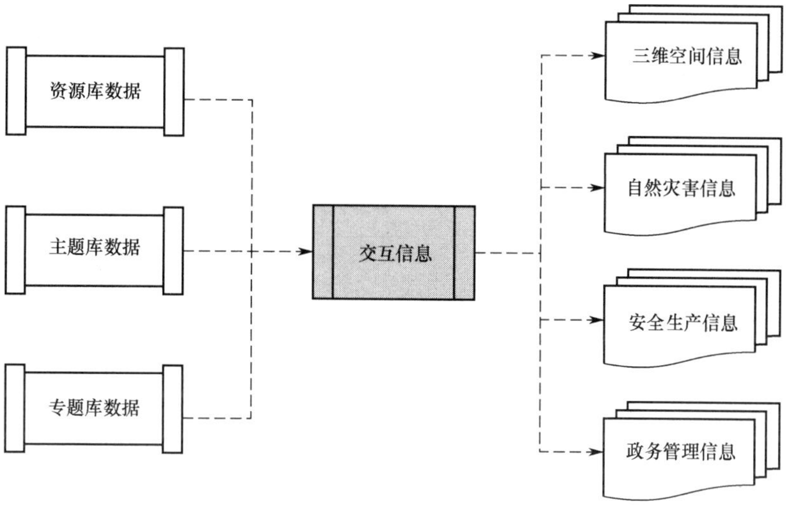

图 11-5 交互信息的数据流向图

11.2.1 交互信息：输入

1. 资源库数据

请参见 11.1.3 节中的“2. 资源库数据”。

2. 主题库数据

请参见 11.1.3 节中的“3. 主题库数据”。

3. 专题库数据

请参见 11.1.3 节中的“4. 专题库数据”。

11.2.2 交互信息：工具与技术

1. 大数据技术

请参见 11.1.2 节中的“3. 大数据技术”。

2. 数据治理技术

请参见 11.1.2 节中的“4. 数据治理技术”。

3. 数据安全技术

请参见 11.1.2 节中的“5. 数据安全技术”。

11.2.3 交互信息：输出

1. 三维空间信息

应急业务要处理大量以三维立体为特征的空间基础信息，包括基础空间信息、空间遥感信息和国土空间信息等。

2．自然灾害信息

自然灾害信息包括地震灾害、地质灾害、防汛抗旱等领域的监测、预警、突发事件、现场处置和事后处理等信息。

3．安全生产信息

安全生产信息包括矿山（煤矿和非煤矿山）生产、危险化学品安全生产、烟花爆竹安全监管，以及国家油气输送监管等领域的监测、预警、突发事件、现场处置和事后处理等信息。

4．政务管理信息

政务管理信息包括行政管理信息、党建管理信息、政策法规信息、财务管理信息、人事管理信息和救援队伍管理信息等。

11.3 洞察分析

洞察分析是指运用先进、稳定的工具和技术，将三维空间、自然灾害、安全生产、疫情防控、城市安全和政务管理等方面积累的大量基础数据，经过分析处理，形成直观的、可供决策的信息，为应急业务的决策行动提供支撑。图 11-6 所示为洞察分析的输入、工具与技术、输出。图 11-7 所示为洞察分析的数据流向图。

国家通过多年的信息化建设，建立了“四库一平台”，即法人库、地理信息库、人口库、宏观经济库及国家信息共享交换平台，积累了大量的公用基础数据。同时，经过多年发展，在三维空间、自然灾害、安全生产和政务管理等领域同样积累了大量的应急专用基础数据。这些数据业务门类繁多，类型多种多样，包括业务数据、音视频数据、矢量空间数据、电子档案数据、办公公文数据及物联感知数据，这些数据中蕴含着大量有效的信息，如果不加入应急专业的复杂算法，常规的统计分析将难以满足应急应用所需要的复杂度要求。对三维空间信息、自然灾害信息、安全生产信息和政务管理信息进行综合分析，可形成自动化应对方案、应急事件的全息图像和应急知识图谱。

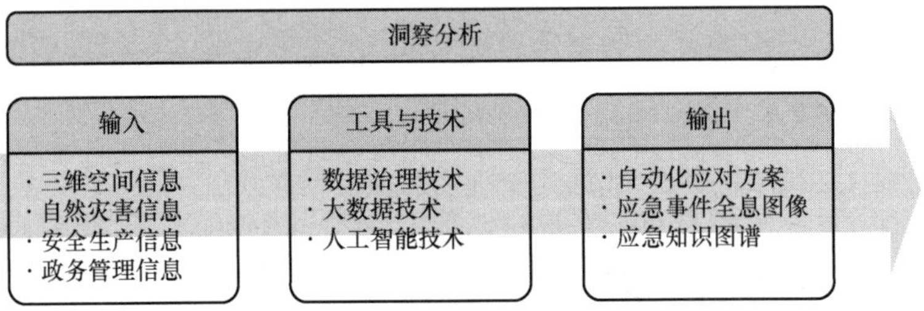

图 11-6　洞察分析的输入、工具与技术、输出

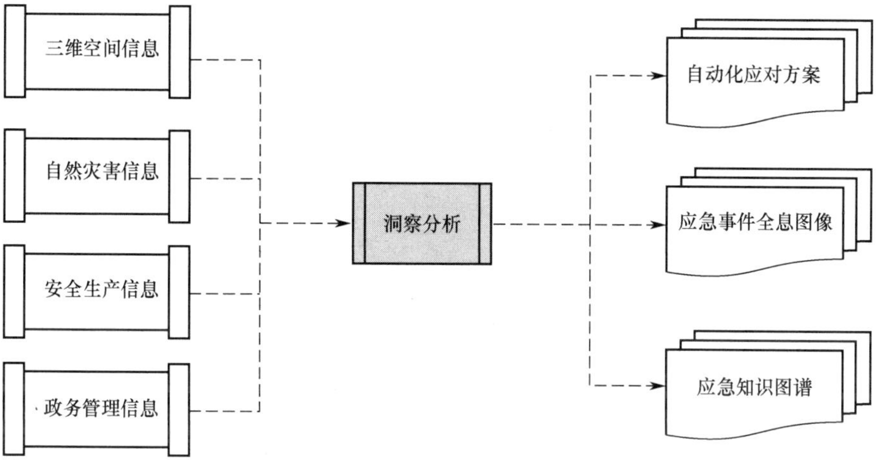

图 11-7 洞察分析的数据流向图

11.3.1 洞察分析：输入

1. 三维空间信息

应急业务要处理大量以三维立体为特征的信息数据，包括空间基础信息、空间遥感信息和国土空间信息等。这些三维空间数据在智慧应急应用中起到了基础性的作用。例如，室内三维电子地图在消防领域获得了极大的应用，以室内三维电子地图为基础构建的作战指挥系统和预案管理系统，大大提升了消防应急救援领域的作战功能，为消防应急救援领域提高作战效率、保证受困人群与消防救援人员的人身安全、降低发生二次突发事件的风险带来了更多的安全保障。

2. 自然灾害信息

突发性自然灾害一般指地震、海啸、火山喷发、飓风、洪水、泥石流及暴雨雪、冰冻等自然灾害，特别是地震，往往会造成电力、通信等基础设施的瘫痪，使信息传输中断。保证自然灾害信息收集的完整性和及时性是非常重要的。自然灾害信息包括地震灾害、地质灾害、防汛抗旱等领域的监测、预警、突发事件、现场处置和事后处理等信息。自然灾害信息是应急管理的源头之一，没有自然灾害、安全生产事故等的发生，就不会有后面的应急处理。

3. 安全生产信息

安全生产信息包括矿山（煤矿和非煤矿山）生产、危险化学品安全生产、烟花爆竹安全监管、国家油气输送监管等领域的监测、预警、突发事件、现场处置和事后处理等信息。相对于自然灾害数据，安全生产数据的收集受自然条件影响较小，信息的收集依赖于各生产单位安全生产预警等系统的建设。

4. 政务管理信息

政务管理信息包括行政管理信息、党建管理信息、政策法规信息、财务管理信息、人事管理信息和救援队伍管理信息等。政务管理信息需要同各级应急管理部门、安全监督管理部门及住房与建设部门进行对接，获得官方、及时和权威的数据。

11.3.2 洞察分析：工具与技术

1. 数据治理技术

应急数据源于多种渠道，每种渠道的数据都具有不同的数据标准，如果不能实现数据在应急体系内部的标准化和统一化，就无法保证数据质量，也无法为大数据等技术的运用提供保障，无法对数据价值进行充分发挥，也就无法为分析决策提供有效支持。

数据治理是对采集和交互而来的数据进行全生命周期管理，实现数据的标准化和统一化，确保其符合应用质量和完整性标准。通过建立数据标准、管控数据质量、保证数据安全、规划数据架构，再配以相应的政治制度、组织架构、管理流程和技术手段，保证数据治理的正常实施。

若要体现“智慧应急”中的智慧二字，必须充分发挥数据的内在逻辑价值，必须有明确的数据战略和数据标准。在数据战略方面，要明确应急管理的主要职责，在深入调查的基础上进行业务分析，理解应急业务流程，建立应急业务模型，厘清应急数据资产，明确数据治理的重点。在数据标准方面，应急数据源于多种渠道，应急数据治理就是要通过制定统一的应急数据标准和规范、数据管理规则，定义统一的数据模型，为实现应急数据集成、数据共享、业务协同奠定基础。

2. 大数据技术

大数据技术的有效应用有助于提升应急响应的准确性和效率。在进行应急响应时，需要强大的数据传输能力和数据计算能力作为基础支撑，协助指挥管理部门，一体化协同各方面进行现场救援和处置，协调一切可以利用的力量，通过多元化协作的应急处置，将事故造成的危害降到最低。同时，在应急管理中引入大数据技术，使得政府制定的应急措施更符合人民的需求，能够有效控制突发事件对社会公众生命财产造成的危害，充分发挥相关政府部门的职能。

3. 人工智能技术

人工智能技术包括过程和决策两个维度。过程是指通过计算机系统模拟人的动作、意识和思维的过程，例如，机器人、语言识别、图像识别、自然语言处理和专家系统等。决策是指对计算机系统赋予只有人类智慧才能完成的研究和决策，例如，视觉判断、在不确定条件下做出的应急决策、学习和语言翻译等。

如今没有统一的原理或范式指导人工智能研究，在许多问题上研究者都存在争论，但可以肯定的是，人工智能技术的应用，已经对社会经济的发展形成了积极的影响，在一度被认为计算机根本无法与人类抗衡的围棋领域，AlphaGo 已经战胜了围棋世界冠军，并且将差距越拉越大，在最考验智力和决策力的即时战略游戏领域，人工智能已经可以与人类并驾齐驱。

我国是一个自然灾害频发的国家，且往往伴随次生灾害，这给应急救援带来了严峻的挑战。在应急救援中，由于受到主观经验的影响和客观环境的限制，无法掌握应急事件的全部信息、无法预测应急事件的发展，导致对应急处置无法决策。在应急救援中应用人工智能技术，可以在灾情预测、应急情况追踪、救援地点定位、高危作业、辅助决策和应急处置效果评估等方面发挥积极作用，与人工救援产生合力。人工智能技术可以对海量灾害信息进行自发性学习，在海量数据中发现有价值的信息，建立认知模型，实现更加精准的预测；学习目标特征，按照一定规则识别应急对象，实现救援地点的准确定位；利用智能机器人进入高危地点实施灾情探测和灾情救援，降低人工救援的风险。因此，在涉及应急处理的规划、决策、预测、评估等应急工作中，人工智能技术的应用必将有助于实现更加快捷、高效和准确的应急实践。

11.3.3 洞察分析：输出

1. 自动化应对方案

大数据技术具有强大的海量数据分析能力，人工智能技术则支持在警情触发阈值的情况下，自动为应急决策者提供即时应对方案，支持复杂度较高的突发性决策。现在的应急决策往往是综合性决策，可以通过人机智能接口，将应急领域专家、数据分析员和最终决策者等多元决策者进行统合，实现协同决策，从而提升决策的智能化和科学化水平。即时应对方案还包括指挥协调方案及相应的数据服务，如组织人员和物资装备的统筹调配，人员疏散、现场处置、财产保护的具体措施等，以及配置气象数据接入、地理信息系统（简称GIS）等外部系统接口服务。

2. 应急事件全息图像

通过对三维空间、自然灾害、安全生产、政务管理信息的分析，利用大数据和人工智能技术，可以绘制应急事件的全息图像。应急事件全息图像是建立应急事件的各个组成要素及相关要素的关联，从组成维度和时间维度进行形象化展现。组成维度是指针对不同类别应急事件各项特征要素，结合对应急大数据资源体系相关的灾害类型、事故类型、组织机构、救援人员、灾害等级、次生灾害、应急预案、调度指挥、环境信息及事后评估结果的描述、属性、层次等概念和定义，确定应急事件组成要素之间及应急事件之间的隶属关系。时间维度是指对应急事件发生的全过程进行动态描述，同时包括对应急事件管理的预防、准备、响应和恢复等阶段的全景展示。

3. 应急知识图谱

利用大数据和人工智能技术对三维空间、自然灾害、安全生产、政务管理信息进行分析的另一个产物就是知识图谱。知识图谱将数据进行结构化并和已有的结构化数据进行关联，是一种比较通用的语义知识的形式化描述框架，它用节点表示语义符号，用边表示符号之间的语义关系。

应急知识图谱存储和管理应急实体、实体属性和实体间的关系。每个实体形成一个独立节点，每个实体有相关的属性信息进行描述，实体和实体之间通过关系链接，形成网状接口，并通过知识学习不断完善和优化。应急知识图谱通过知识输入、知识推理和知识发现，对语义进行解析、判断及转写。这里的实体可以是组织机构、物资装备和救援人员，也可以是环境信息、应急预案、指挥调度信息等。

应急知识图谱实现了数据、知识、专家经验的汇集，通过综合分析计算、研判和预测，完成了应急知识的提取、应急图谱的构建和图谱上知识的推理，建立知识之间的关系、实体之间的关系，以及实体属性和关系属性，形成体系化的应急知识网络结构。通过构建场景化的应急图谱，形成针对性的应急知识图谱能力，为应急业务应用提供深层次、体系化的能力支撑。

11.4 决策行动

决策是人们为达到一定目的而进行的有意识的、有选择的行动。在一定的人力、设备、材料、技术、资金和时间因素约束下，人们为了实现特定目标从多种可供选择的策略中做出判断，以求得最优或者较好效果的过程就是决策。智慧应急管理中的决策有同样的特点。图 11-8 所示为决策行动的输入、工具与技术、输出。图 11-9 所示为决策行动的数据流向图。

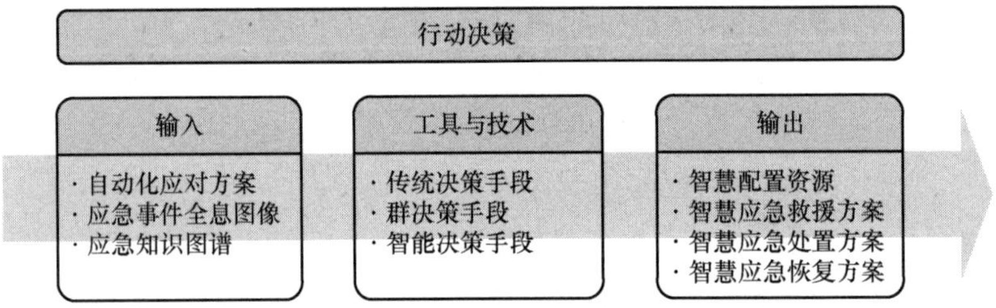

图 11-8　决策行动的输入、工具与技术、输出

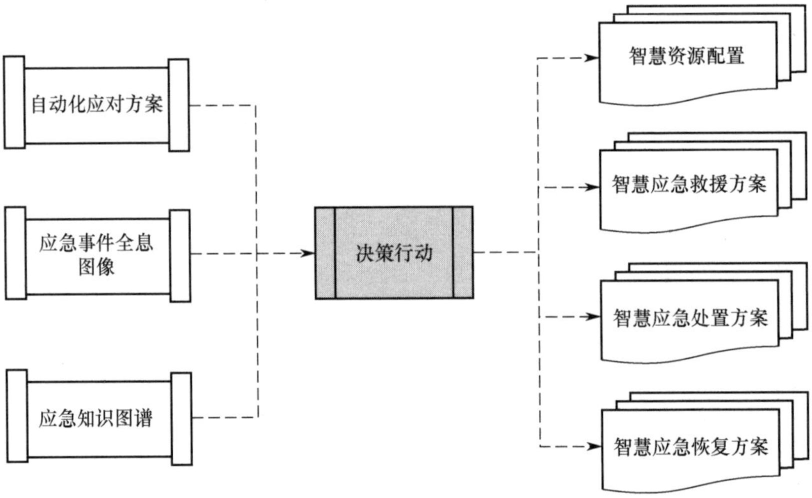

图 11-9　决策行动的数据流向图

决策是领导者的基本职能，尤其在社会公共安全等方面尤为重要。进行科学的决策是保证社会、政治、经济、文化、科技、教育、卫生等领域工作顺利开展的重要条件，也是领导水平的重要标志。

决策是随着人类社会活动的发展而产生的。长期以来，决策主要依靠人的经验，属于经验决策的范畴。随着科学技术的迅速发展，领导者单凭个人的知识、经验、智慧和胆量来做决策，难免出现重大失误。在这种形势下，经验决策逐步被科学决策所替代。

信息是决策的基础与依据，决策是信息积累的结果。对决策问题的有关信息掌握得越具体，越有助于做出正确的、明智的决策。在现代科技的发展下，更好地结合大数据、人工智能等新兴技术有利于决策的制定。

11.4.1 决策行动：输入

1. 自动化应对方案

请参见11.3.3节中的“1. 自动化应对方案”。

2. 应急事件全息图像

请参见11.3.3节中的“2. 应急事件全息图像”。

3. 应急知识图谱

请参见11.3.3节中的“3. 应急知识图谱”。

11.4.2 决策行动：工具与技术

1. 传统决策手段

（1）投票。投票是一种为达成某种期望结果，而对多个未来行动方案进行评估的集体决策技术和过程。

① 一致同意。每个人都同意某个行动方案。

② 大多数同意。获得群体中超过50%人员的支持，就能做出决策。把参与决策的小组人数定为奇数，可防止因平局而无法达成决策。

③ 相对多数同意。根据群体中相对多数人的意见做出决策，即便未能获得大多数人的支持。通常在候选项超过两个时使用。

④ 拳五法是从投票方法衍生出来的一种形式，经常用于敏捷项目中。采用这种技术时，负责人会让团队成员针对某个决定示意支持程度，举拳头表示不支持，伸五个手指表示完全支持，伸出三个及以下手指的团队成员有机会与团队讨论其反对意见。拳五法会不断进行举手表决，直到整个团队达成共识（所有人都伸出三个以上手指）或同意进入下一个决定。

（2）独裁型决策。采用这种决策技术，将由一个人负责为整个集体制定决策。

（3）多标准决策。多标准决策分析工具（如优先矩阵）可用于识别关键事项和合适的备选方案，并通过一系列决策排列出备选方案的优先顺序。先对标准排序和加权，再应用于所有备选方案，计算出各个备选方案的数学得分，然后根据得分对备选方案进行排序。

（4）优先级排序或分级。应该对相关方需求及相关方本身进行优先级排序或分级。具有最大利益和最高影响的相关方通常排在优先级清单的最前面。

2. 群决策手段

（1）头脑风暴法。参与决策的人无拘无束地提意见，再将提出的意见公开，为大家提供启发，鼓励结合他人的想法提出新的构想，参与者无论职位高低，都是团队成员，大家平等议事，不允许在点子汇集阶段评价某个点子的好坏，也不允许反驳别人的意见。

（2）德尔菲法。让专家以匿名群众的身份参与问题的解决，有专门的工作小组通过信函的方式进行交流，避免大家面对面讨论带来消极的影响。使用德尔菲法进行决策，需要先由工作小组确定问题的内容，并设计一系列征询解决问题的调查表，然后专家根据调查表填写相关内容，在此期间，专家彼此之间不沟通，待专家填写完毕后，工作小组根据填写的调查表，整理出意见统计分析情况，将统计结果反馈给各专家，专家结合他人意见完善自己的建议并说明原因。将以上过程重复几次，将最终得到一份满意的决策结果。

（3）名义群体法。这种决策技术是指在群体决策时对群体成员之间的讨论和人际沟通进行限制，群体成员召开一个会议进行决策时，他们必须首先进行个体决策，分别充分表达自己的意见，然后再进行群体的讨论。

（4）阶梯法。该方法也是用于群体决策的一种方法。这种方法是为了避免群体成员迫于群体压力不愿直接表达自己的观点。在该方法中，首先由两位成员提出自己的想法，在这两位成员的意见达成一致后，再加入一名成员，该成员发表意见后，应与前两位成员进行沟通，待意见达成一致后，再加入一名成员进行讨论，重复以上过程，直至所有成员都加入讨论中。在阶梯法中，群体的决策是由每个群体成员的意见不断叠加而形成的。这种方法使得群体中的每个成员都有独立决策的机会，每个人都不会受到别人的干扰。但是，该方法只适合在较小规模的群体中使用，如果群体规模较大，将会浪费很多时间。

（5）异地思考法。该方法就是让决策团队离开原来的工作环境，到另一个地方进行专心研究。该方法使得参与决策的人员摆脱工作环境中上下级界限，隔离烦琐事情的干扰，更容易畅所欲言，思维活跃，进而做出高水平的决策。

（6）思路转换法。该方法是突破旧的思维模式、进行变革的一种决策方式。其具体是指有意识地变换常规的思维方法，从不同的角度，甚至相反方向来探索一个新的方案。

3. 智能决策手段

1）数据库技术

数据库是信息的来源，数据库管理系统是管理数据库数据的软件。

（1）数据仓库。数据仓库的功能是查询数据，这里的数据是指事务数据，适用于信息分析和决策支持领域。其中的数据具有集成性、时变性和非易失性。小型的本地化数据称为数据集市，由不同的部门创建，以支持他们自己的决策。

（2）知识存储库。创建的知识必须存储起来，以便将来使用和共享。它们是内部和外部知识的集合。

2）数据挖掘

数据挖掘又称数据库中的知识发现。可以将数据库中的知识发现定义为从数据库中提取隐含的、以前未知的、可能有用的信息。数据挖掘融合了多个学科的知识，如统计、数学、数据库、并行计算等。

3）人工智能技术

人工智能技术在知识工程、隐性知识向显性知识转移、知识识别、理解和传播等领域做了大量工作。人工智能技术包括很多方面，如神经网络、遗传算法、数据挖掘、专家系统、基于案例的推理、模糊逻辑和智能代理等。人工智能技术的使用使组织能够有效地从其专有业务数据中提取见解，以进行准确、及时的决策。

4）数据驱动

相比过去的流程驱动，数据驱动能够利用海量、多维度的数据建立起更加全面的评估体系，或通过不断优化问题环节提升效率。

5）知识图谱

知识图谱在图书情报界称为知识域可视化或知识领域映射地图，是显示知识发展进程与结构关系的一系列不同的图形，用可视化技术描述知识资源及其载体，挖掘、分析、构建、绘制和显示知识及不同知识之间的相互联系。

6）脑科学技术驱动

脑科学是研究生物大脑结构、功能和运行机制的科学，如大脑是如何处理信息、做出决策的。

7）区块链技术

区块链是一个信息技术领域的术语。从本质上讲，它是一个共享数据库，存储于其中的数据或信息，具有“不可伪造”“全程留痕”“可以追溯”“公开透明”“集体维护”等特征。基于这些特征，区块链技术奠定了坚实的“信任”基础，创造了可靠的“合作”机制，具有广阔的应用前景。

8）物联网技术

物联网是指通过信息传感器、射频识别技术、全球定位系统、红外感应器、激光扫描器等装置，实时跟踪任何需要监控、连接、互动的物体或过程，采集其声、光、热、电、力学、化学、生物、位置等信息，通过各类可能的网络接入，实现物与物、物与人的泛在连接，实现对物品和过程的智能化感知、识别和管理。

11.4.3 决策行动：输出

1. 智慧配置资源

资源是指社会经济活动中人力、物力和财力的总和，是社会经济发展的基本物质条件。资源总是表现出相对的稀缺性，从而要求人们对有限的、相对稀缺的资源进行合理配置，以便用最少的资源耗费，生产出最适用的商品或劳务，获取最佳的效益。资源配置合理与否，不仅对一个国家经济发展的成败有着极其重要的影响，而且对智慧应急管理有关键影响，如自然灾害救援中的人力、物力等资源的合理配置。

2. 智慧应急救援方案

包括人员搜寻与营救方案制定，详见 8.3.1 节。

3. 智慧应急处置方案

包括人员疏散与安置方案制定，详见 8.3.2 节。

4. 智慧应急恢复方案

详见 9.2 节。

编后语

经过近两年的艰辛编纂，《智慧应急管理知识体系指南（IEMBOK 指南）》即将出版。本指南是一部基于新一轮科技革命和产业变革时代背景下，契合国家《“十四五”国家应急体系规划》目标（到 2035 年，建立与基本实现现代化相适应的中国特色大国应急体系，全面实现依法应急、科学应急、智慧应急，形成共建共治共享的应急管理新格局），在智慧应急管理领域出版的首套重要的应急管理书籍，也是未来开展智慧应急管理体系建设的一项重要成果。本指南一方面从复杂系统“总体性”方法论视角实现了我国智慧应急管理知识体系理论的突破，另一方面从智慧过程逻辑视角实现了传统应急管理理论向智慧应急管理理论数智化转型的突破，为提升我国应急管理体系和能力现代化提供了理论支撑。

然而，编写组在编写过程中，对于传统应急管理向数字化转型、智能化升级、智慧化提升的认识仍不到位，需要进一步提高对“智慧”的实质性理解，加之时间有限，还存在较多的问题，今后必然继续开展相关研究，弥补研究之不足。

构建具有前瞻性、引领性和全球视野的**智慧应急管理知识体系**是提升我国应急管理体系和能力现代化的组成部分，也是其快速发展不可或缺的引擎；到 2035 年，全面实现依法应急、科学应急、智慧应急，形成共建共治共享的应急管理新格局发展目标，是我国应急管理未来发展的方向。

参考文献

[1] 郑鹏, 瞿丽莉, 何子春, 等. 5G 技术生态背景下风电场应急管理信息化平台架构[J]. 实验技术与管理, 2022(11): 209-214+231.

[2] 许致远, 张慧. 应急管理场景中的手机信令数据应用探索[J]. 移动通信, 2022, 46(10): 77-81.

[3] 智慧应急安全大脑综合管理平台[J]. 自动化博览, 2022, 39(9): 46-49.

[4] 常丁懿, 石娟, 瞿丽莉, 等. 智慧风电场应急管理体系及应用研究: 5G 技术赋能[J]. 中国安全科学学报, 2022, 32(9): 57-67.

[5] 张省, 魏慧敏. 基于人工智能的突发公共卫生事件数字化应急管理系统构建研究[J]. 经济界, 2022(3): 73-81.

[6] 宋义, 邵开丽, 王艳杰. 智慧社区应急服务管理系统构建[J]. 物联网技术, 2022, 12(3): 60-63.

[7] 焦建彬, 王海燕, 詹伟. 应急管理 2.0：基于数字化及多学科交叉融合的智慧应急管理[J]. 工程研究——跨学科视野中的工程,2022,14(1): 40-47.

[8] 李贺, 张锐, 蒋长帅, 等. 基于大数据的突发公共事件应急辅助决策平台设计与研究[J]. 电子技术与软件工程, 2022(4): 202-205.

[9] 周天墨, 陈佳林, 诸云强. 面向应急管理的事故和灾害网络舆情监管系统[J]. 计算机应用与软件, 2022, 39(1): 19-23.

[10] 黄晶, 付鹏, 许叶军. 基于随机 Petri 网的多部门协同农业抗旱应急处置流程建模——以内蒙古巴彦淖尔市为例[J]. 系统管理学报, 2021, 30(6): 1142-1151.

[11] 郭滕达, 段林霄. 区块链技术在国家治理中的应用：情景设计与建议[J]. 中国科技论坛, 2021(11): 142-148.

[12] 李冠, 王璐琪, 花嵘, 等. 基于区块链中台架构的城市应急管理协同机制研究——以突发公共卫生事件为例[J]. 山东科技大学学报（社会科学版）, 2021, 23(4): 64-72.

[13] 詹承豫, 高叶, 李治博. 应急管理中技术赋能的双螺旋机理研究——以人脸识别技术在疫情常态化防控中的应用为例[J]. 行政管理改革, 2021(7): 68-78.

[14] 金华. 区块链架构下的应急管理：可能图景、潜在风险与因应之道[J]. 宁夏社会科学, 2021(3): 118-125.

[15] 滕硕. 大数据在智慧城市应急管理中的应用[J]. 智能计算机与应用, 2021, 11(4): 179-181.

[16] 杨月江, 田立勤, 张志远. 基于云计算技术的应急管理研究[J]. 华北科技学院学报, 2020, 17(6): 101-106.

[17] 李健, 宋昱光, 张文. 区块链在突发事件应急管理中的应用研究[J]. 经济与管理评论, 2020, 36(4): 5-16.

[18] 赵跃. 突发公共卫生事件社区应急管理系统设计——以新型冠状病毒肺炎事件为例[J]. 北京测绘, 2020, 34(6): 731-734.

[19] 朱秀梅, 林晓玥, 王天东. 基层社区数字化应急管理系统构建研究[J]. 软科学, 2020, 34(7): 67-74.

[20] 孙潇潇, 黄弘, 李瑞奇. 基于多智能体的突发事件下城市应急管理机制仿真[J]. 清华大学学报（自然科学版）, 2021, 61(1): 70-76.

反侵权盗版声明